Norbert Landwehr

Neue Wege der Wissensvermittlung

Norbert Landwehr

Neue Wege der Wissensvermittlung

Ein praxisorientiertes Handbuch für Lehrpersonen
im Bereich der Sekundarstufen I und II (Berufsschulen, Gymnasien)
sowie in der Lehrer- und Erwachsenenbildung

Berufspädagogik bei Sauerländer
Band 20

Schwerpunkt: Berufs- und Erwachsenenbildung

Die Deutsche Bibliothek – CIP-Einheitsaufnahme

Landwehr, Norbert:
Neue Wege der Wissensvermittlung: ein praxisorientiertes Handbuch für Lehrpersonen in der schulischen und beruflichen Aus- und Fortbildung / Norbert Landwehr. Hrsg. vom Institut für Bildungsforschung und Berufspädagogik des Kantonalen Amtes für Berufsbildung, Zürich. – 2. Aufl. – Aarau: Verlag für Berufsbildung, Sauerländer 1994
(Berufspädagogik bei Sauerländer; Bd. 20)
ISBN 3-7941-3787-6
NE: GT

Publiziert mit Unterstützung des Amtes für Berufsbildung des Kantons Aargau

Herausgeber:
Dr. Emil Wettstein, Institut für Bildungsforschung und Berufspädagogik des Kantonalen Amtes für Berufsbildung, Zürich
Dr. Walter Weibel, Pädagogische Arbeitsstelle des Erziehungsdepartementes des Kantons Aargau
Dr. Philipp Gonon, Institut für Pädagogik, Universität Bern

Berufspädagogik bei Sauerländer, Band 20

Norbert Landwehr
Neue Wege der Wissensvermittlung
Ein praxisorientiertes Handbuch für Lehrpersonen in der schulischen und beruflichen Aus- und Fortbildung

2. Auflage 1995

ISBN 3-7941-3787-6
Bestellnummer 06 03787

Verlag für Berufsbildung, Sauerländer AG, Postfach, 5001 Aarau

Inhalt

Norbert Landwehr, Dr. phil., geboren 1951 in Rapperswil SG. Nach dem Studium der Erziehungswissenschaften an den Universitäten Fribourg und Zürich war er zunächst während mehreren Jahren als wissenschaftlicher Mitarbeiter an der Pädagogischen Abteilung der Erziehungsdirektion Zürich tätig. Anschliessend arbeitete er als Lehrerbildner am Seminar Baldegg (LU) und an der Kaderschule des SRK in Aarau. Gegenwärtig ist er als Projektleiter an der Pädagogischen Arbeitsstelle des Erziehungsdepartementes Aargau tätig, wo er die beiden Schulentwicklungsprojekte «Erweiterte Lernformen» (Bereich Volksschule) und «Neue Lernkultur» (Bereich Berufsschule) betreut.

Vorwort

Alle, die auf irgendeiner Stufe unterrichten, vermitteln Wissen. Dabei erleben sie immer wieder, dass der grösste Teil des vermittelten Stoffes kurz nach der Klausur, spätestens aber nach der Abschlussprüfung vergessen, verloren ist.

Lohnt sich diese Mühe? Machen wir uns selbst und den Lernenden nicht etwas vor, wenn wir einen betimmten Stoff «durchnehmen», abfragen – und dabei genau wissen, dass fast alles bald wieder vergessen ist?

Und lohnt sich das Lernen für die Lernenden? Überall lesen wir, wie schnell Wissen veraltet.

Ist die Forderung nach der Vermittlung der Fähigkeit, sich selbst Wissen anzueignen, *die* Antwort auf dieses Dilemma?

Norbert Landwehr stellt im vorliegenden Buch die Diskussion um die Wissensvermittlung auf eine neue Grundlage mit der Behauptung: Natürlich muss Wissen vermittelt werden, aber nicht in Form von Kenntnissen, sondern in Form von *Er*kenntnissen.

Erkenntnisorientierte Wissensvermittlung statt kenntnisorientierte – diese Forderung tönt nach einem neuen Schlagwort. Der Autor legt aber in einleuchtender Weise dar, worin er den Unterschied sieht. Und er zeigt auf, wie in Berufsbildung und Erwachsenenbildung Erkenntnisse vermittelt werden können.

Landwehr beansprucht keineswegs die Urheberschaft für seine Grundsätze. Er beruft sich auf Aebli, Dewey, Klafki, Wagenschein und andere. Das Besondere an Landwehrs Buch ist dessen Praxisnähe: Nach der Ableitung der Grundsätze legt er in einem zweiten Teil Handlungsregeln zu einer erkenntnisorientierten Unterrichtsgestaltung dar, zeigt dann Schritte für eine entsprechende Unterrichtsvorbereitung auf und beschreibt darauf aufbauend Methoden, mit denen im Unterricht vermehrt auf Erkenntnisse hin gearbeitet werden kann.

Mich selbst hat das Buch veranlasst, mit den Gedanken und Vorschlägen von Norbert Landwehr im Unterricht zu experimentieren, ich hoffe, dass möglichst viele Leserinnen und Leser ebenfalls dazu angeregt werden …

Anzufügen bleibt, dass mit diesem Band die Herausgeberschaft erweitert wurde. Neben dem Institut für Bildungsforschung und Berufspädagogik des Kantonalen Amtes für Berufsbildung, Zürich, zeichnen neu die Pädagogische Arbeitsstelle des Erziehungsdepartementes des Kantons Aargau (Dr. Walter Weibel) sowie das Institut für Pädagogik der Universität Bern (Dr. Philipp Gonon) mitverantwortlich. Geändert wurde auch der Haupttitel der Reihe, diese heisst neu PÄDAGOGIK BEI SAUERLÄNDER. In den Untertiteln wird jeweils die angesprochene Hauptzielgruppe aufgeführt.

Mit diesen Massnahmen erhoffen sich Verlag und Herausgeberschaft ein breiteres Echo in den Kreisen der Pädagogikverantwortlichen und -interessierten. Zudem wird die Bedeutung von Themen der Schulentwicklung und Aspekten der Lehrerbildung noch klarer unterstrichen.

Für die Herausgeber
Dr. Emil Wettstein

Für den Verlag
Peter Egger, Cheflektor

Einleitung

Wissensvermittlung – Ein überholtes didaktisches Anliegen?

Der Begriff der Wissensvermittlung ist heute in Verruf geraten. Wissensvermittlung – das klingt für viele Leute nach Kopflastigkeit, nach Frontalunterricht, nach unkreativem, passivem Lernen, nach Überhäufung der Lernenden mit Faktenwissen, nach naiver Autoritätsgläubigkeit und überholter Expertenabhängigkeit. Gerade in der modernen Didaktik der Erwachsenenbildung, wo die Forderung nach einem «partizipativen Lernen» im Vordergrund steht und wo die Lernenden mit ihrem reichen Erfahrungswissen als die wichtigste «Lernquelle» betrachtet werden, wird dieses Thema in den Hintergrund gedrängt und eher als Zeichen für ein überholtes Erwachsenenbildungsverständnis betrachtet.

Die negative Einstellung gegenüber der Wissensvermittlung, wie sie heute vielerorts anzutreffen ist, steht vermutlich in einem engen Zusammenhang mit den schulischen Lernerfahrungen der betreffenden Personen. In der alltäglichen Unterrichtspraxis der verschiedenen Bildungsinstitutionen dominieren nämlich weitherum ein verkürzter Wissensbegriff und ein unangemessen verkürztes Modell der Wissensvermittlung. So lässt sich im Unterrichtsalltag immer wieder feststellen, dass Wissen mit «Bücherwissen» und «Faktenwissen» gleichgesetzt wird und damit zur blossen Kenntnis degradiert wird. Der Prozess der Wissensaneignung entartet infolgedessen zum blossen Speicher- und Wiedergabeakt und wird damit nicht nur der kreativen und sinnlichen, sondern auch der intellektuellen Aspekte beraubt. Eine negative Einstellung gegenüber der Wissensvermittlung erscheint vor diesem Hintergrund nicht einfach als Ausdruck einer bildungsfeindlichen Haltung – im Gegenteil: Gerade überzeugte Vertreter des Bildungsgedankens haben selber immer wieder auf die unhaltbare Entartung der schulischen Wissensvermittlung zur blossen «Kenntnisvermittlung» hingewiesen und alternative Konzepte entwickelt (z.B. Dewey 1916; Klafki 1964; Aebli

1968; Wagenschein 1973). Zur Illustration möge das folgende Zitat des amerikanischen Pädagogen und Philosophen J. Dewey dienen:

«An Anhäufung und Aneignung von Wissen zum Zwecke der Wiedergabe bei Wiederholungen und Prüfungen wird zuviel getan. Wissen im Sinne von wirklicher «Erkenntnis» bedeutet das arbeitende Kapital, das unentbehrliche Hilfsmittel für weiteres Forschen, für das Erkennen und Erlernen neuer Stoffe und Dinge. Häufig wird es jedoch als Selbstzweck behandelt, und die Aufgabe der Schüler besteht dann darin, es aufzuhäufen und auf Anfrage auszubreiten. Dieses statische «Speicher»-Ideal des Wissens ist der Feind echter erzieherischer Entwicklung. Es bewirkt nicht nur, dass die Gelegenheiten zum Denken ungenützt vorübergehen, sondern schwemmt geradezu das Denken hinweg. (...) Schüler, deren Geist mit allem möglichem Stoff vollgestopft ist, den sie niemals denkend verwertet haben, werden zweifellos dadurch behindert, wenn sie einmal zu denken versuchen» (Dewey 1915, S. 249f.)

Gründe für die negative Einstellung

Das Zitat von Dewey illustriert, dass sich die negative Einstellung gegenüber der (schulischen) Wissensvermittlung, von der vorhin die Rede war, durchaus sachlich begründen lässt. Entgegen der üblichen Interpretation scheint allerdings die Ursache dafür nicht so sehr im Umstand zu liegen, dass unsere Bildungsinstitutionen *zuviel* Wissen vermitteln. Vielmehr dürfte dies vermutlich in erster Linie darin begründet sein, dass sich der Unterricht sehr oft an einem Modell der Wissensvermittlung orientiert, das die Wissensaneignung fast ausschliesslich als Prozess der Informationsspeicherung interpretiert und dabei die wichtigste geistige Funktion, nämlich die Denk- bzw. Erkenntnisleistung, weitgehend verkümmern lässt. Trifft diese Annahme zu, so würde dies eigentlich bedeuten, dass der im Anschluss an Pestalozzi immer wieder erhobene Vorwurf, unsere Schulen vernachlässigten Hand und Herz, eigentlich noch radikaler gefasst werden müsste. Pointiert formuliert:

In der heutigen Bildungspraxis herrscht ein Modell der Wissensvermittlung vor, das nicht nur Hand und Herz, sondern auch den Kopf und dessen intellektuelle Fähigkeiten verkümmern lässt!

Für die kritische bis ablehnende Haltung gegenüber der schulischen Wissensvermittlung muss indessen noch ein anderer Erklärungszusammenhang in Betracht gezogen werden: nämlich die Tatsache, dass sich die Bedeutung des Wissens im Verlaufe der letzten Jahre radikal verändert hat.

(1) Zum einen hat die *zunehmende Beschleunigung des gesellschaftlichen Wandels* dazu geführt, dass das Wissen heute ausserordentlich unstabil geworden ist: Was gestern noch als unabdingbares Grundlagenwissen galt, ist heute bereits überholt – sei es, weil es von neueren (präziseren oder evtl. auch «richtigeren») Erkenntnissen abgelöst worden ist, sei es, weil sich innerhalb von wenigen Jahren die Lebensumstände bereits so grundlegend verändert haben, dass das vor kurzem noch als bedeutsam eingestufte Wissen bereits irrelevant geworden ist. (Die «Halbwertzeit» des Wissens wird heute auf fünf Jahre geschätzt!) So stellt sich legitimerweise die Frage, ob sich der grosse Aufwand zur Wissensvermittlung und zur Wissensaneignung überhaupt noch lohnt.

(2) Zum andern hat auch die *rasante Entwicklung im Bereich der informationsverarbeitenden Medien* die Bedeutung der Wissensvermittlung entscheidend verändert. Angesichts der fast unbegrenzten Möglichkeiten des Computers rückt die Bedeutung des menschlichen Gehirns in seiner Funktion als Wissensspeicher immer mehr in den Hintergrund. Mit den Worten eines Bildungsfachmannes: «Wenn der Zugriff auf universelle Informationsquellen immer einfacher wird, kann es kein wesentliches Lernziel mehr sein, die Menschen, Jüngere wie Ältere, mit Tatsachenwissen vollzustopfen, das ohnehin schnell veraltet» (Faulstich 1990). Was liegt da näher, als die Menschen im Umgang mit den «elektronischen Gehirnen» zu schulen, statt ihnen konkrete Wissensinhalte zu vermitteln und dadurch die begrenzte und relativ unzuverlässige Speicherkapazität des Gehirns zu belasten?

(3) Zu erwähnen ist schliesslich noch ein dritter Punkt: nämlich die Tatsache, *dass das wissenschaftliche Expertenwissen im Zeitalter der «Risikogesellschaft» seinen Glanz und seine Aura eingebüsst hat.* Die wissenschaftliche Erkenntnis, die bis anhin einen unbestrittenen Wahrheits- und Geltungsanspruch hatte, wird zunehmend «entmonopolisiert». Wissenschaftliche Aussagen sind nicht mehr sakrosankt, sondern können heute auch alltagsweltlich bestritten werden, zumal der wissenschaftliche Rationalitätsbegriff grundsätzlich problematisch geworden ist, seit ihm eine Mitschuld für die drängenden Gegenwartsprobleme zugeschrieben wird. Dies führt u. a. dazu, dass sich wissenschaftliche Erkenntnisse heute ihre gesellschaftliche Anerkennung erst verdienen müssen, indem sie sich gegenüber konkurrierenden Professions- und Laiengruppen zu behaupten vermögen (Beck 1986). Die Folge davon: «Die Differenz zwischen ‹unaufgeklärtem Pöbel› und ‹aufgeklärtem Bürger› oder, moderner ausgedrückt: zwischen Laien und Experten, schwindet und verwandelt sich in eine Konkurrenz unterschiedlicher Experten» (Beck 1986, S. 276). Damit stellt sich die Frage, wer denn überhaupt noch das Recht hat, bestimmte Wissensinhalte für einen Ausbildungsgang als verbindlich zu erklären:

Soll die Meinung des Experten oder diejenige des Gegenexperten zum Pflichtstoff erklärt werden? Und weiter: Ist es überhaupt noch sinnvoll, Expertenwissen zu vermitteln, wenn doch dem «Laienwissen» der Kursteilnehmer grundsätzlich derselbe Wahrheitsanspruch zukommt wie dem Expertenwissen?

Im Sinne dieser und ähnlicher Fragen wird die Legitimation der Bildungsinhalte immer mehr zum unausweichlichen Problem aller Ausbildungsinstitutionen.

Diese Entwicklung macht die weitherum feststellbare Skepsis gegenüber der schulischen Wissensvermittlung verständlich, und es drängt sich in der Tat die Frage auf: *Lohnt es sich überhaupt noch, in den verschiedenen Bildungsinstitutionen die schulische Wissensvermittlung zu pflegen?* Ist nicht die Universalformel des «Lernen-Lernens» ein überzeugender und relativ problemloser Ausweg aus diesem Dilemma? (Die Verantwortung für die Aneignung konkreter

Wissensinhalte liegt dann konsequenterweise nicht mehr bei der Institution, sondern beim Individuum.) Auch die gegenwärtig feststellbare Akzentuierung der Didaktik auf die Methodenfrage dürfte hier eine Erklärung finden: Die Lehrperson verantwortet nicht mehr die Inhalte, sondern ein methodisches Arrangement, in welchem sich die Teilnehmeraktivität möglichst kreativ entfalten kann.

Die veränderte Funktion des Wissens

Bei genauer Betrachtung zeigt sich indessen, dass die feststellbaren Veränderungen im gesellschaftlichen Umfeld die Wissensvermittlung keinesfalls überflüssig macht – im Gegenteil: *Noch nie waren die individuelle Lebensgestaltung und die Berufspraxis in so hohem Masse vom Entscheidungsverhalten des einzelnen Menschen abhängig – und damit auch vom individuell verfügbaren Wissen, da dieses die Basis jedes kritisch reflektierten Entscheidungsverhaltens bildet.* Allerdings hat sich damit auch die Funktion des Wissens gewandelt: Wenn früher in einer relativ konstant bleibenden Umwelt die einfache Wissensreproduktion noch eine gewisse Berechtigung hatte, so rückt heute immer mehr ein anderer, anspruchsvollerer Aspekt in den Vordergrund: Es geht heute darum, aus der unübersehbaren Wissensflut die relevanten Wissensbestände zu selektionieren und für die alltägliche und berufliche Praxis verfügbar zu machen, und zwar so, dass ein autonomer, situationsadäquater Umgang mit diesem Wissen möglich wird. Damit aber ändert sich der Anspruch an die Wissensvermittlung wie folgt:

An die Stelle einer «quantitativen (kenntnisorientierten) Wissensvermittlung» muss eine «qualitative (erkenntnisorientierte) Wissensvermittlung» treten, die das Individuum zum schöpferischen Umgang mit dem erworbenen Wissen befähigt und so die selbständige Transformation des erworbenen Wissens auf neue bzw. veränderte Zusammenhänge ermöglicht.

Aus diesen Überlegungen heraus erscheint es mir als dringend notwendig, den Prozess der Wissensvermittlung und – damit verbunden – die Funktion der Bildungsinstitutionen als Instanzen der Wissensvermittlung neu zu thematisieren. Die leitende Fragestellung wird dabei sein: *Wie sieht ein angemessenes Modell der (institutionalisierten) Wissensvermittlung aus, das sich an einem qualitativ-schöpferischen Wissensverständnis orientiert? Welche Konsequenzen ergeben sich daraus für die Unterrichtsgestaltung und das unterrichtliche Handeln der Lehrpersonen?*

Bedeutung für die Berufs- und Erwachsenenbildung

Obwohl die hier aufgeworfene Fragestellung grundsätzlich für alle Bildungsinstitutionen und Ausbildungsstufen unmittelbar relevant ist, dürfte sie für den *Bereich der Berufs- und Erwachsenenbildung* in besonderem Masse bedeutsam sein. Die wichtigsten Gründe dafür sind die folgenden:

(1) Der Begriff des qualitativen (d. h. autonom verfügbaren und transformierbaren) Wissens besitzt gerade in der *Berufsbildung* eine zentrale Bedeutung: Zum einen wird hier die Frage nach dem Sinn und dem Nutzen des Gelernten von den Lernenden deutlicher gestellt als auf der Volksschulstufe; zum andern steht hier die gezielte Qualifizierung für aktuelle oder bevorstehende (berufliche und ausserberufliche) Tätigkeiten meist klar im Vordergrund, während in den primären und sekundären Bildungsinstitutionen in der Regel der Übertritt in die nächstfolgende Schulstufe das vorrangige Ausbildungsziel darstellt. Dabei lässt sich feststellen, dass sich immer mehr die Einsicht durchsetzt, dass ein reines Reproduktionswissen den komplexen Anforderungen der heutigen Berufs- und Lebenswelt nicht mehr zu genügen vermag. In der beruflichen Aus- und Weiterbildung zeigt sich dies besonders deutlich: Hier werden immer mehr mechanisch-reproduktive Denk- und Handlungsvollzüge durch Computer- und Robotereinsatz automatisiert, so dass sich die menschliche Arbeitskraft vermehrt auf jene Bereiche konzentriert, wo kreative Entscheidungsprozesse und verantwortungsvolle Über-

wachungsaufgaben anstehen. Hinzu kommt, dass sich gerade in neueren, fortschrittlichen Produktionskonzepten die Tendenz zu einem Abbau der hierarchischen Entscheidungsstrukturen und die Verlagerung von mehr Entscheidungskompetenzen auf die einzelnen Mitarbeiter feststellen lässt. Damit aber wandelt sich das Ausbildungsprofil der Mitarbeiter: *Gefragt ist nicht mehr einfach die Reproduktion von gut eingeübten Denk- und Handlungsvollzügen, sondern das fundierte Wissen über Wissensbestände und Fähigkeiten, die ein kompetentes und autonomes Entscheiden und Handeln in den sich wandelnden Situationen ermöglichen.* Mit anderen Worten: Der Erwerb von «qualitativem Wissen» und von sogenannten «Schlüsselqualifikationen» wird gerade zu einer unabdingbaren Notwendigkeit (vgl. Arnold 1988, S. 41f.). Auf der Stufe der primären Bildungsinstitutionen ist eine solche Richtungsänderung nicht – noch nicht? – auszumachen, obwohl ja der Begriff der kategorialen Bildung, den Klafki vor rund 30 Jahren in die didaktische Diskussion eingeführt hat, dasselbe Anliegen für die Volksschule vertritt.

(2) Der Grund für die besondere *erwachsenenbildnerische Relevanz* der folgenden Ausführungen liegt darin, dass in den Erwachsenenbildungsinstitutionen die *Qualifikationsfunktion* unbestritten im Zentrum der Bildungsabsicht steht: Erwachsenenbildnerische Kurse sind in der Regel klar darauf ausgerichtet, den Teilnehmern neue Kompetenzen zu vermitteln – sei es für die theoretische oder praktische Auseinandersetzung mit der Wirklichkeit, sei es für das berufliche oder ausserberufliche Handeln, sei es für den kommunikativen oder den sachlichen Bereich. Nicht so auf der Volksschulstufe: Hier steht die Qualifikationsfunktion neben anderen schulischen Funktionen wie der «Sozialisationsfunktion», der «Selektionsfunktion» oder der «Custodialen Funktion» (Aufbewahrungsfunktion). Die Frage nach dem Stellenwert der Qualifikationsfunktion in der Volksschule wird so zwangsläufig zu einer ideologiebehafteten Frage, die sich je nach dem jeweiligen Schulverständnis und dem entsprechenden Menschen- und Gesellschaftsbild unterschiedlich beantworten lässt. Infolgedessen ist hier auch der Stellenwert der Wissensvermittlung umstritten. Demgegenüber steht im Bereich der Erwachsenen-

bildung die Frage im Vordergrund, *wie* die beabsichtigte Qualifizierung didaktisch realisiert werden soll.

In der Erwachsenenbildung dominieren gegenwärtig zwei gegensätzliche Paradigmen: Auf der einen Seite steht das herkömmliche Qualifizierungsverständnis, das die *Informationsdarbietung durch Fachexperten* – meist in der Form von Vorlesungen und Referaten, allenfalls mit anschliessender Diskussion – ins Zentrum stellt. Auf der anderen Seite gibt es ein «therapeutisches Paradigma», das – vermutlich als Gegenreaktion auf die herkömmliche Bildungspraxis – möglichst ganz auf expertenzentrierte Informationsvermittlungen verzichten möchte: Die gewünschte Qualifizierung soll hier im *Austausch der Teilnehmererfahrungen* entstehen – ohne den Einbezug von «bevormundendem» Expertenwissen. (Schlutz spricht in diesem Zusammenhang von einer «Tabuisierung des Lehrbegriffes».) Erst neuerdings zeichnen sich Ansätze zu einem *integrierenden Konzept im Sinne eines «deutungsmusteranknüpfenden Lernens»* (Arnold 1988) ab – ein Anliegen, das auch der vorliegenden Arbeit zugrunde liegt.

Zum Aufbau des Buches

Nach den einführenden Gedanken zur Problemstellung, die der vorliegenden Arbeit zugrunde liegt, möchte ich hier noch eine kurze Übersicht über den Aufbau der folgenden Ausführungen geben:

Als erstes werde ich die *theoretischen Grundlagen* darlegen, die einerseits die vorherrschende Praxis der Wissensvermittlung zu erklären vermögen und die andererseits zum beabsichtigten Modell einer qualitativen (erkenntnisorientierten) Wissensvermittlung hinführen. Zu diesem Zwecke werden zwei Aspekte unterschieden, die für die Wissensvermittlung von zentraler Bedeutung sind: Der Aspekt der *Wissensinhalte* und der Aspekt der *Wissensaneignung*. Zu beiden Aspekten wird aufgezeigt, welches das gegenwärtig vorherrschende handlungsleitende Konzept ist, um dann entsprechende Alternativkonzepte zu erarbeiten, die der Forderung nach einer «qualitativen Wissensvermittlung» besser gerecht zu werden vermögen. Aufbauend auf diesen beiden Alternativkonzepten werde ich dann das *Modell einer «erkenntnisorientierten Wissensvermittlung»* skizzieren und mit Hilfe von zwei Unterrichtsbeispielen illustrieren.

Die theoretischen Ausführungen in diesem ersten Kapitel versuche ich so kurz wie möglich zu halten, da sich das vorliegende Buch in erster Linie an Leserinnen und Leser richtet, die in der Unterrichtspraxis tätig sind. Die theoretischen Überlegungen werden daher nur soweit ausgeführt, als sie für das Verständnis der anschliessenden praxisorientierten Hilfestellungen unbedingt notwendig sind. Im *Anhang* sind verschiedene Texte angeführt, die als *Ergänzung und Vertiefung dieser theoretischen Basisinformationen* gedacht sind.

Im Anschluss an das theoretische Einführungskapitel folgen drei Kapitel, in denen die *praktische Umsetzung* des qualitativen (erkenntnisorientierten) Wissensvermittlungs-Modelles im Zentrum steht. In diesem praktischen Teil werde ich zunächst verschiedene *Handlungsregeln* beschreiben, die aufzeigen, worauf bei der praktischen Umsetzung einer erkenntnisorientierten Wissensvermittlung besonders zu achten ist. In einem weiteren Kapitel werde ich ein *Instrument zur Unterrichtsvorbereitung* entwerfen, das der Lehrperson als praxisorientierter «Leitfaden» dienen soll, um konkrete Unterrichtsthemen und -inhalte so aufzubereiten, dass der Unterricht den aufgezeigten Postulaten und Prinzipien der Erkenntnisvermittlung zu entsprechen vermag. Ein letztes Kapitel ist schliesslich den Methoden der erkenntnisorientierten Wissensvermittlung gewidmet: Hier werde ich verschiedene *«Verlaufstypen»* beschreiben, die konkrete Möglichkeiten aufzeigen für die Ausgestaltung von erkenntnisorientierten Lehr- und Lernsequenzen.

Kapitel I: Von der Kenntnisvermittlung zur Erkenntnisvermittlung (theoretische Grundlagen)

1. Die Wissensvermittlung im Spannungsfeld von subjektivem und objektivem Wissen

Die zweipolige Struktur der Wissensvermittlung

Der Begriff der *Wissensvermittlung* weist auf ein interessantes Vorverständnis hin: Offensichtlich wird angenommen, dass es sich bei dieser Tätigkeit um einen Prozess handelt, bei dem Widersprüchliches, Konflikthaftes «vermittelt», d.h. miteinander in Einklang gebracht werden muss. Um welches Konfliktfeld es sich dabei handelt, lässt sich unschwer erraten: Es geht einerseits um den *Wissensstoff,* der weitergegeben werden soll, und andererseits um die *Lernenden,* die sich dieses Wissen aneignen sollen.

Worin aber besteht die Konflikthaftigkeit, die durch den Vermittlungsprozess ausgesöhnt werden soll? Oder anders gefragt: Worin besteht das Spannungsverhältnis, das für den Prozess der Wissensvermittlung offensichtlich von grundlegender Bedeutung ist? Die beiden «vermittlungsbedürftigen» Pole, um die es hier geht, lassen sich wie folgt charakterisieren:

(1) Der *Wissensstoff,* der im Rahmen von Unterrichtsveranstaltungen an die Lernenden weitergegeben werden soll, orientiert sich am Ideal des *«objektiven Wissens».* Objektives Wissen ist dadurch charakterisiert, dass es verschiedenen Prüfungsverfahren und Bewährungsproben unterzogen wurde, so dass es einen relativ hohen Evaluationsgrad besitzt. Obwohl es sich letztlich um die Erzeugnisse von einzelnen Individuen handelt, beansprucht das objektive Wissen eine überindividuelle (d.h. auf andere Individuen übertragbare bzw. von anderen nachvollziehbare) Gültigkeit. Diesen überindividuellen Gültigkeitsanspruch erhebt dieses Wissen gerade deshalb, weil es vom «bloss Subjektiven» gereinigt ist, d.h. weil das Persönliche und Einmalige zugunsten des Allgemeinen und des intersubjektiv Gülti-

gen ausgeklammert wird. Ein grosser Teil des objektiven Wissens ist im Rahmen von wissenschaftlichen Disziplinen gewonnen, evaluiert, systematisiert und in einer entsprechenden Fachsprache kodifiziert worden. In diesem Sinne ist objektives Wissen gekennzeichnet durch eine präzise Terminologie, durch eine systematische Darstellung und durch den Anspruch auf «wissenschaftliche Objektivität» (was auch immer darunter verstanden wird!).

(2) Bei den *Lernenden,* die die andere Seite des zweipoligen Spannungsbogens bilden, steht das *subjektive Wissen* im Vordergrund. Hier dominieren die persönlichen Erfahrungen und die daraus resultierenden individuellen, subjektiv geprägten Erkenntnisse. Dieses subjektive Wissen (das durchaus von «objektivem Wissen» beeinflusst sein kann!) ist in den individuellen Erfahrungsgrund eingewurzelt und von der persönlichen Lebensgeschichte geprägt. Im Zentrum steht hier nicht die Frage nach der objektiven Gültigkeit, sondern nach der subjektiven Plausibilität, und diese ist von Kriterien abhängig, die individuell stark differieren. (Was für den einen aufgrund seiner Lebensgeschichte plausibel ist, ist für jemand anderen unter Umständen fragwürdig oder gar absurd.) Im Unterschied zum objektiven Wissen ist das subjektive Wissen kaum systematisch evaluiert und nur teilweise sprachlich explizierbar, wobei die relativ unpräzise, mit persönlichen Deutungen durchdrungene Umgangssprache das wichtigste sprachliche Ausdrucksmittel bildet.

Das Spannungsfeld der Wissensvermittlung

Subjektives Wissen		*Objektives Wissen*
Charakterisierung: Wissen, das in den subjektiven Erfahrungshorizont einer Person integriert ist.	← →	*Charakterisierung:* Wissen, das sorgfältig (möglichst nach wissenschaftlichen Standards) evaluiert und systematisiert ist.
Geltungsanspruch: Die Erkenntnisse müssen «für mich» in meiner besonderen Situation «stimmen». Subjektive Plausibilität ist wichtig.	Vermittlung zwischen subjektivem + objektivem Wissen (Wissensvermittlung)	*Geltungsanspruch:* Die Erkenntnisse müssen allgemeingültig, d. h. auf andere Personen übertragbar sein. Wissenschaftliche Objektivität ist wichtig.
Ausdrucksmittel: Umgangssprache (unpräzise, subjektiv gefärbt).	← →	*Ausdrucksmittel:* Fachsprache (präzise, intersubjektiv normiert).
Merkmal des Erkenntnisprozesses: Bezugnahme auf die individuellen Erfahrungen. (Das Konkrete, Singuläre ist wichtig.)		*Merkmal des Erkenntnisprozesses:* Reinigung vom Individuellen, «nur Subjektiven». (Das Abstrakte, Reguläre ist wichtig.)
Ziel der Wissensaneignung: Integration des Wissens in den subjektiven Erfahrungshorizont. Aneignungsprozesse, in denen die subjektive Verarbeitung zu kurz kommt, bedrohen die Authentizität des Subjektes (Gefahr der *Entfremdung).*	← →	*Ziel der Wissensaneignung:* Unverfälschte Aufnahme des objektiven Wissens. Aneignungsprozesse mit ihren subjektiven Verarbeitungsanteilen bedrohen die authentische Tradierung des objektiven Wissens (Gefahr der *Verfälschung).*

Wissensvermittlung als Balanceprozess

Im Prozess der schulischen Wissensvermittlung prallen also zwei gegensätzliche Welten aufeinander: Die Welt des subjektiven Wissens des Lernenden und die Welt des objektiven Wissens der wissenschaftlichen Disziplinen und der Unterrichtsfächer. Zwischen diesen beiden Welten besteht ein polares Spannungsverhältnis, das im Unterricht durch eine konstruktive «Vermittlung» bewältigt werden muss. Im Hinblick auf dieses polare Spannungsverhältnis kann das Ziel der schulischen Wissensvermittlung wie folgt präzisiert werden:

> Es geht darum, ein dynamisches Gleichgewicht zwischen subjektivem und objektivem Wissen zu schaffen, in welchem sich die Welt des subjektiven Wissens und die Welt des objektiven Wissens wechselseitig anreichern und durchdringen können.

Mit Blick auf diese Zielformulierung wird deutlich, dass der Prozess der Wissensaneignung scheitern kann, wenn das Gleichgewicht zwischen objektivem und subjektivem Wissen gestört ist. Genau dies lässt sich in der herkömmlichen Praxis der Wissensvermittlung sehr häufig feststellen, wobei in der Regel das «objektive Wissen» gegenüber dem «subjektiven Wissen» einseitig dominiert. Dies zeigt sich beispielsweise in Unterrichtsveranstaltungen, in denen die Wissensdarbietung durch die Lehrperson klar im Mittelpunkt des Unterrichts steht und in denen dem subjektiven Wissen der Lernenden nur wenig oder gar kein Platz eingeräumt wird. Die Wissensaneignung wird in diesem Falle einseitig als Wissensaufnahme verstanden, und die subjektiven Erfahrungen und Meinungen der Lernenden werden bestenfalls als schmückendes, aber letztlich entbehrliches Beiwerk in den Unterricht einbezogen (vgl. hierzu Gallin und Ruf 1991).

Gründe für die fehlende Balance

Die hier angesprochene Einseitigkeit zeigt sich u. a. darin, dass sich die Lehrperson einseitig als Anwalt des objektiven Wissens versteht und sich dem «Authentizitäts-Dogma» verpflichtet fühlt (Weidenmann 1989, S. 98). Im Vordergrund steht für sie das Bemühen, das objektive Wissen möglichst unverfälscht, d. h. exakt und originalgetreu, an den Lernenden weiterzugeben. Im einseitigen Engagement für eine möglichst authentische Überlieferung der Wissensinhalte erscheint dann das subjektive Wissen der Lernenden als eine potentielle

Bedrohung der Authentizität und der «Reinheit» des objektiven Wissens. So tritt an die Stelle einer echten «Vermittlung» (im ursprünglichen Sinne des Wortes), die auf die Herstellung eines dynamischen Gleichgewichtes zwischen dem subjektiven Wissen der Lernenden und dem objektivem Wissen des betreffenden Unterrichtsfaches ausgerichtet ist, eine Verteidigung des objektiven Wissens gegenüber den scheinbar verfälschenden Einflüssen des subjektiven Wissens.

Zwei Gründe dürften vermutlich für die hier angedeutete Verzerrung des Vermittlungsverständnisses und für die einseitig am objektiven Wissen orientierte Unterrichtspraxis ausschlaggebend sein:

- Im Hinblick auf den *Wissensinhalt* zeigt es sich, dass ein *produktorientiertes Stoffverständnis* vorherrscht: Es wird angenommen, dass bei der Wissensüberlieferung die Erkenntnisse als «Fertigprodukte» an die Lernenden weitergegeben werden können und dass dabei der Prozess der Wissensgenese (Wissensentstehung) vernachlässigt werden kann.
- Im Hinblick auf die *Wissensaneignung* zeigt sich, dass ein *gedächtnispsychologisches Lernverständnis* vorherrscht: Es wird angenommen, dass es in erster Linie um die möglichst originalgetreue Aufnahme und Speicherung der angebotenen Informationen geht und dass Lernen zu einem additiven Wissenszuwachs führt.

Im folgenden möchte ich diese beiden Themen erläutern und aufzeigen, dass in der Korrektur dieser beiden Auffassungen der Schlüssel für eine veränderte Praxis der Wissensvermittlung liegen dürfte.

2. Das Problem der Wissensinhalte: Vom produktorientierten zum prozessorientierten Stoffverständnis

Die Stufen der Wissensgenese

Wie verschiedene Erkenntnistheoretiker übereinstimmend nachweisen (z.B. Dewey, Wertheimer, Popper, Piaget), entsteht Wissen als Resultat eines Prozesses, der etwa wie folgt verläuft:

Stufe 1

Am Anfang der Wissensgenese steht die *Begegnung mit einem theoretischen oder praktischen Problem.* Von einem Problem ist hier dann die Rede, wenn eine Person etwas erfährt oder wahrnimmt, was ihren «Erwartungen», d.h. den bereits verfügbaren Wahrnehmungs-, Deutungs- und Handlungsmustern widerspricht und wenn die Bewältigung einer Situation oder das Verstehen eines Sachverhaltes dadurch beeinträchtigt ist.

Stufe 2

Die Problemkonfrontation regt die Denkleistung der betroffenen Person an und führt zum *Entwurf von einer oder mehreren Lösungs- bzw. Erklärungshypothesen.* Solche «Hypothesen» – von Popper als «phantasiereiche, vermutete Lösungen» oder als «vorläufige Theorien» bezeichnet – werden entworfen, um die festgestellte Differenz zwischen Erfahrung und Erwartung und die damit verbundene Verunsicherung und Beunruhigung (Dewey: die subjektiv empfundene «Schwierigkeit») zu beseitigen.

Stufe 3

Die gefundenen Hypothesen werden einer *«Evaluation»* unterzogen. Diese besteht in einer kritischen Prüfung der vermuteten Lösungen und der vorläufigen Deutungen. (Dewey spricht in diesem Zusammenhang von der «rationalen Durcharbeitung einer Idee mittels Ableitung von logischen Konsequenzen und Implikationen» und von der Überprüfung durch Beobachtungen und experimentelle Vorgehensweisen. Popper unterstreicht die Bedeutung der Fehlerelimination, was u.a. auch durch die kritische Auseinandersetzung mit vorliegenden Dokumenten sowie durch kritische Diskussion und vergleichende Beurteilung von konkurrierenden Vermutungen geschehen kann.) Fehlerhafte Hypothesen werden im Verlaufe des Evaluationsprozesses eliminiert oder korrigiert.

Stufe 4

Die Hypothesen, die der kritischen Prüfung standzuhalten vermochten und auch in der weiteren Anwendung erfolgreich sind, erhalten den Status des *«bewährten Wissens»*. Das bewährte Wissen ist dadurch charakterisiert, dass seine Geltung als selbstverständlich vorausgesetzt wird und dass eine Problematisierung dieses Geltungs- bzw. Wahrheitsanspruches nur noch bei einer offensichtlichen Falsifikation erfolgt – beispielsweise aufgrund eines Ungenügens in der praktischen Anwendung oder in der theoretischen Auseinandersetzung (was dann der Entstehung eines neuen Problems im Sinne der Stufe 1 entspricht).

Stufe 5

Das «bewährte Wissen» bildet in seiner Gesamtheit einen «Pool», aus dem die Inhalte bestimmt werden, die im Rahmen von Unterrichtsveranstaltungen an andere Personen weitergegeben werden sollen. Das Wissen wird zum *«Unterrichtsstoff»*. Der Unterrichtsstoff kann in dieser Betrachtungsweise definiert werden als jener Teil des bewährten Wissens, der von den zuständigen Instanzen aufgrund bestimmter pädagogischer und didaktischer Kriterien als «tradierungswürdig» bzw. als «unterrichtswürdig» betrachtet wird. (Der Frage, welches sinnvolle Auswahlkriterien für die Bestimmung der tradierungswürdigen Unterrichtsinhalte sind, kann an dieser Stelle nicht nachgegangen werden. Sie ist üblicherweise Gegenstand der Bildungs- und Curriculumtheorien!)

Übersicht über die Stufen der Wissensgenese

Problemkonfrontation
(theoretische oder praktische Schwierigkeiten)

↓

Hypothesenbildung
Entwurf von Erklärungs- und Lösungshypothesen

↓

Hypothesenevaluation
(Überprüfung der Lösungsentwürfe)

↓

Etablierung als bewährter Wissensbestand
(Reproduktionswürdiges Wissen)

↓

Didaktische Auswahl
(gemäss pädagogischen und didaktischen Kriterien)

↓

Unterrichtsstoff

Die produktorientierte Betrachtungsweise

In der *herkömmlichen Auffassung der Wissensvermittlung* wird der Erkenntnis*prozess* mit seiner problemorientierten Struktur (Problemstellung, Entwurf von Klärungs- und Lösungshypothesen, Bewährungsprobe) für die Weitergabe des Wissens als unbedeutend angesehen. Das Ziel der Wissensüberlieferung liegt in dieser Auffassung darin, dass die als überlieferungswürdig ausgewählten «Erkenntnisprodukte» möglichst authentisch weitergegeben werden. Der Unterrichtsstoff wird als Summe von bewährten, überlieferungswürdigen Erkenntnisprodukten verstanden, während dem Erkenntnisprozess, der ursprünglich zu diesen «Erkenntnisprodukten» (d. h.

zu den betreffenden Wissensinhalten) geführt hat, keine Beachtung geschenkt wird. *Das für den Unterricht ausgewählte Wissen wird damit von seinem zugehörigen problemorientierten Entstehungsprozess abgetrennt.* Die Wissensinhalte werden als eine Art «Fertigprodukte» aufgefasst, die von den Lernenden einfach zu übernehmen und anzuwenden sind. Mit anderen Worten: Es wird eine *direkte* Weitergabe des Wissens (ohne «Umweg» über den Prozess der Erkenntnisgewinnung) angestrebt – was die Überlieferung des Wissens zweifellos einfacher, vor allem aber auch zeitsparender macht. So entsteht ein Unterricht, in dem den Lernenden mit relativ wenig Zeitaufwand relativ viel Wissen weitergegeben werden kann.

Allerdings hat die hier beschriebene *produktorientierte Auffassung* auch einen gewichtigen negativen Aspekt: Es besteht nämlich Grund zur Annahme, dass ein produktorientiert vermitteltes Wissen von den Lernenden gar nicht angemessen verstanden werden kann. Durch den Verzicht auf eine problemorientierte Rekonstruktion der Wissensinhalte ist es nämlich für die Unterrichtsteilnehmer kaum möglich, das Wissen in seiner ursprünglichen, problemlösenden Funktion zu verstehen. Dies führt bei den Lernenden zu einem *Verlust der Urteilsfähigkeit,* da das Verstehen des ursprünglichen Erkenntnisprozesses mit der zugrundeliegenden erkenntnisleitenden Problemstellung notwendig ist, um die Gültigkeit und die Bedeutung des betreffenden Wissens abschätzen zu können. Horst Rumpf spricht in diesem Zusammenhang von der Erzeugung einer «Wahrheitsgleichgültigkeit» bei den Lernenden, denn: «Man kann sagen, dass die schulübliche, die medienübliche Weitervermittlung von Erkenntnissen in sich das Zeug hat, die so instruierten und informierten Menschen gleichgültig zu machen gegenüber dem Wahrheitsgehalt dessen, worüber sie informiert, worüber sie instruiert werden» (Rumpf 1986, S. 90; vgl. hierzu auch Text 2 im Anhang). Zudem entsteht auf diese Weise eine ausserordentlich problematische (und tatsächlich weit herum feststellbare) *«Ritualisierung des Wissens»*. Gemeint damit ist folgendes: Das produktorientiert überlieferte Wissen tendiert dazu, sich im Verlaufe der Generationen vom Entstehungszusammenhang abzulösen und zu verselbständigen. Dies führt dazu, dass es auch dann noch aufrechterhalten und angewendet wird, wenn es aufgrund von eingetretenen Situationsveränderungen seine Gültigkeit schon lange verloren hat.

Die prozessorientierte Betrachtungsweise

Im Unterschied zum produktorientierten Verständnis der Wissensüberlieferung lässt das oben skizzierte Modell der Wissensgenese noch eine grundsätzlich andere, nämlich eine *prozessorientierte Interpretation* zu. Gemäss dieser prozessorientierten Betrachtungsweise beginnt der Prozess der Wissensvermittlung – genau wie der Prozess der Erkenntnisgewinnung – nicht erst beim Produkt des Erkenntnisprozesses (d.h. bei der Stufe des «bewährten Wissens»), sondern bereits bei der Problemstellung, die ursprünglich zum betreffenden Wissen geführt hat. In dieser Betrachtungsweise wird angenommen, *dass die Wissensinhalte, die im Unterricht weitergegeben werden sollen, von den Lernenden nur dann angemessen verstanden werden können, wenn der Prozess der Wissensgenese von den Unterrichtsteilnehmern nachvollzogen* werden kann. Dies bedeutet, dass der Prozess der Wissensüberlieferung grundsätzlich dieselbe (mehrphasige!) Struktur aufweisen muss wie der individuelle Erkenntnisprozess, der ursprünglich zum betreffenden Wissen geführt hat – auch wenn bei der Wissensüberlieferung die aktiven Such- und Entdeckungsprozesse abgekürzt werden können, so dass im Grenzfall ein *von aussen geleiteter Nachvollzug* des ursprünglichen Erkenntnisprozesses denkbar ist.

Das Ziel der Wissensvermittlung liegt in dieser prozessorientierten Auffassung also nicht in der blossen Reproduktion eines Wissensinhaltes; vielmehr sollen die Lernenden dazu befähigt werden, das beabsichtigte Wissen mit Hilfe ihrer eigenen Denkfähigkeit selber zu «produzieren». Dabei wird angenommen, dass gerade die Einsicht in den ursprünglichen (objektiven) Entstehungsprozess eines Wissensinhaltes entscheidend ist, damit der Lernende jenes Wissen angemessen verstehen kann, d.h. mit Hilfe seines Denkvermögens nachvollziehen und bei Bedarf selber hervorbringen bzw. rekonstruieren kann. Mit anderen Worten:

Die prozessorientierte Vermittlung der Wissensinhalte zielt darauf ab, ein echtes, fundamentales Verstehen der Wissensinhalte und eine flexible Übertragung, d. h. eine Anpassung des gelernten Wissens auf neue (evtl. veränderte) Situationen zu ermöglichen. Die prozessorientierte Wissensvermittlung wird in diesem Sinne zu einer notwendigen Voraussetzung für ein autonomes Denken und Handeln.

Für die didaktische Umsetzung bedeuten diese Überlegungen, dass der Prozess der Erkenntnisgewinnung mit seinen drei Stufen (Problemstellung, Entwurf von Klärungs- und Lösungshypothesen, Bewährungsprobe) als notwendiger Bestandteil der «Wissensvermittlung», d. h. der Unterrichtsgestaltung, betrachtet werden muss. Der aktive Vollzug des Erkenntnisprozesses durch die Lernenden wird hier zu einem wichtigen Bestandteil des Unterrichtes. Dies bedeutet beispielsweise, dass Begriffe, Handlungsregeln, Theorien usw. den Lernenden nicht einfach als fertige «Erkenntnisprodukte» zur Übernahme vorgegeben werden, sondern dass sie von einer geeigneten Problemstellung aus entwickelt werden müssen. Die Präsentation des Unterrichtsstoffes erhält hier in erster Linie den Stellenwert einer «Evaluationshilfe» für die – nach Möglichkeit selber erarbeiteten – Lösungshypothesen: Die Lernenden sollen mit Hilfe der dargebotenen Inhalte ihre eigenen Vorstellungen, die sie in einer Phase der aktiven Auseinandersetzung mit der erkenntnisleitenden Problemstellung selber entwickelt haben, überprüfen und gegebenenfalls korrigieren können – nicht in der Absicht, diese «Expertenvorgaben» einfach unkritisch und autoritätsgläubig anzunehmen, sondern eher als Denkanstoss für die kritische Reflexion des eigenen subjektiven Wissens.

Die genetische Methode

Unter dem Begriff der *«genetischen Methode»* ist die hier beschriebene prozessorientierte Auffassung der Wissensvermittlung bereits seit längerer Zeit bekannt. Diese Methode, die von John Dewey und von Otto Willmann um die Jahrhundertwende erstmals beschrieben wurde, betrachtet es als eine zentrale Aufgabe des Unterrichts, die Entstehung der Dinge, Phänomene und Gedanken ins Zentrum des Lehr- und Lernprozesses zu rücken. Heinrich Roth hat diesen Grundsatz in der folgenden treffenden Formulierung zusammengefasst: «Alle methodische Kunst liegt darin beschlossen, tote Sachverhalte in lebendige Handlungen rückzuverwandeln, aus denen sie entsprungen sind: Gegenstände in Erfindungen und Entdeckungen, Werke in Schöpfungen, Pläne in Sorgen, Verträge in Beschlüsse, Lösungen in Aufgaben, Phänomene in Urphänomene» (Roth 1970, S. 116).

Der heute wohl bekannteste Vertreter einer solchen prozessorientierten, genetischen Unterrichtsauffassung ist M. Wagenschein. Wagenschein geht – ganz im Sinne der hier skizzierten, prozessorientierten Auffassung – davon aus, dass nicht einfach die fertigen, systematisch geordneten Ergebnisse einer Fachwissenschaft weitergegeben werden dürfen, sondern dass die Lernenden zur Einsicht geführt werden müssen, «wie die Menschheit auf die betreffenden Erklärungen kommen konnte» (Wagenschein 1965, S. 26). Die Lehrperson muss in diesem Sinne den Lehrstoff einer «genetischen Metamorphose» unterziehen. Dabei geht es allerdings nicht immer um eine möglichst authentische Wiederholung der historischen Entdeckungen. Wichtig ist, dass das *ursprüngliche Denken* rekonstruiert wird, wobei sich die Rekonstruktion dieses ursprünglichen Denkens auch an Dingen bzw. Problemen der aktuellen Lebenswelt vollziehen kann. (Wagenschein spricht in diesem Zusammenhang von einem «kindheitsgenetischen Weg», der nicht mit dem geistesgeschichtlichen, menschheitsgenetischen Weg identisch sein muss.) Damit wird deutlich, dass das Authentizitätsproblem, das für die Wissensüberlieferung eine zentrale Rolle spielt, in dieser Auffassung eine neue Akzentuierung erhält: Am Kriterium der Authentizität wird nicht primär das «Erkenntnisprodukt» gemessen, sondern der «Prozess», der zu den betreffenden Erkenntnissen führt.

Zusammenfassende Gegenüberstellung der beiden Stoffverständnisse

Produktorientierte Auffassung	*Prozessorientierte Auffassung*
Die Wissensinhalte werden als «Fertigprodukte» (d.h. ohne den zugehörigen Erkenntnisprozess) an die Lernenden weitergegeben.	Die Wissensinhalte werden zusammen mit dem zugehörigen Erkenntnisprozess (d.h. problemorientiert) vermittelt.
Ziel der Wissensvermittlung ist die Befähigung der Lernenden zur Wissensreproduktion.	Ziel der Wissensvermittlung ist die Befähigung der Lernenden, das beabsichtigte Wissen mit Hilfe der eigenen Denkfähigkeit selber hervorzubringen bzw. selber zu rekonstruieren.
Produktorientiertes Authentizitäts-Verständnis: Wichtig ist die möglichst authentische Wiedergabe der Erkenntnisprodukte.	Prozessorientiertes Authentizitäts-Verständnis: Wichtig ist der möglichst authentische Nachvollzug des Erkenntnisprozesses.
Der zeitliche Aufwand für die Stoffvermittlung ist relativ gering.	Der zeitliche Aufwand für die Stoffvermittlung ist relativ gross. (Eine «exemplarische» Inhaltsauswahl ist wichtig!)
Die Angemessenheit der Wissensinhalte kann von den Lernenden nicht beurteilt werden.	Die Angemessenheit der Wissensinhalte kann von den Lernenden selbständig beurteilt werden.
Eine Anpassung des Wissens an veränderte Situationen ist für die Lernenden nicht möglich (Ritualisierungsgefahr!).	Eine Übertragung des Wissens auf neue Situationen sowie eine Anpassung an veränderte Situationen durch die Lerndenden ist möglich.
Die Abhängigkeit von Experten bleibt erhalten.	Autonomes Denken und Handeln wird unterstützt.

3. *Das Problem der Wissensaneignung: Vom gedächtnispsychologischen zum erkenntnispsychologischen Lernverständnis*

Das gedächtnispsychologische Lernverständnis

Ein zweites Charakteristikum der herkömmlichen Wissensvermittlung – neben der unangemessenen Dominanz des objektiven Wissens – ist die einseitige Ausrichtung auf ein *gedächtnispsychologisches* Lernverständnis. Dieser lernpsychologischen Auffassung gemäss muss der Unterrichtsstoff von den Lernenden so gespeichert werden, dass die betreffenden Wissensinhalte bei Bedarf unverzerrt (d. h. möglichst authentisch im Sinne von bild- oder wortgetreu) reproduziert werden können. Der Lernprozess wird – der umgangssprachlichen Ausdrucksweise gemäss – als Prozess des «Einprägens» verstanden, wobei angenommen wird, dass die «Sinneseindrücke» im Gedächtnis bleibende Spuren hinterlassen. Die Lernenden werden als mehr oder weniger passive Empfänger betrachtet, welche die vorgegebenen Wissensinhalte unverfälscht – d. h. ohne subjektive Zutaten – aufzunehmen haben. Der Unterrichtsstoff wird zur «Memoriervorlage», die möglichst originalgetreu gespeichert werden soll. Dabei wird von der Möglichkeit eines «additiven Wissenszuwachses» ausgegangen: Es wird angenommen, dass sich die aufgenommenen Informationen sukzessive im Gedächtnis aufsummieren. Kreative Lernaktivitäten sind in diesem Lernverständnis unbedeutend – abgesehen von den mnemotechnischen Hilfskonstruktionen, mit denen sich die Lernenden das Abrufen des gespeicherten Wissens erleichtern können.

Popper bezeichnet die hier dargelegte Auffassung als «Kübeltheorie des Geistes». Der menschliche Geist wird hier vorgestellt als eine Art Kübel, anfangs leer, oder mehr oder weniger leer, und in diesen Kübel gelangt Material (d. h. Wissen) durch unsere Sinne und häuft sich dort an. Das Wissen besteht demnach aus den Wahrnehmungen, die direkt über unsere Sinne der Wirklichkeit entnommen werden können. Bevor jemand etwas über die Welt wissen bzw. aussagen kann, muss er zunächst eine Wahrnehmung haben. *Das Wissen besteht in dieser Auffassung letztlich aus passiv empfangenen «Abbildungen», d.h. originalgetreuen, bildhaften Widerspiegelungen der Wirklichkeit.* Zu einer wahren Erkenntnis kann der Mensch gelangen, wenn er die «Sinnesdaten» (d.h. das, was den Sinnen gegeben ist) von allen subjektiven Zutaten reinigt, denn die eigentlichen Quellen des Irrtums sind die subjektiven Zutaten zu den reinen Sinnesdaten. (Eine ausführlichere Beschreibung dieses Lernverständnisses findet sich im Anhang, Text 2.)

Kritik am gedächtnispsychologischen Lernverständnis

Die hier angedeuteten wahrnehmungs- und erkenntnispsychologischen Prämissen lassen sich mit den neueren erkenntnistheoretischen Forschungsergebnissen kaum mehr vereinbaren. Ich möchte dies im folgenden kurz aufzeigen, und zwar in Form einer thesenartigen Kritik an der gedächtnispsychologischen Lernpsychologie.

These 1:
Bei der Informationsaufnahme ist das Individuum normalerweise nicht passiv, sondern aktiv.

Wie neuere Theorien und Untersuchungen zeigen, verhält sich das menschliche Gedächtnis bei der Informationsaufnahme nicht passiv, sondern funktioniert als eine Art «Such-Raster», wobei die bereits gespeicherten Erfahrungen und Erkenntnisse diesen Such-Raster bzw. das Such-Verhalten prägen. Dies bedeutet, dass das Individuum das aktuelle Wahrnehmungsfeld mit Hilfe dieses «Rasters» absucht und bestimmte Reize als bedeutungsvolle Informationen erkennen kann, sofern diese im subjektiven Raster eine Entsprechung finden. In diesem Sinne dienen die bereits gemachten Erfahrungen und das bereits angeeignete Wissen dazu, die auftreffenden Informationen zu selektionieren, zu strukturieren und zu «deuten» (d.h. ihnen eine bestimmte Bedeutung zuzuschreiben). Hinzu kommt, dass in der konkreten Wahrnehmungssituation bestimmte «Punkte» dieses Abtastrasters besonders aktiviert werden, und zwar aufgrund der aktuellen Bedürfnisse und Interessen des betreffenden Individuums. So wird jeweils gezielt nach denjenigen Informationen gesucht, die diesen aktivierten Punkten des Such-Rasters entsprechen.

Aus dieser Überlegung heraus wird deutlich, dass das Individuum normalerweise bereits bei der Informationsaufnahme (und nicht erst bei der Informationsverarbeitung!) aktiv ist, und zwar in einem doppelten Sinne:

- Es vergleicht die vielfältigen Sinnesreize mit den bereits aufgenommenen und verarbeiteten Informationen.
- Es selektioniert und strukturiert das Wahrnehmungsfeld gemäss den aktuellen Bedürfnissen und Interessen.

Fazit:
Der Lernende nimmt die Informationen nicht so auf, wie sie ihm angeboten werden, sondern er selektioniert, strukturiert und deutet sie aktiv gemäss seinen Vorerfahrungen und seinem Vorwissen sowie gemäss der aktuellen Interessenlage. Die weit verbreitete Annahme, dass ein erfolgreicher Lerner die angebotenen Informationen möglichst vollständig reproduzieren sollte, widerspricht dieser wahrnehmungspsychologischen Gesetzmässigkeit. Entscheidend ist statt dessen, dass beim Lernenden ein Erkenntnisinteresse und eine Wissensbasis vorhanden sind, die eine sachgerechte Selektions-, Strukturierungs- und Deutungsleistung ermöglichen.

These 2:
Bei der Informationsaufnahme und -verarbeitung geht es weniger um eine möglichst originalgetreue Abbildung der Wirklichkeit als vielmehr um die Ausbildung von übertragbaren Wahrnehmungs-, Denk- und Handlungsmustern.

Wie Piaget in seinen Untersuchungen nachgewiesen hat, muss davon ausgegangen werden, dass der Mensch die vielfältigen Wahrnehmungen nicht einfach originalgetreu speichert, sondern dass er sie jeweils so verarbeitet, dass daraus übertragbare «Muster» oder «Schemen» entstehen, die die kognitive Auseinandersetzung mit der Wirklichkeit steuern. In diesem Sinne kann von einer «schemenorientierten» Informationsaufnahme und -verarbeitung gesprochen werden.

Ein «Schema» ist nicht einfach die Abbildung einer Einzelerfahrung; es beinhaltet vielmehr das, was mehreren ähnlichen Wahrnehmungen bzw. Erfahrungen gemeinsam ist. In dieser Hinsicht besitzt ein Schema eine wichtige Entlastungsfunktion: Es hilft uns, Erfahrungen auf neue Situationen zu übertragen, und entlastet uns davor, Situationen immer wieder von Grund auf neu bestimmen zu müssen. Diese Funktion wird ermöglicht durch sogenannte «Übertragungsregeln», die einen wichtigen Bestandteil eines Schemas bilden. Übertragungsregeln geben an, unter welchen Bedingungen eine konkrete Wahrnehmung (Information/Erfahrung) einem bestimmten Schema zugeordnet werden darf, d.h., wann eine Gegebenheit als «ein Fall des Schemas X» gedeutet werden darf. Die Einfügung einer Wahrnehmung in ein bereits vorhandenes Schema wird nach Piaget mit dem Begriff der Assimilation bezeichnet – vorausgesetzt, dass das betreffende Schema dabei in seiner Struktur unverändert bleibt.

Fazit:
Beim Lernen ist der Prozess der subjektiven Informationsverarbeitung entscheidend – und nicht der Prozess der möglichst originalgetreuen Informationsspeicherung! Dabei geht es um die Herausarbeitung von übertragbaren Schemen, mit denen künftige Situationen «bewältigt» werden können. Solche «Schemen» sind die geistigen Instrumente, die uns bei der theoretischen und praktischen Auseinandersetzung mit der Wirklichkeit zur Verfügung stehen. Lernen im erkenntnispsychologischen Sinne ist demnach mehr oder weniger bedeutungsgleich mit dem, was Klafki als «kategoriale Bildung» bezeichnet hat. (Klafki betrachtet in seiner Theorie der kategorialen Bildung die Ausbildung von «Kategorien» zur Erschliessung der Wirklichkeit als wichtigstes Bildungsziel!)

These 3:
Bei der Informationsaufnahme und -verarbeitung steht nicht der «additive Wissenszuwachs» im Vordergrund, sondern die teilweise sprunghafte Veränderung und Weiterentwicklung des bereits vorhandenen Wissens (d. h. der bereits verfügbaren Wahrnehmungs-, Denk- und Handlungsmuster).

Aus erkenntnispsychologischer Sicht zielt die menschliche Informationsverarbeitung darauf ab, die wahrgenommenen Informationen in die bereits vorhandenen Schemen einzufügen. Bei diesem Versuch, neue Information in die bereits ausgebildeten Schemen einzuordnen, muss das Individuum allerdings häufig feststellen, dass die Informationen, mit denen es konfrontiert wird, nicht ohne weiteres in die vorhandenen Schemen passen. Wenn nun eine Person mit solchen «unpassenden» Informationen konfrontiert wird, führt dies zu einem *kognitiven Konflikt.*

Ein kognitiver Konflikt führt in der Regel zu einer kritischen Überprüfung der vorhandenen Schemen. Diese Überprüfung kann dazu führen, dass eines oder mehrere der vorhandenen Schemen so verändert werden, dass die neue Information hineinpasst. In diesem Falle spricht Piaget von einer *«Akkommodation».* Akkommodation bedeutet also: Anpassung der kognitiven Schemen an eine neue Wahrnehmung. (Eine ausführliche Beschreibung der erkenntnispsychologischen Grundbegriffe findet sich im Anhang, Text 5.)

Diese Überlegungen machen deutlich, dass der Prozess der Informationsaneignung und -verarbeitung nicht im Sinne eines sukzessive fortschreitenden Wissenszuwachses zu deuten ist, etwa im Sinne des Grundsatzes: «Je mehr Information jemand aufnimmt, desto mehr Wissen eignet er sich an.» Entscheidend für den Prozess der Wissensaneignung ist vielmehr die Bedeutung, die eine Information für die Veränderung und Weiterentwicklung der bereits vorhandenen Wahrnehmungs-, Denk- und Handlungsmuster besitzt. Dieser Prozess der «Schemenanpassung» vollzieht sich in der Regel über «kognitive Konflikte» und geht mehr oder weniger sprunghaft vor sich.

Fazit:
Die Bedeutung eines Informationsangebotes für den Lernprozess muss danach beurteilt werden, ob und inwiefern dieses Informationsangebot beim betreffenden Subjekt einen Veränderungs- und Entwicklungsprozess der vorhandenen Schemen auszulösen vermag. Damit wird das kognitive Veränderungs- und Entwicklungspotential einer Information zum entscheidenden Faktor für den Lerngehalt eines Informationsangebotes. Zu beachten ist, dass dieses Veränderungs- und Entwicklungspotential nicht «objektiv», sondern nur im Hinblick auf die jeweiligen subjektiven Voraussetzungen (d. h. die bereits vorhandenen Schemen der Lernenden) bestimmt werden kann und dass der «kognitive Konflikt» zur entscheidenden Dimension für die Auslösung von Lernprozessen wird.

Das erkenntnispsychologische Lernverständnis

Im Hinblick auf die hier erläuterten Thesen lässt sich festhalten, dass die Praxis der Wissensvermittlung, die sich bis anhin primär an gedächtnispsychologischen Prämissen orientiert hat, dringend eine neue lernpsychologische Fundierung benötigt. Im Sinne der oben ausgeführten Gedanken wird eine solche lernpsychologische Neuorientierung vom folgenden *erkenntnispsychologischen Lernverständnis* auszugehen haben:

- Lernen muss verstanden werden als Prozess der Umstrukturierung, Ausdifferenzierung und Anreicherung der bereits vorhandenen Wissensbasis der Lernenden. Aus erkenntnispsychologischer Sicht kann dieser Prozess als «Schemen-Akkommodation» beschrieben werden, wobei der Entstehung und Bewältigung von «kognitiven Konflikten» eine Schlüsselfunktion zukommt.
- Lernen im erkenntnispsychologischen Sinne ist nicht auf die Aneignung möglichst vieler Kenntnisse (im Sinne der materialen Bildung) ausgerichtet, sondern auf die Ausbildung von Wahrnehmungs-, Denk- und Handlungsschemen, die auf verschiedene Situationen übertragbar sind (im Sinne der kategorialen Bildung).

- Lernen basiert auf aktiven und kreativen Auseinandersetzungsprozessen der Lernenden mit neuen Informationen und Erfahrungen. Dabei geht es darum, die individuell vorhandene Wissensbasis den neuen Gegebenheiten anzupassen, und zwar so, dass für die künftigen Assimilationsprozesse ein angemessenes Schemenrepertoire für eine möglichst konfliktfreie Informationsverarbeitung zur Verfügung steht.
- Wissen ist in diesem Verständnis nicht das, was von aussen als Information an das Subjekt herangetragen wird, sondern das, was sich im Verlaufe des aktiven und kreativen Auseinandersetzungsprozesses im lernenden Subjekt – aufbauend auf der vorhandenen Wissensbasis – herausbildet und für die künftigen Assimilationsprozesse zur Verfügung steht.

(Eine ausführlichere Darstellung dieses Lernverständnisses findet sich im Anhang, Texte 4 und 5.)

4. Merkmale eines erkenntnisvermittelnden Unterrichts

Den bisherigen Überlegungen zufolge ist die herkömmliche Praxis der Wissensvermittlung einerseits durch ein *produktorientiertes Stoffverständnis* und andererseits durch ein *gedächtnispsychologisches Lernverständnis* geprägt. Ein Unterricht, der auf diesen beiden Basiskonzepten aufbaut, ist auf die Weitergabe von reproduzierbaren Wissensbeständen ausgerichtet, die von den Lernenden zur Kenntnis genommen und im Gedächtnis gespeichert, nicht aber wirklich «angeeignet» (d. h. mit dem vorhandenen subjektiven Wissen verknüpft) werden müssen. In diesem Sinne kann die herkömmliche Wissensvermittlung als *kenntnisorientierte Wissensvermittlung* bezeichnet werden.

Als Alternative zur herkömmlichen Auffassung bietet sich ein Modell an, das sich auf ein *prozessorientiertes Stoffverständnis* und auf ein *erkenntnispsychologisches Lernverständnis* abstützt. Diesen beiden Basiskonzepten gemäss kann eine Wissensvermittlung nur dann erfolgreich sein, wenn die Wissensinhalte als «Erkenntnisse» von den Lernenden selbst erzeugt werden – und nicht einfach als fertige «Kenntnisse» entgegengenommen und memoriert werden. In diesem Sinne kann von einer *erkenntnisorientierten Wissensvermittlung* gesprochen werden. Ein erkenntnisorientierter Unterricht steht in einem deutlichen Widerspruch zum herkömmlichen kenntnisorientierten Unterricht, was deutlich wird, wenn wir uns die oben beschriebenen Merkmale des prozessorientierten Stoffverständnisses und des erkenntnispsychologischen Lernverständnisses nochmals vergegenwärtigen und den Merkmalen der herkömmlichen Wissensvermittlung gegenüberstellen:

(1) Während es im kenntnisvermittelnden Unterricht vorrangig um die möglichst authentische Aufnahme und Speicherung von vorgegebenen Wissensinhalten geht, wird im erkenntnisorientierten Modell das wichtigste Ziel der Wissensvermittlung in der Integration des neuen (objektiven) Wissens in die kognitive Struktur der Lernenden gesehen. Entsprechend ist im erkenntnisvermittelnden Unterricht nicht mehr die originalgetreue Reproduktion der Wissensinhalte das zentrale Erfolgskriterium für einen gelungenen Lehr- und Lernprozess, sondern die «Evaluierung» des bereits vorhandenen subjektiven Wissens der Lernenden und die daraus resultierende Umgestaltung und Weiterentwicklung des individuellen Denk- und Erfahrungshorizontes. Gleichzeitig sind auch die Mittel zur Unterstützung des Lernprozesses anders gewichtet: *Nicht mehr die möglichst gedächtnisfreundliche, d.h. anschauliche und kleinschrittige Darbietung der Unterrichtsinhalte steht im Zentrum des Vermittlungsprozesses, sondern die Schaffung eines inhaltlichen und methodischen Arrangements, das zur Aktivierung und Evaluierung des subjektiven Wissens geeignet ist.*

(2) Während im kenntnisvermittelnden Unterricht die Unterichtsteilnehmer in erster Linie als passive Empfänger von Endprodukten der Wissenserzeugung betrachtet werden, zielt die erkenntnisorientierte Wissensvermittlung darauf ab, die Lernenden aktiv in den Prozess der Wissensgenese miteinzubeziehen. Die Unterrichtsteilneh-

mer werden so zu aktiven Entdeckern, die sich aktiv mit den aufgeworfenen Problemstellungen auseinandersetzen, indem sie Lösungsvorschläge entwerfen und evaluieren. *Die Lehrpersonen sind in dieser Auffassung Prozessbegleiter, welche die aktive, problemorientierte Auseinandersetzung fördern und unterstützen, indem sie im Rahmen des mehrstufigen Prozesses der Wissenserzeugung (Problemkonfrontation, Hypothesenbildung, Hypothesenevaluation) geeignete Hilfestellungen anbieten.*

Die Übersicht auf der folgenden Seite kann die wichtigsten Unterschiede zwischen dem herkömmlichen (kenntnisvermittelnden) Unterrichtsmodell und dem Modell einer erkenntnisorientierten Wissensvermittlung zusammenfassend verdeutlichen.

Gegenüberstellung der beiden Unterrichtsmodelle

Das Modell der Kenntnisvermittlung	*Das Modell der Erkenntnisvermittlung*
Wissensvermittlung bedeutet: Darbietung der Endprodukte von Erkenntnisprozessen, die beim Lernenden eine möglichst unverfälschte Aufnahme und eine möglichst langfristige Speicherung der betreffenden Inhalte bewirkt.	*Wissensvermittlung* bedeutet: Anregung und Steuerung von problemorientierten Erkenntnisprozessen, die beim Lernenden zu Prozessen der Schemenakkommodation führen.
Das entscheidende *Erfolgskriterium* für eine gelungene Wissensvermittlung ist die möglichst authentische Reproduktion der dargebotenen Inhalte.	Das entscheidende *Erfolgskriterium* für eine gelungene Wissensvermittlung ist die Entstehung eines autonom verfügbaren und transformierbaren Wissens, das in die kognitive Struktur integriert ist.
Die *Lernenden* sind primär passive «Empfänger»: Die Übernahme der angebotenen Kenntnisse steht für sie im Vordergrund.	Die *Lernenden* sind primär aktive Entdecker: Die Lösung von Problemen bzw. von kognitiven Konflikten steht im Vordergrund.
Die *Lehrpersonen* sind primär aktive «Präsentatoren»: Die Darbietung und Erläuterung des «Unterrichtsstoffes» steht für sie im Vordergrund.	Die *Lehrpersonen* sind primär Prozessbegleiter (Moderatoren): Die Auslösung und Unterstützung von Problemlöseprozessen steht im Vordergrund.
Wichtige *Lernhilfen* sind eine möglichst «gedächtnisfreundliche» (d. h. anschauliche) Aufbereitung und Darbietung der Wissensinhalte sowie der Einsatz von Motivationsmitteln zur Steuerung des Lernwillens.	Wichtige *Lernhilfen* sind Texte, Materialien, Medien, Verfahren, die geeignet sind, um die Lernenden bei der selbständigen Lösungssuche und Lösungsevaluation zu unterstützen.

Die bisherigen Überlegungen zeigen, dass das Modell der erkenntnisorientierten Wissensvermittlung die wichtigsten Eigenheiten des prozessorientierten Stoffverständnisses und des erkenntnispsychologischen Lernverständnisses in sich vereint. Richtungsweisend für die Gestaltung der Unterrichtspraxis sind dabei die folgenden drei didaktischen Merkmale:

Merkmal 1: Prozessorientierung

Im erkenntnisorientierten Unterricht wird der Erkenntnisprozess, der zur Entstehung eines Wissensinhaltes führt, als notwendiger Bestandteil der Wissensvermittlung betrachtet und in den Unterricht integriert.

Eine Erkenntnis kann definiert werden als eine um den Prozess der Erkenntnisgewinnung angereicherte Kenntnis. In diesem Sinne gehört die Prozesskomponente wesentlich zu jeder Erkenntnis – und damit auch zu einem Unterricht, der den Lernenden das Wissen als «Erkenntnis» weitergeben möchte.

Wie bereits Dewey festgestellt hat, kann Wissen im Sinne einer Erkenntnis nicht direkt von einer Person auf die andere übertragen werden. Wenn das in einem Erkenntnisprozess entsprungene Wissen jemandem einfach mitgeteilt wird, so ist dieses Wissen für den Empfänger zunächst nicht mehr als eine Kenntnis. Eine erkenntnisorientierte Wissensvermittlung muss demgegenüber den Erkenntnisprozess, der zum beabsichtigten Wissen führt, für die Lernenden (nach-)vollziehbar machen. Zu diesem Zwecke kann das oben dargelegte Modell der Wissensgenese hilfreich sein: *Demnach geht es darum, den Unterricht als problemorientierten Auseinandersetzungsprozess zu konzipieren, der von einer erkenntnisleitenden Problemstellung ausgeht und der die Lernenden aktiv in die «Hypothesenbildung» und «Hypothesenevaluation» einzubeziehen versucht.* Auf diese Weise können die Unterrichtsteilnehmer an der Entstehung des beabsichtigten Wissens beteiligt werden – eine wichtige

Voraussetzung für ein angemessenes Verständnis der betreffenden Wissensinhalte.

Aus diesen Überlegungen heraus dürfte u. a. klar werden, dass eine prozessorientierte Wissensvermittlung nicht auf einen Unterricht abzielt, in dem das konkrete Wissen vernachlässigt werden darf – ein Vorwurf, der gegenüber einer prozessorientierten Unterrichtsgestaltung immer wieder erhoben wird. Bei der prozessorientierten Wissensvermittlung, wie sie hier verstanden wird, ist die Prozesskomponente zunächst vor allem deshalb wichtig, weil sie eine Voraussetzung bildet, um das aus dem Erkenntnisprozess resultierende Wissen angemessen zu erfassen. Mit anderen Worten: Auch bei der prozessorientierten Wissensvermittlung geht es darum, dass die Lernenden am Ende etwas wissen! (Dass die Kultivierung der Prozesskomponente im Unterricht auch unter dem Aspekt der formalen Bildungsziele bedeutsam ist, weil sie die Lernenden mit den Bedingungen der Erkenntnisgewinnung vertraut macht und so die Voraussetzungen schafft für ein autonomes Denken, Handeln und Lernen – ganz im Sinne der neuerdings geforderten Schlüsselqualifikationen – sei hier nur angedeutet.)

Merkmal 2: Problemorientierung

Im erkenntnisorientierten Unterricht ist die Wissensvermittlung als ein problemorientierter Auseinandersetzungsprozess konzipiert, der von einer erkenntnisleitenden Problemstellung ausgeht und der Provokation von kognitiven Konflikten eine Schlüsselfunktion beimisst.

Gemäss dem erkenntnistheoretischen Modell der Wissensgenese entsteht Wissen als Resultat eines problemorientierten Such- und Entdeckungsprozesses. «Problemorientierung» heisst in dieser Betrachtungsweise, dass eine erkenntnisorientierte Wissensvermittlung notwendigerweise auf eine erkenntnisleitende Problemstellung ausgerichtet sein muss; dies in der Annahme, dass ein Wissensinhalt letztlich nur dann angemessen verstanden werden kann, wenn der Zusammenhang mit der jeweils zugrundeliegenden Problemstellung für die Lernenden einsichtig ist.

Eine erkenntnisorientierte Wissensvermittlung besitzt in diesem Sinne notwendigerweise eine problemorientierte Struktur: Sie geht von einer erkenntnisleitenden Problemstellung aus und verlangt einen Unterricht, der als problemorientierter Auseinandersetzungsprozess konzipiert ist. Zu diesem Zwecke müssen die Unterrichtsinhalte zunächst problemorientiert rekonstruiert werden: Es muss eine Problemstellung gefunden werden, die geeignet ist, um den zentralen Wissensinhalt als Problemklärungs- bzw. Problemlösungshilfe erscheinen zu lassen. Eine solche problemorientierte Rekonstruktion kann in einem historisierenden Sinne geschehen, indem die historisch authentische Problemstellung gesucht wird, die ursprünglich zum betreffenden Wissen führte. Diese ursprüngliche Problemstellung kann dann zum Ausgangspunkt der Wissensvermittlung gemacht werden. In vielen Fällen wird es allerdings nicht möglich sein, die historisch authentische Problemstellung zu rekonstruieren. In diesen Fällen wird man sich mit einem «konstruierten Zugang» begnügen müssen: Es wird eine Problemstellung – nach Möglichkeit aus der Lebenswelt der Lernenden – gesucht, die ein für die Unterrichtsteilnehmer plausibler Anlass sein könnte, um dieses Wissen selber zu erfinden bzw. zu entdecken.

Eine solche problemorientierte Rekonstruktion des Unterrichtsstoffes muss sich in einer problemorientierten Unterrichtsgestaltung niederschlagen, in welcher die gewählte Problemstellung den Ausgangspunkt und den zentralen Bezugspunkt des unterrichtlichen Arrangements bildet – ganz im Sinne von Wagenscheins Forderung, dass der Hinführung zur Problemstellung mindestens soviel Aufmerksamkeit zu schenken ist wie der Darbietung der Wissensinhalte. *Die Lehrperson, die problemorientiert unterrichten möchte, muss somit nicht nur Wissensvermittler, sondern auch «Problemvermittler» sein und mit grosser Sorgfalt dafür sorgen, dass schülergerechte Probleme entstehen und als erkenntnisleitende Motive wirksam werden können.*

Das Merkmal der Problemorientierung steht übrigens auch in einem unmittelbaren Zusammenhang mit dem Begriff des kognitiven Konfliktes, der in der erkenntnispsychologischen Theorie zur Erklärung des Akkommodationsprozesses verwendet wird. Dieser Zusammenhang wird vor allem dann deutlich, wenn man sich vergegenwärtigt, dass ein kognitiver Konflikt nichts anderes als die subjektive (innerpsychische) Repräsentation eines nach aussen sichtbaren «Problemes» darstellt. Damit zeigt sich, dass die Problemorientierung auch einer lernpsychologischen Notwendigkeit entspricht, da der beabsichtigte Erkenntnisprozess nur dann angemessen erfolgen kann, wenn es gelingt, im Lernenden einen kognitiven Konflikt zu erzeugen und dadurch einen Akkommodationsprozess einzuleiten.

Merkmal 3: Subjektorientierung

Im erkenntnisorientierten Unterricht bildet der subjektive Verarbeitungsprozess der Lernenden und das jeweils vorhandene subjektive Wissen den zentralen Bezugspunkt für die Wissensvermittlung.

Wie bereits erwähnt, steht im erkenntnispsychologischen Lernkonzept nicht die passive Aufnahme und Speicherung von Informationen zum Zwecke einer möglichst authentischen Reproduktion im Vordergrund, sondern die Veränderung (Akkommodation) des bereits vorhandenen subjektiven Wissens. Informationen von aussen dienen in erster Linie als Material, mit dessen Hilfe der Akkommodationsprozess ausgelöst und gesteuert wird; ihre passive Einlagerung ins Gedächtnis – ohne Integration ins subjektive Wissen – gilt noch nicht als gelungene Wissensaneignung. *Lernen in diesem Verständnis setzt voraus, dass die Lernenden das vorhandene subjektive Wissen aktivieren und mit dem vorliegenden Informationsangebot vergleichen und auf einen allfälligen Akkommodationsbedarf hin untersuchen – etwa gemäss der Frage, ob und wie das vorhandene subjektive Wissen ergänzt, korrigiert, ausdifferenziert werden muss.* In diesem Sinne ist die Orientierung am Subjekt (bzw. am bereits vorhandenen subjektiven Wissen) eine notwendige Voraussetzung für eine erkenntnisorientierte Wissensvermittlung.

Zu Beginn dieses Kapitels habe ich darauf hingewiesen, dass der Prozess der Wissensaneignung nur dann angemessen realisiert werden kann, wenn es gelingt, eine dynamische Balance zwischen dem objektiven Wissen eines Unterrichtsfaches und dem subjektiven Wissen der Unterrichtsteilnehmer herzustellen. Das Merkmal der Subjektorientierung und die damit verbundene Forderung, das Subjekt zu einem wichtigen Bezugspunkt der Wissensvermittlung zu machen, möchte nun nicht etwa diese Balance-Forderung aufheben. Wenn hier der Subjekt-Aspekt besonders hervorgehoben wird, so deshalb, weil die herkömmliche Wissensvermittlung dazu neigt, diesen Aspekt zu vernachlässigen. So wird beispielsweise das lernende Subjekt im gedächtnispsychologischen Lernverständnis als ein Gefäss betrachtet, das die vorgesehenen Wissensinhalte zum Zwecke der Reproduktion aufzunehmen hat. Das Subjekt steht damit einseitig im Dienste der Wissensüberlieferung, was dazu führt, dass die subjektbezogene Transformation der Wissensinhalte relativ gering ist: Letztlich ist hier das lernende Subjekt eigentlich nur als drohende Fehlerquelle bzw. als potentieller Störfaktor eine relevante Planungsgrösse für den Prozess der Wissensvermittlung. (Natürlich muss der Unterrichtsstoff auch in der gedächtnispsychologischen Auffassung «adressatengerecht» ausgewählt und dargeboten werden; in erster Linie aber liegt die Begründung dieser Massnahme in der Annahme, das auf diese Weise die Wahrscheinlichkeit von Reproduktionsfehlern und -ausfällen vermindert werden kann oder dass ein einsichtiges Lernen weniger «Speicherkapazität» beansprucht.)

In der erkenntnisorientierten Wissensvermittlung dagegen bildet das lernende Subjekt sowohl für die Auswahl der zu vermittelnden Inhalte als auch für Planung und Gestaltung des Prozesses der Wissensvermittlung einen wichtigen Bezugspunkt. Subjektorientierung bedeutet in diesem Zusammenhang, dass die Wissensinhalte didaktisch so aufbereitet werden müssen, dass sie innerhalb des Horizontes des lernenden Subjektes neu entstehen können. Inhalte, die eine solche subjektorientierte Transformation nicht zulassen (die sich beispielsweise nicht als Antworten auf eine subjektiv bedeutsame Problemstellung konzipieren lassen), müssen sich die Frage gefallen lassen, ob ihre «Aneignung» (im strengen Sinne des Wortes) überhaupt möglich ist und ob ihre Vermittlung im Unterricht überhaupt einen legitimen Platz hat.

5. Zwei Unterrichtsbeispiele

Beispiel 1: Eine Lernsituation aus der Grundschule

Um das hier dargelegte Verständnis der Wissensvermittlung zu illustrieren, möchte ich zwei Unterrichtsbeispiele anführen und kurz kommentieren. Das erste Beispiel stammt aus der bekannten Schrift von F. Copei zum «Fruchtbaren Moment im Bildungsprozess» – einem Klassiker der didaktischen Literatur. Diese Lernsituation ist in der Grundschule angesiedelt; ich habe sie vor allem deshalb ausgewählt, weil sie den «Akkomodationsprozess», der sich im Prozess der Wissensaneignung vollzieht, gut zu veranschaulichen vermag.

Unterrichtsverlauf

«In der Heimatkunde ist am Ende des dritten Schuljahres der Heimatort mit seiner bergigen Umgebung in der diesem Alter möglichen Weise erwandert und erforscht; er ist erst im Sandkasten, dann in der Projektion auf die Wandtafel dargestellt; nun sind die Kinder so weit, dass sie ihre Landschaft auf der Heimatkarte wiedererkennen und Einzelheiten aus dieser Karte herauslesen. Wie sie die Berge und Hügel einzeln nach der Karte benennen, fällt ihnen auf, dass bei dem Namen jedes Berges eine Zahl steht, und sie vermuten sofort richtig, dass das die Höhenangaben sind. Da fragt ein Schüler, wie man denn die Berge gemessen habe. Der Lehrer erkennt sofort, dass die durch diese Frage entstandene glückliche Unterrichtssituation genutzt werden muss; er gibt den Weg seiner eigenen Überlegungen auf und ermuntert die Schüler, ihre Meinungen zu der Frage zu äussern. Eine erste Vermutung geht in die falsche, allerdings nicht unerwartete Richtung: man müsse ein langes Seil nehmen und an den Berg legen. Aber schon wenden Schüler ein, ein Seil von dieser Länge gäbe es nicht. Nun wollen sie streckenweise messen. Der Lehrer wendet fragend ein, welchen Abhang sie denn auf diese Weise messen wollten. Da stellt sich eine erste Verlegenheit ein, die aus dem undeutlichen Bewusstsein kommt, dass da eine Schwierigkeit verborgen liege; man merkt, dass man auf diese Weise nicht weiterkommt. Da gibt der Lehrer eine Hilfe: man solle es im Kleinen an den Bergen versuchen, die im Sandkasten dargestellt sind. Ein Schüler misst zunächst die höchste, steilere Erhebung, indem er das Metermass an einen Abhang legt, und stellt fest: ‹15 Zentimeter.› Der Lehrer fordert auf, auch einmal von der anderen Seite zu messen. Nun sind es aber 17 Zentimeter. ‹Also ist der Berg auf der einen Seite 15, auf der anderen Seite 17 Zentimeter hoch?› – ‹Ja, weil er hier schräger ist.› – Der Lehrer lässt den Irrtum auf sich beruhen und fordert auf, auch einen der flachwelligen vorgelagerten Hügel zu messen. Ein Schüler legt wieder das Mass an und kommt zu dem Ergebnis: ‹22 Zentimeter.› Aber da stutzt er selbst, und ein anderer ruft ihm dazwischen: ‹Dann wäre der Hügel ja höher als der Berg.› Alle merken, dass das nicht stimmen kann. Der Befund der Messung und die vernünftige Überlegung werden noch einmal in Gegensatz gestellt. Die Ratlosigkeit diesem Widerspruch gegenüber steigt. Jetzt erinnert der Lehrer noch einmal an die Messung des höheren Berges. ‹Eben habt ihr ja auch denselben Berg einmal mit 15, einmal mit 17 Zentimeter gemessen.› – ‹Ja, das kann auch nicht stimmen.› – Nun steigert sich die Verlegenheit von neuem. Der Lehrer formt den Berg noch etwas steiler und meint: ‹Wenn wir jetzt messen, müsste er ja noch niedriger geworden sein. Aber ist er denn niedriger geworden?› Da kommt ein Schüler auf die glückliche Lösung. ‹Ich weiss es›, sagt er, aber er gibt die Antwort nicht mit Worten, sondern mit der Hand: Er nimmt das Metermass und steckt es von der Spitze des Sandberges *senkrecht bis auf den Grund.* Damit ist der Damm durchbrochen. Es braucht nicht weiter ausgeführt zu werden, wie nun eine gültige Formel gesucht wird für die Feststellung der Höhen, wie nun diese am Modell gewonnene Einsicht übertragen wird auf das geographische Objekt, wie nun noch einmal klar formuliert wird, was eine Höhenangabe auf der Karte bedeutet. Alles wird nun mit stärkster innerer Befriedigung erfasst; die Bildungswirkung stellt sich ein in dem gehobenen Gefühl, das jede eigene Entdeckung begleitet.»

Kommentar

Interessant an der hier beschriebenen Lernsituation ist zunächst einmal der prozessorientierte Charakter dieses Unterrichtes – ganz im Sinne des prozessorientierten Stoffverständnisses, wie ich es im Abschnitt 1.4 beschrieben habe: Das Wissen über die geographische Höhenmessung wird hier den Schülern nicht einfach als «Fertigprodukt» angeboten, sondern – gemäss der genetischen Methode – in einen Erkenntnisprozess eingebettet, der dem ursprünglichen Entdeckungsprozess dieses Wissens durchaus entsprechen könnte.

- *Problemstellung:* Wie kann die Höhe eines Berges gemessen werden?
- *Hypothesenbildung:* Die Schüler entwickeln selber verschiedene Lösungsvorschläge zum aufgeworfenen Problem der Höhenmessung und bringen sie in den Unterricht ein.
- *Evaluation:* Die Schüler «evaluieren» ihre Lösungshypothesen selber, indem sie die Vorschläge ausprobieren. Der Lehrer bietet insofern «Evaluationshilfen» an, als er die auftretenden Widersprüche und unhaltbaren Konsequenzen der falschen Lösungsvorschläge bewusst zu machen versucht.

Neben diesem prozessorientierten Vorgehen gibt das vorliegende Unterrichtsbeispiel auch einen guten Einblick in das erkenntnispsychologische Lernverständnis, das für den erkenntnisvermittelnden Unterricht charakteristisch ist.

Vergegenwärtigen wir uns nochmals den Ausgangspunkt der oben beschriebenen Lernsituation: Die Schüler werden mit der Aufgabe konfrontiert, die Höhe eines Berges zu messen. Um diese – auf den ersten Blick scheinbar unproblematische – Aufgabenstellung zu lösen, suchen die Schüler zunächst ihre vertrauten Handlungsschemen nach erfolgversprechenden Handlungsregeln ab. Die Lösung scheint schon bald auf der Hand zu liegen: Es scheint sich um einen Fall von «Längenmessung» zu handeln, und entsprechend müsste etwa im Sinne der folgenden Handlungsregel (die sich am Schema der Längenmessung orientiert) vorgegangen werden: Man lege ein gegebenes Längenmass (normalerweise in Zentimeter und Millimeter unterteilt) über die zu messende Strecke, und zwar so, dass der Streckenanfang mit dem Nullpunkt des Längenmasses übereinstimmt; am Streckenende kann dann das gesuchte Längenmass abgelesen werden.

Der Lehrer versucht nun, durch geschicktes Variieren der Aufgabenstellung den Schülern bewusst zu machen, dass das vertraute Schema der Längenmessung im vorliegenden Fall unangemessen ist. Im Schüler wird damit ein «kognitiver Konflikt» ausgelöst: Er merkt allmählich, dass die vorliegende Situation mit Hilfe des Schemas der Längenmessung nicht angemessen bewältigt werden kann, da dies zu unhaltbaren Widersprüchen führt. (Im Lichte der oben erläuterten Begriffe heisst das: Die Situation kann nicht ohne weiteres an das Schema der Längenmessung assimiliert werden.) Erst jetzt, nach der Aktivierung der vorhandenen Ausgangsschemen und nach der Begegnung mit der Assimilationsschwierigkeit wird die Aufgabenstellung für den Schüler zu einer erkenntnisleitenden Problemstellung, die im Schüler einen kreativen Prozess in Gang setzt und schliesslich – Copei würde sagen «im fruchtbaren Moment» – zum entscheidenden Lösungsvorschlag führt: Die «Höhenmessung» kann nicht als Oberflächenmessung durchgeführt werden, sondern verlangt den Einbezug der «Tiefendimension», und zwar durch die Konstruktion einer Senkrechten. Durch diesen aktiven Auseinandersetzungsprozess und den dadurch ausgelösten Akkommodationsprozess bildet sich beim Schüler somit das Schema «Höhenmessung» aus. Ob dieser Akkommodationsprozess als «Neubildung eines Schemas», als «Korrektur eines bereits vorhandenen Schemas» (nämlich des Schemas «Längenmessung») oder einfach als «Ausdifferenzierung eines Schemas» (nämlich des Schemas «Messen») gedeutet werden soll, läßt sich m. E. nicht eindeutig festlegen und ist auch nicht von grosser Bedeutung. Wichtig ist vielmehr, dass Lernen hier aufbaut auf einer bereits vorhandenen Wissensbasis des Lernenden und einen aktiv-kreativen Umgestaltungsprozess impliziert.

Lernen als Erkenntnisprozess

Der wohl zentralste Unterschied der vorliegenden erkenntnispsychologischen Interpretation von Copeis Unterrichtsbeispiel zur gedächtnispsychologischen Auffassung dürfte vermutlich in der andersartigen Deutung und Gewichtung der Schüleraktivität liegen. In der *gedächtnispsychologischen Betrachtungsweise* kommt bekanntlich der kreativen Eigenaktivität des Lernenden eher der Stellenwert einer – durchaus verzichtbaren – Garnitur zu (Lernen ist im wesentlichen ein passiver Prozess). Der ganze, relativ aufwendige Auseinandersetzungsprozess liesse sich in der gedächtnispsychologischen Betrachtungsweise eigentlich nur deshalb rechtfertigen, weil die Schüler dank ihres aktiven Einbezuges am Prozess der Wissensaufnahme vermutlich interessierter und mit mehreren Sinnen beteiligt sind und weil – aufgrund der gedächtnispsychologischen Gesetzmässigkeiten – ein solcher Inhalt nachweislich besser im Gedächtnis haften bleibt. (Grundsätzlich könnte dasselbe Ergebnis auch durch eine gut illustrierte Lehrerdarbietung oder durch wiederholtes Memorieren dieses Wissensinhaltes erreicht werden – was erst noch zeitsparender wäre!)

Anders in der *erkenntnispsychologischen Betrachtungsweise.* Aus dieser Sicht liegt der Erfolg eines Lehr- und Lernprozesses, wie er in diesem Beispiel beschrieben wird, ganz wesentlich in der Qualität der Schüleraktivität begründet: Diese entscheidet letztlich darüber, ob die Wissensaneignung (d. h. die Integration des Wissens in die vorhandene kognitive Struktur) gelingt. Die Tätigkeit des Lehrers findet hier ihren zentralen Bezugspunkt in der Aktivität des Schülers: sie ist nur insofern notwendig, als sie lernförderliche Schüleraktivitäten auszulösen vermag, die ihrerseits zur Umstrukturierung von Schemen führen.

Ein solcher Umstrukturierungsprozess kann zwar von aussen angeregt werden; ausgeführt werden muss er aber vom lernenden Subjekt selber. Wichtig für sein Gelingen ist die Aktivierung der bereits vorhandenen Schemen: einerseits, damit dem Lernenden die Akkommodationsbedürftigkeit der betreffenen Schemen überhaupt bewusst wird; andererseits, damit die Schemen aktualisiert werden, auf denen der Umstrukturierungsprozess basiert. Damit rückt im Unterricht die darbietende Tätigkeit des Lehrers in den Hintergrund zugunsten einer aktivierenden Funktion – und genau diese aktivierende, lernprozessfördernde Funktion des Lehrers ist charakteristisch für das hier skizzierte Unterrichtsbeispiel.

Beispiel 2: Eine Lernsituation aus der Erwachsenenbildung

Das zweite Beispiel stammt aus dem Bereich der Erwachsenenbildung. Ich habe es ausgewählt, weil es hier um einen Unterrichtsinhalt geht, bei dem es – im Unterschied zum vorangegangenen Unterrichtsbeispiel – nicht ein eindeutiges Richtig oder Falsch gibt, was notwendigerweise dazu führt, dass der beabsichtigte Erkenntnisprozess offener und weniger lehrerzentriert gestaltet werden muss. Das Thema, um das es dabei geht, heisst «Kommunikationsregeln in Arbeitsgruppen». Dabei steht eine dreifache Zielsetzung im Vordergrund:

- Den Unterrichtsteilnehmern soll die Bedeutung von heimlich wirkenden Gruppennormen bewusst gemacht werden.
- Es sollen Gruppenregeln erarbeitet werden, die einen Orientierungsrahmen bilden für künftige Kommunikations- und Arbeitsprozesse.

- Die Unterrichtsteilnehmer sollen das Modell der Themenzentrierten Interaktion kennen und im Hinblick auf die eigene Kommunikationspraxis reflektieren.

Unterrichtsarrangement

Als Unterrichtseinstieg verteilt der Kursleiter das folgende Szenarium, das unter dem Titel «Seenot-Übung» bekannt ist (vgl. Antons 1973):

«Sie und neun andere Personen befinden sich an Bord einer privaten Yacht mitten auf dem Atlantischen Ozean. Aufgrund eines im Maschinenraum ausgebrochenen Feuers droht die Yacht zu sinken. (...) Nachstehend sind 15 Gegenstände angeführt, deren Rettung Ihnen noch geglückt ist. (...)

Ihre Aufgabe besteht nun darin, die nachstehenden 15 Gegenstände danach anzuordnen, wie wichtig sie für Ihr Überleben sind. Ordnen Sie dem wichtigsten Gegenstand die Nummer 1, dem nächstwichtigsten die Nummer 2 usw. und dem unwichtigsten schliesslich die Nummer 15 zu.»

Zu ordnende Gegenstände: Sextant, Rasierspiegel, Kanister mit 20 Litern Frischwasser, Moskitonetz, eine Notverpflegungsration aus Militärbeständen, Seekarte vom Atlantischen Ozean, eine Schwimmweste, 10 Liter Dieselöl, 1 Transistorradio, eine Hai-Harpune, 4 qm klare Kunststoffolie, 2 Liter Jamaica-Rum, 5 m Nylonseil, 2 Kartons Schokolade, eine Angel mit Zubehör.

Den Teilnehmern wird nun ca. 10 Min. Zeit eingeräumt, um die individuelle Rangordnung der Gegenstände zu erstellen.

Anschliessend werden die 10 Teilnehmer in zwei Gruppen unterteilt. Die Gruppen erhalten den Auftrag, eine gemeinsame Rangordnung der Gegenstände zu erstellen, und zwar müssen die Gruppenmitglieder jeweils einen Konsens über die Einstufung erzielen. Zusätzlich zu diesem Arbeitsauftrag werden ein paar Regeln zur Gestaltung des Kommunikationsprozesses abgegeben (Beispiel: «Vermeiden Sie, Ihre persönliche Entscheidung den andern aufzuzwingen. Argumentieren Sie mit Logik.» oder «Vermeiden Sie Konfliktlösungstechniken wie Mehrheitswahl, Mittelwertberechnungen oder Kuhhandel.»). Jede Gruppe bestimmt zudem zwei Gruppenbeobachter, die auf förderliche oder hindernde Verhaltensweisen sowie auf die Häufigkeit der Gesprächsbeiträge der einzelnen Diskussionsteilnehmer achten sollen.

Für die Auswertung der Einzelarbeit und der Gruppenarbeit liegt die Einschätzung der angegebenen Gegenstände durch eine Gruppe von amerikanischen Marineoffizieren vor. Durch den Vergleich der eigenen Rangordnungszahlen mit denjenigen der «Expertenliste» wird es möglich, die Qualität der Individualeinschätzung und der Gruppeneinschätzung zu quantifizieren und miteinander zu vergleichen. In einer guten Arbeitsgruppe ist mit einem «Synergie-Effekt» zu rechnen (d.h., die von der Gruppe getroffene Entscheidung ist besser als alle individuell getroffenen Entscheidungen).

Prozessverlauf

Ich gebe zunächst ein paar Beobachtungen zum Gruppengeschehen in einer der beiden Diskussionsgruppen wieder.

Die Diskussion beginnt sehr zaghaft. Offensichtlich sind alle darum bemüht, harmonische Entscheidungen herbeizuführen – ganz im Sinne der Konsensregel. Schon bald aber zeigt es sich, dass zwei Gruppenteilnehmer das Gespräch zunehmend zu dominieren beginnen. Sie nehmen allmählich den grössten Teil der Redezeit für sich in Anspruch (wobei sie meist rivalisierende Meinungen vertreten). Sie beginnen auch, den Kommunikationsprozess zu steuern, indem sie beispielsweise bestimmen, wann ein Punkt als erledigt betrachtet wird und wann ein neuer Punkt in Angriff genommen wird (natürlich immer unter dem Deckmantel der Konsensregel «Ihr seid doch einverstanden, wenn ...»). Die übrigen Gesprächsteilnehmer werden immer mehr zu passiven Zuhörern; meist kommen sie nicht einmal mehr dazu, ihre individuellen Einschätzungen einzubringen.

Interessant war dann das Gruppenergebnis: In der von der Gruppe erarbeiteten Rangreihe konnte von einem Synergieeffekt nicht die Rede sein. Das Gruppenergebnis lag nicht nur deutlich unter dem besten Individualergebnis, es war sogar noch schlechter als der Durchschnitt der Individualergebnisse. Dieses Resultat löste – zusammen mit den Rückmeldungen der Gruppenbeobachter – in der Gruppe grosse Betroffenheit aus und führte zu einer längeren Diskussion, in der es um die Frage nach den tieferen Ursachen der erlebten Schwierigkeiten und nach den Lösungsmöglichkeiten für künftige Kommunikationssituationen ging.

Im Verlaufe der anschliessenden Plenumsdiskussion wurde deutlich, dass sowohl eine explizite Gruppenleitung als auch explizite Kommunikationsregeln nicht einfach als Einengung der individuellen Freiheit verstanden werden dürfen, sondern eine notwendige Voraussetzung für das Gelingen eines effizienten und letztlich für alle befriedigenderen Kommunikations- und Arbeitsprozesses bilden. Die Kursteilnehmer einigten sich darauf, die Aufgaben des «Kurssprechers» zu umschreiben und verschiedene Kommunikationsregeln zu formulieren, an denen sie sich künftig orientieren möchten. Die Leitungsfunktionen und Kommunikationsregeln wurden zunächst in Kleingruppen ausgearbeitet, auf Papierstreifen festgehalten und dann im Plenum vorgestellt und diskutiert. Schliesslich wurden 6 Kommunikationsregeln ausgewählt, die – aufgrund einer individuellen Punkteverteilung – für besonders wichtig gehalten wurden.

Im Anschluss an diesen erfahrungsbezogenen und teilnehmerzentrierten Erarbeitungsprozess folgte nun eine kurze Informationsdarbietung des Kursleiters zum Kommunikationsmodell der Themenzentrierten Interaktion. Besonders hervorgehoben wurde dabei die TZI-Kommunikationsregel, die Funktion des TZI-Gruppenleiters sowie das im Modell enthaltene Autonomie-Verständnis. Die Informationsdarbietung löste eine engagierte Diskussion aus, die u. a. dazu führte, dass die zuvor erarbeiteten Kommunikationsregeln ergänzt und teilweise präzisiert wurden.

Kommentar

Für die hier beschriebene Lernsituation lässt sich zunächst wiederum feststellen, dass sie sich in der Grobstruktur ganz offensichtlich am Konzept der prozessorientierten Inhaltsvermittlung mit den drei Komponenten Problemstellung – Hypothesenbildung – Evaluation orientiert.

- Zunächst wurde ein Unterrichtsarrangement geschaffen, das den Teilnehmern die *Problemstellung* (Welches sind hilfreiche Kommunikationsregeln in einer Arbeitsgruppe?) möglichst erfahrungsbezogen nahebringen sollte.
- Auf dem Hintergrund der erlebten Kommunikationsschwierigkeiten wurden von den Unterrichtsteilnehmern mögliche Kommunikationsregeln entworfen *(Hypothesenbildung)*.
- Schliesslich wurden die Kommunikationsregeln einer *Evalution* unterzogen, indem sie im Plenum diskutiert wurden. Die Informationsdarbietung durch den Kursleiter diente sodann als ein zweites Evaluationsmittel: Das präsentierte TZI-Modell sollte neue Gedanken zur Überprüfung der eigenen Lösungsentwürfe ins Spiel bringen. (Eine dritte Evaluation wird zudem die nachfolgende Kommunikationspraxis bilden: In diesem Sinne wurde verabredet, die Diskussion über die vereinbarten Gruppenregeln in regelmässigen Abständen wieder aufzunehmen, um diese auf dem Hintergrund der gemachten Erfahrungen zu ergänzen bzw. zu korrigieren.)

Im Hinblick auf das Lerngeschehen, das in dieser Unterrichtssituation zum Ausdruck kommt, kann wiederum festgestellt werden, dass das gedächtnispsychologische Lernkonzept ganz offensichtlich ungeeignet ist, um das komplexe Geschehen, das hier beschrieben wird, zu erklären. Aus gedächtnispsychologischer Sicht ist das Ergebnis dieser relativ zeitaufwendigen Unterrichtssequenz eigentlich dürftig: ein paar mehr oder weniger triviale Gedanken zum Gruppenprozess (die zudem nur schwer den wissenschaftlichen Objektivitätsansprüchen zu genügen vermögen) sowie ein paar Grundregeln, die in etwa denjenigen der Themenzentrierten Interaktion entsprechen.

Das hätte man mit einer guten Lehrerdarbietung zweifellos auch in kürzerer Zeit erreichen können!

Anders unter der Perspektive des erkenntnispsychologischen Lernverständnisses: Aus dieser Sicht haben in der beschriebenen Lernsituation «Akkommodationsprozesse» stattgefunden, deren Inszenierung aufgrund der Veränderungsresistenz der vertrauten Assimilationsschemen ausserordentlich anspruchsvoll ist und die nur möglich sind, wenn es gelingt, die Lernenden aktiv in den Unterricht einzubeziehen.

Eine der zentralen Akkommodationsleistungen, die hier vermutlich stattgefunden haben, möchte ich kurz erläutern.

Lernen als Prozess der Schemenveränderung

Bei «gruppendynamischen Laien» ist erfahrungsgemäss häufig die folgende Überzeugung anzutreffen: Wenn sich alle Teilnehmer einer Gruppe etwas «zusammennehmen», ist das harmonische Funktionieren der Gruppe doch kein Problem. Eine gute Gruppe braucht daher keine Gruppenregeln und auch keine Gruppenleitung. Für die Korrektur eines solchen Schemas (das aus der Sicht einer systemischen Betrachtungsweise ausserordentlich problematisch ist!) braucht es gemäss der erkenntnispsychologischen Auffassung zunächst einen kognitiven Konflikt, der den Teilnehmern die Korrekturbedürftigkeit dieses Schemas vor Augen führt. Dieser kognitive Konflikt wurde in der vorliegenden Lernsituation mit Hilfe der «Seenot-Übung» inszeniert: Durch diese Übung konnte den Gruppenteilnehmern aufgezeigt werden, dass eine Gruppe, die sich (entsprechend dem «naiven» Ausgangsschema) einzig auf «die guten Vorsätze» der Teilnehmer verlässt, nicht unbedingt schon zum gewünschten Erfolg (d.h. zum Synergie-Effekt) kommt. Das Ausgangsschema ist somit auch für die Teilnehmer «akkommodationsbedürftig» geworden. Der nun einsetzende «Akkommodationsprozess», bei dem die Suche nach möglichen Ursachen und Lösungen für die erlebten Schwierigkeiten im Zentrum steht, vollzieht sich infolge der unmittelbaren Betroffenheit im wesentlichen von selbst (d.h. ohne

Hilfestellungen der Lehrperson): Es wird in der Gruppe ein Gedanken- und Erfahrungsaustausch mobilisiert, bei dem es um die Verarbeitung des ausgelösten kognitiven Konfliktes geht. Das Ziel dieses Austausches ist es, ein Schema zu finden, das die gemachten Erfahrungen plausibel zu erklären vermag und das in ähnlichen Situationen zu einem angemesseneren Verhalten führen könnte. Wie dieses neue Schema im Detail aussieht, dürfte vermutlich individuell sehr unterschiedlich ausfallen. (Dies zeigt sich etwa darin, dass die Kursteilnehmer ganz unterschiedliche Einsichten aus dieser Lernsituation formulieren.) Trotz diesem individualisierten Lernergebnis ist der gemeinsame Suchprozess, der hier stattfindet, ein unentbehrlicher Schritt auf dem Wege zu einem neuen, realitätsgerechteren und konfliktfreieren Assimilationsschema, denn ein stabiles Assimilationsschema zeichnet sich u. a. dadurch aus, dass es auch die Einwände und Gedanken anderer Personen in sich aufzunehmen vermag. Ein neues Schema sollte daher immer auch einer «kommunikativen Bewährungsprobe» unterzogen werden, und gerade hier liegt aus Sicht der erkenntnispsychologischen Betrachtungsweise eine wichtige Aufgabe der vorliegenden Lernsituation.

Subjektives Wissen als Ausgangspunkt

Natürlich stellt sich bei solchen «erkenntnisorientierten» Lernsituationen, die im Rahmen einer Unterrichtsveranstaltung gezielt arrangiert werden, die folgende Frage: Wieweit ist es überhaupt zulässig, *einen «Akkommodationsprozess» für die Unterrichtsteilnehmer verbindlich zu planen. Ist es beispielsweise möglich, von einem «korrekturbedürftigen Ausgangsschema» auszugehen, das auf alle (oder doch wenigstens auf die meisten) Teilnehmer zutrifft?* Gerade bei erwachsenen Unterrichtsteilnehmern stellt sich dieses Problem in verschärftem Masse, da deren Erfahrungshintergrund sehr unterschiedlich ist und da es nicht mehr um die Förderung von altersbedingten kognitiven Entwicklungsschritten gehen kann. Tatsächlich ist damit eine Schwierigkeit angesprochen, die für die Unterrichtsvorbereitung von zentraler Bedeutung ist. Ich werde im 3. Kapitel darauf zurückkommen. An dieser Stelle muss der Hinweis genügen, dass eine Lehrperson mit der Zeit ein gutes Sensorium entwickeln kann für das subjektive Wissen und die Alltagstheorien der Unterrichtsteilnehmer (was in etwa den sogenannten «Ausgangsschemen» entspricht). Zudem zeichnet sich ein guter Unterricht nicht zuletzt dadurch aus, dass darin für verschiedene «Akkommodationsstufen» Anregungen enthalten sind (also beispielsweise nicht nur für eine «Schemenkorrektur», sondern auch für eine «Schemendifferenzierung» und eine «Schemenverfestigung»). Im oben skizzierten Beispiel wurden daher die Ausführungen zur Themenzentrierten Interaktion eingeplant: Von diesem Lernangebot können auch diejenigen Unterrichtsteilnehmer profitieren, deren «Ausgangsschema» bzw. deren subjektives Wissen bereits im Bereich des beabsichtigten Erkenntniszieles liegt. Im übrigen dürfte auch der Bestätigungs- und Verstärkungseffekt wertvoll sein, der bei «fortgeschritteneren» Unterrichtsteilnehmern eintritt, wenn sie erleben, dass sie einen Beitrag zur Erkenntnisgewinnung der übrigen Lernenden leisten: Für sie handelt es sich dann um die «Verfestigung» eines bereits vorhandenen Schemas, wobei sie ihren Standpunkt den Einwänden anderer Kursteilnehmer aussetzen und so einer neuen Bewährungsprobe unterziehen müssen. Vermutlich liegt hier ein wichtiger Grund dafür, dass sich in erkenntnisorientierten Lernsituationen das Problem der Individualisierung weniger stellt als in Lernsituationen, die im Sinne des gedächtnispsychologischen Lernverständnisses gestaltet sind.

6. Schlussbemerkung

In den vorangegangenen Ausführungen habe ich bewusst die Gegensätze zwischen den beiden Wissensvermittlungsmodellen und den entsprechenden Basiskonzepten akzentuiert – selbst auf die Gefahr hin, dass die pointierte Gegenüberstellung der beiden Auffassungen als «Schwarz-Weiss-Malerei» empfunden wird. Der Grund dafür liegt in der lernpsychologischen Annahme, dass das etablierte Schema der Wissensvermittlung, das gegenwärtig vorherrscht, erst einmal in seiner fraglosen Gültigkeit erschüttert werden muss, damit überhaupt eine Veränderung stattfinden kann. Der damit beabsichtigte «kognitive Konflikt» bildet im hier vertretenen erkenntnispsychologischen Lernverständnis eine unabdingbare Voraussetzung für die wirksame Veränderung eines etablierten «Wahrnehmungs-, Denk- und Handlungsmusters»!

Dieser didaktischen Absicht zum Trotz kann natürlich nicht darüber hinweggesehen werden, dass für viele Lernziele die kenntnisorientierte Auffassung der Wissensvermittlung duchaus ein angemessenes und vor allem auch effizientes Handlungsmodell ist und dass selbst in einem «idealen» Unterricht nicht alle Wissensinhalte erkenntnisorientiert vermittelt werden können. (Beispielsweise dürfte eine kenntnisorientierte Wissensvermittlung durchaus angebracht sein, wenn es darum geht, die Unterrichtsteilnehmer über den aktuellen Wissensstand in einem bestimmten Sachgebiet – im Sinne eines ersten Überblickes – kurz zu informieren.)

Trotz der hier vorgebrachten Relativierung wehre ich mich aber gegen die scheinbar vernünftige Kompromissformel, dass hier die Wahrheit wie immer irgendwo in der Mitte liegt; dass also sinnvollerweise ein Gleichgewicht zwischen der kenntnisorientierten und der erkenntnisorientierten Wissensvermittlung anzustreben sei. Eine solche Ausrichtung auf den «goldenen Mittelweg» erscheint mir hier aus folgenden zwei Gründen als problematisch:

Zum einen gehe ich davon aus, dass die dialektische Synthese, von der hier die Rede ist, zunächst eine wirksame Antithese voraussetzt, und zwar nicht nur als gedankliche Konstruktion, sondern als gelebte Praxis. Dies bedeutet, dass selbst dann, wenn der «goldene Mittelweg» (d. h. das Gleichgewicht von produktorientierter und prozessorientierter Wissensvermittlung) als das eigentliche Ziel einer künftigen Bildungspraxis betrachtet wird, zunächst einmal die prozessorientierte Wissensvermittlung einseitig ins Zentrum gerückt werden muss – gleichsam als notwendiges Gegengewicht zur gegenwärtig vorherrschenden produktorientierten Wissensvermittlung.

Zum andern aber bin ich keineswegs davon überzeugt, dass der goldene Mittelweg überhaupt als erstrebenswertes Ziel zu betrachten ist; ich frage mich, ob nicht vielmehr der erkenntnisorientierten Wissensvermittlung ein klarer Vorrang eingeräumt werden müsste. Zur Verdeutlichung und Begründung dieses Standpunktes möchte ich auf ein Zitat von Horst Rumpf zurückgreifen, in welchem die hier angesprochene Problematik mit treffenden Worten umschrieben wird:

«Mag sein, dass es ohne solches Wissen heute nicht mehr geht; hier wäre freilich genauer zu prüfen, wieviel «Schulwissen» an Mathematik, an Chemie usf. ein normaler Mensch wirklich braucht, um zu überleben. Aber: Fragt ihr Wissensfinder und Wissensverbreiter, ihr Aufbereiter und Vermittler, ihr Lehrer und Curriculumhersteller, ihr Kursproduzenten und Multiplikatoren euch nicht auch einmal, was es denn die von euch belieferten und von euch so genannten Adressaten kostet, dass sie so überaus freigebig belehrt und informiert werden? Mit Erkenntnissen und Ergebnissen, die anderswo ermittelt, anderswo ausgewählt und anderswo didaktisch zubereitet wurden? Fragt ihr euch nicht manchmal, ob diese Art von Zulieferung den so Belieferten auch etwas nimmt? In Anlehnung an Simone Weil könnte man sagen: Sie kostet die Seele die Berührung mit der Wahrheit, die Berührbarkeit von Wahrheit. (...) Man kann sagen, dass die schulübliche, die medienübliche Weitervermittlung von Erkenntnissen in sich das Zeug hat, die so instruierten und informierten Menschen gleichgültig zu machen gegenüber dem Wahrheitsgehalt dessen, worüber sie informiert, worin sie instruiert werden» (Rumpf 1986, S. 89f.).

Kapitel II: Handlungsregeln zur erkenntnisorientierten Unterrichtsgestaltung

Einleitung

In diesem Kapitel möchte ich verschiedene Handlungsregeln zur praktischen Umsetzung einer erkenntnisorientierten Wissensvermittlung im Unterricht beschreiben. Es handelt sich dabei um eine (unvollständige) Sammlung von rezeptartig formulierten «Denk- und Handlungsmustern», über die eine Lehrperson verfügen sollte, wenn sie das oben beschriebene Modell der Wissensvermittlung adäquat in die Praxis umsetzen will. Da ich davon ausgehe, dass in der gegenwärtigen Unterrichtspraxis die Wissensvermittlung primär als Kenntnisvermittlung betrieben wird, sind diese Handlungsregeln bewusst als «Kontradikte» formuliert: sie stehen im Widerspruch zu Handlungsregeln und -gewohnheiten, von denen ich annehme, dass sie – als bewusste oder unbewusste Denk- und Handlungsmuster – die vorherrschende Praxis der schulischen Wissensvermittlung prägen. Wenn also beispielsweise eine Handlungsregel der erkenntnisorientierten Unterrichtsgestaltung lautet «Erst die Praxis, dann die Theorie», so wird unterstellt, dass in der herkömmlichen Unterrichtspraxis die gegenteilige Regel vorherrscht, nämlich «Erst die Theorie, dann die Praxis». Oder wenn eine Regel heisst «Moderieren ist wichtiger als Dozieren», so wird unterstellt, dass üblicherweise zuviel doziert wird und dass demgegenüber die Teilnehmeraktivität zu kurz kommt.

Ich bin mir natürlich bewusst, dass solche Handlungsregeln nicht nur provokativ, sondern auch absolut daherkommen. Absolut wirken sie vor allem deshalb, weil sie nichts aussagen über mögliche Einschränkungen ihres Geltungsbereiches (obwohl solche Einschränkungen zweifellos in Betracht gezogen werden müssten) und weil auch der unterstellte Widerspruch zu den gewohnten unterrichtlichen Denk- und Handlungsschemen eigentlich relativiert werden müsste (auch in der herkömmlichen Praxis der Wissensvermittlung sind Unterrichtssequenzen anzutreffen, die diesen Handlungsregeln entsprechen). Aus didaktischen Überlegungen halte ich indessen eine möglichst prägnante und provokative Formulierung für notwendig, und zwar aus zwei Gründen: Zum einen ist es eine wichtige Aufgabe von Handlungsregeln, die Komplexität der konkreten Handlungs- und Entscheidungssituationen zu reduzieren, da im alltäglichen Handeln oft zuwenig Zeit für differenzierte Situationsanalysen zur Verfügung steht. Zum andern besteht die Gefahr, dass neue Handlungsgrundsätze einfach an die bestehenden Handlungsschemen assimiliert werden, und zwar auch dann, wenn eigentlich eine Schemenkorrektur angebracht wäre. Die provokative Formulierung, die den Widerspruch zu den gewohnten Denk- und Handlungsschemen pointiert hervorhebt, kann dieser Tendenz entgegenwirken. Dennoch ist an dieser Stelle der folgende relativierende Hinweis angebracht: Handlungsregeln nehmen stets Bezug auf den «Normalverlauf» des Handelns. Von einem solchen Normverlauf gibt es in begründeten Fällen immer auch Ausnahmen – ganz im Sinne der Devise: Keine Regel ohne Ausnahme. Ein solcher Ausnahmefall darf indessen nicht unreflektiert in Anspruch genommen werden, sondern ist grundsätzlich legitimationsbedürftig. Dabei ist zu beachten, dass gerade bei neuen Handlungsregeln grosse Sorgfalt im Umgang mit dem Ausnahmepostulat gefordert ist, da dieses immer auch ein Ausdruck der bereits erwähnten Akkommodationsresistenz (Widerstand, die eigenen kognitiven Strukturen zu verändern/der Umwelt anzupassen) sein kann.

1. Weg vom systematischen Lehrgang – hin zu signifikanten Schwerpunkten!

Eine Lehrperson, die das Modell einer erkenntnisorientierten Wissensvermittlung in der Unterrichtspraxis umsetzen möchte, sieht sich mit der Tatsache konfrontiert, dass sich die herkömmliche Praxis der Wissensvermittlung vorwiegend am Paradigma des logisch-systematischen Lehrgangs orientiert. Diesem Paradigma gemäss sind die Lerninhalte in einem Curriculum so angeordnet, dass derjenige, der den betreffenden Lehrgang vom Anfang bis zum Ende durchläuft, am Schluss des Lehrganges über alle wichtigen Wissensbestände des betreffenden Faches bzw. Wissensgebietes verfügt. Der Aufbau richtet sich dabei nach dem Grundsatz «Erst das Einfache (z. B. die Grundbegriffe), dann das Komplexe (z. B. die problemklärenden und problemlösenden Modelle)».

Die Problematik dieses Vorgehens liegt hauptsächlich darin, dass die Lernenden, die ja das sinnstiftende Ganze noch nicht zu überblikken vermögen, zunächst viele Dinge lernen müssen, die im Augenblick des Lernens für sie noch keinen konkreten Sinn haben. So müssen sie sich der Führung der Lehrpersonen anvertrauen und darauf hoffen, dass ihnen zu einem späteren Zeitpunkt die Bedeutung des Gelernten einsichtig wird. Dadurch wird der Unterrichtsstoff zum reinen Memorierstoff degradiert, denn: «Was nicht in voller Bedeutung eingesehen werden kann, auch kein persönliches Interesse hervorruft, wird ohne intensives Üben nicht lange behalten. Die Schüler prägen es sich bis zur nächsten Klassenarbeit oder bis zum nächsten Test ein und vergessen das Gelernte danach weitgehend. Nur intensives Üben kann diesen Prozess verlangsamen oder verhindern, der eigentlich ein ganz natürlicher Prozess ist, weil ja nur vergessen wird, was im gegenwärtigen Leben der Schüler keinen Sinn bekommt, was nicht verstanden wurde, weil es nicht interessierte – und nicht interessierte, weil es nicht verstanden wurde» (Potthoff 1981, S. 37). Hinzu kommt, dass mit dem Paradigma des systematischen Lehrgangs ein Vollständigkeitsanspruch verbunden ist, der im Unterricht zu einem permanenten Stoff- bzw. Zeitdruck führt.

Für eine erkenntnisorientierte Wissensvermittlung stellen sowohl die fehlende Einsicht in die konkrete Bedeutung der Lerninhalte als auch der permanente Stoff- und Zeitdruck gravierende Defizite dar. Daher erweist es sich für das Gelingen eines erkenntnisvermittelnden Unterrichtes als unerlässlich, dass sich die Lehrperson vom Paradigma des logisch-systematischen Lehrganges zu lösen vermag und den Unterricht klar auf *signifikante Schwerpunkte* ausrichtet. Der Begriff der «signifikanten Schwerpunkte», den ich hier verwende, lehnt sich an den Begriff des «signifikanten Lernens» von Rogers an. Nach Rogers setzt ein solches Lernen voraus, dass «der Lerninhalt vom Lernenden als für seine eigenen Zwecke relevant wahrgenommen wird» (Rogers 1974, S. 152ff.). Die Forderung, den Unterricht auf signifikante Schwerpunkte auszurichten, nimmt auf dieses Begriffsverständnis Bezug: Es geht darum, diejenigen Lerninhalte ins Zentrum des Unterrichtes zu rücken, die eine einsehbare und nach Möglichkeit auch erfahrbare Bedeutung für die Lernenden besitzen und daher für die Lernenden «signifikant» sind.

Signifikante Schwerpunkte werden im hier vertretenen problemorientierten Lehr- und Lernverständnis in erster Linie durch die Qualität der Problemstellungen definiert.

Dies bedeutet, dass ein Unterrichtsstoff nur dann als inhaltlicher Schwerpunkt in Frage kommt, wenn er sich zur Klärung oder Bewältigung einer aus Sicht der Lernenden subjektiv bedeutsamen Problemstellung als fruchtbar erweist. Oder anders formuliert: Signifikant ist ein Unterrichtsinhalt dann, wenn er sich auf eine signifikante Problemstellung beziehen lässt.

Zu beachten ist, dass der Grundsatz der signifikanten Schwerpunktbildung auch der üblichen Zerstückelung und Aufgliederung der Ausbildungsinhalte und dem «Lernen auf Vorrat» klare Grenzen setzt: Die Sequenzierung der Unterrichtsinhalte darf unter diesem Gesichtspunkt nur in dem Masse erfolgen, als der problemorientierte Verwendungszweck des betreffenden Wissens für die Unterrichtsteilnehmer noch einsichtig bleibt. In diesem Sinne erweist sich das systematische Vorgehen, das vom Einfachen ausgeht und sukzessive zum Komplexen fortschreitet, oft als ungeeignet für die erkenntnisorientierte Wissensvermittlung, da der problemorientierte Verwendungszweck des Einfachen für die Lernenden unter Umständen nicht einsichtig gemacht werden kann. (Der übliche pädagogisierende Hinweis «Ihr werdet dann später sehen, wozu das Gelernte nützlich ist» ist gemäss dem hier vertretenen Konzept nicht nur aus motivationspsychologischen Gründen problematisch, sondern auch, weil damit eine angemessene Aneignung des Wissens im Sinne einer Integration in die vorhandene Wissensbasis verhindert wird!)

2. Schwierigkeiten herausgreifen statt Vollständigkeit anstreben!

Die Forderung, den Unterricht auf «signifikante Schwerpunkte» auszurichten und sich so vom Vollständigkeitsanspruch zu lösen, der durch den systematischen Lehrgang nahegelegt wird, führt zu einer zweiten Handlungsregel. Diese besagt, dass sich der Unterricht auf das konzentrieren sollte, was dem Individuum im Vollzug des Denkens und Handelns irgendwelche Schwierigkeiten bereitet.

Diese Forderung entspricht insofern einer erkenntnispsychologischen Gesetzmässigkeit, als das menschliche Erkenntnisvermögen primär auf das ausgerichtet ist, was für die betreffende Person irgendwie «problemhaltig» ist. Indem der Mensch seine Aufmerksamkeit vor allem auf die Probleme und Schwierigkeiten konzentriert, die ihm begegnen, und dabei das Gewohnte, Selbstverständliche oft gar nicht erst ins Bewusstsein vordringen lässt, entlastet er sich vor der permanent drohenden Gefahr der Reizüberflutung (Gehlen 1974, S. 68). Er macht sich damit frei für «Lernprozesse» im Sinne der Erkenntnispsychologie, d.h. für die Bewältigung von kognitiven Konflikten und auftretenden Assimilationsschwierigkeiten.

Im Unterricht wird auf diese natürliche Gesetzmässigkeit oft zuwenig Rücksicht genommen. Häufig wird die Aufmerksamkeit der Lernenden auf eine Vielzahl von unproblematischen, für den Lernenden oft bedeutungslosen Selbstverständlichkeiten gelenkt, um diese Selbstverständlichkeiten ins Bewusstsein zu heben und verbal reproduzierbar zu machen, ohne kritisch nach dem Nutzen dieser verbalen Reproduzierbarkeit zu fragen. Hier wäre es wichtig, vor Augen zu halten, was Dewey vor ca. 80 Jahren wie folgt formuliert hat: «Dem Alten Aufmerksamkeit zuzuwenden, wenn stets Neues entsteht, dem wir uns anpassen sollen, wäre verschwenderisch und gefährlich. Das Denken muss für Neues aufgespart werden, für das, was unsicher, unentschieden, problematisch ist. Daher kommt die geistige Befangenheit, das Gefühl der Hilflosigkeit, das den Schüler befällt, wenn man verlangt, dass er sich dem Vertrauten zuwenden soll. Das Bekannte, das Gewohnte ist nicht dasjenige, dem wir uns zuwenden, sondern das, was wir *verwenden*. Es stellt kein Problem, sondern trägt dazu bei, ein Problem zu lösen» (Dewey 1930, S. 238).

Erkenntnisvermittlung setzt also mit Vorteil beim «Problemhaltigen» an: bei Phänomenen, Ereignissen, Handlungsanlässen, die dem Individuum irgendwelche Schwierigkeiten bieten – seien es Schwierigkeiten beim Vollzug einer äusserlich sichtbaren Handlung oder beim Vollzug einer geistigen «Operation». Wichtig ist dabei:

Die Lernenden müssen die Schwierigkeit zunächst selber erfahren können, indem sie sich aktiv mit dem betreffenden Sachverhalt auseinandersetzen und selber entsprechende «Assimilationsversuche» unternehmen. Dem Unterricht kommt dann die Funktion zu, die Lernenden bei einer fundierten und sachgerechten Bewältigung der erfahrenen Schwierigkeiten zu unterstützen.

Aus dieser Überlegung heraus wird beispielsweise deutlich, dass es beim praktischen Lernen weniger darum gehen sollte, einen Handlungsverlauf möglichst präzise und lückenlos zu beschreiben, sondern dass die *Schwierigkeiten* des betreffenden Handlungsvollzuges und die entsprechenden *Lösungsmöglichkeiten* im Mittelpunkt des Unterrichts stehen sollten. (Im vierten Kapitel wird dieser Gedanke bei der Beschreibung der problemorientierten Handlungsinstruktion nochmals aufgegriffen und konkretisiert.)

3. Moderieren ist wichtiger als Dozieren!

Wie im Zusammenhang mit dem prozessorientierten Konzept der Wissensüberlieferung bereits festgestellt wurde, können Erkenntnisse aufgrund ihrer prozessorientierten Struktur nicht direkt von einer Person auf eine andere übertragen werden. Eine mitgeteilte Erkenntnis ist für denjenigen, der die Mitteilung empfängt, nur noch eine «Kenntnis» – es sei denn, die Mitteilung dient ihm als Anstoss bzw. als Hilfsmittel für die eigene, aktive Erkenntnisgewinnung. Mit anderen Worten: Ob aus dem mitgeteilten Wissensinhalt eine Erkenntnis wird, hängt von der subjektiven Verarbeitung des betreffenden Inhaltes ab. In diesem Sinne ist die Eigenaktivität der Lernenden eine notwendige Voraussetzung für die Erkenntnisgewinnung.

Diese Tatsache wird bei der herkömmlichen Wissensvermittlung in der Regel zuwenig beachtet. Hier wird den Lernenden meist eine möglichst grosse Anzahl von fertigen Kenntnissen zu liefern versucht. Aus der Sicht der Lehrperson stellt sich dann einzig das methodische Problem, wie sie dieses fertige Wissen am besten darbietet, so dass es von den Unterrichtsteilnehmern möglichst problemlos aufgenommen werden kann. Die (anspruchsvollere) Frage nach dem methodischen Vorgehen, damit die Lernenden das beabsichtigte Wissen selber erzeugen können, wird demgegenüber vernachlässigt.

In Abweichung von dieser Auffassung sollten Informationen, die im erkenntnisvermittelnden Unterricht vermittelt werden, in erster Linie als *Mittel* zur Erkenntnisgewinnung verstanden werden; sie dürfen nicht mit der Erkenntnis selber verwechselt werden. Unter Berücksichtigung des allgemeinen Schemas der Erkenntnisvermittlung (Problemstellung – Hypothesenbildung – Evaluation) kann eine Informationsdarbietung im erkenntnisvermittelnden Unterricht in dreifacher Hinsicht bedeutsam sein:

- Informationen können dazu dienen, ein *Problem verständlich und für die Unterrichtsteilnehmer einsichtig zu machen.* (Die Lehrperson kann z. B. eine kurze Informationsdarbietung einset-

zen, um den Teilnehmern die Bedeutung einer Problemstellung aufzuzeigen.)
- Informationen können dazu dienen, die *Hypothesenbildung der Lernenden zu unterstützen.* (Die Lehrperson kann z. B. den Teilnehmern Informationstexte abgeben, die einzelne Elemente der gesuchten Problemlösung beinhalten.)
- Informationen können als Mittel zur *Evaluation der Teilnehmerhypothesen* dienen. (Die Lehrperson kann z. B. Informationen anbieten, die es den Teilnehmern ermöglichen, die selber gefundenen Lösungsvorschläge zu beurteilen und zu überarbeiten.)

Wichtig ist also, dass sich die Lehrperson von der Vorstellung lösen kann, eine gute Informationsdarbietung sei der wichtigste Bestandteil der Wissensvermittlung. Etwas pointiert liesse sich dieser Sachverhalt wie folgt formulieren:

Eine Lehrperson ist nicht dann eine erfolgreiche Wissensvermittlerin, wenn sie den Lernenden möglichst viele kluge und nützliche Gedanken mitteilt, sondern wenn sie es versteht, die Unterrichtsteilnehmer so zu führen und zu begleiten, dass diese die klugen und nützlichen Gedanken selber hervorbringen können.

Diese Überlegung macht deutlich, dass ein neues Rollenverständnis der Lehrperson notwendig wird. Demnach besteht deren wichtigste Aufgabe nicht mehr in der «Lehre», sondern in der *«Prozess-Moderation»,* d. h. in der Initiierung, Steuerung und Begleitung von thematischen Auseinandersetzungsprozessen und von lernfreundlichen Kommunikationsprozessen. Als «Prozessmoderator» muss die Lehrperson zwar ebenfalls dafür sorgen, dass wichtige Sachinformationen zur rechten Zeit und in der richtigen Form an die Unterrichtsteilnehmer gebracht werden. Diese Aufgabe ist aber keineswegs ihre zentralste Aufgabe, zumal diese in vielen Fällen delegierbar ist (z. B. an ein Medium oder an einen entsprechenden Sachexperten).

4. Erst die eigene (unvollkommene) Lösung, dann die Expertenlösung!

Das Konzept der erkenntnisorientierten Wissensvermittlung geht davon aus, dass sich eine bildungs- und handlungswirksame Wissensaneignung nicht einfach als passive Informationsaufnahme vollzieht, sondern immer auch mit einer aktiven Umstrukturierung des bereits vorhandenen subjektiven Wissens verbunden ist. Aus diesem Grunde ist es unerlässlich, dass die Wissensvermittlung mit einer Aktivierung der subjektiven Wissensbasis einhergeht.

In der problemorientierten Unterrichtskonzeption, wie sie für die erkenntnisorientierte Wissensvermittlung charakteristisch ist, ist zu diesem Zweck eine *Phase der selbsttätigen Auseinandersetzung mit einer erkenntnisleitenden Problemstellung* vorgesehen. Der Grund dafür liegt im erkenntnispsychologischen Lernverständnis: Indem die Lernenden sich aktiv und möglichst selbständig um die Klärung und um die Lösung einer Problemstellung bemühen, können sie merken, wo ihre subjektive Wissensbasis einschlägige Lücken aufweist und wo demnach ein gewisser «Akkommodationsbedarf» vorliegt. Mit anderen Worten: Die selbsttätigen Lösungs- und Klärungsversuche sind im Konzept der erkenntnisorientierten Wissensvermittlung wichtig, (a) weil dadurch die Aktivierung des bereits vorhandenen Wissens unterstützt wird und (b) weil dadurch der notwendige Akkommodationsbedarf bewusst gemacht wird. Ob die Ergebnisse dieses selbsttätigen Auseinandersetzungsprozesses unvollkommen oder gar mit Fehlern behaftet sind, ist dabei nebensächlich; wichtig ist, dass Möglichkeiten vorgesehen werden, um die erarbeiteten Ergebnisse zu evaluieren und die festgestellten Lücken und Mängel zu beheben – beispielsweise durch die Darbietung von einer (oder unter Umständen auch mehreren) «Expertenlösung(en)» – sei es in der Form von schriftlichen Informationstexten, sei es durch eine mündliche Informationsdarbietung oder sei es, indem die Teilnehmer selber eine Expertenbefragung durchführen.

Im Sinne einer solchen «Evaluationshilfe» besitzt die Darbietung von «objektivem Wissen» auch im erkenntnisvermittelnden Unterricht einen wichtigen Stellenwert. Entscheidend ist dabei weniger die methodische Form als vielmehr die jeweils richtige Positionierung im Lernprozess.

Zu beachten ist, dass die Informationsdarbietung in der Regel an die selbsttätige Auseinandersetzung der Lernenden mit einer entsprechenden Problemstellung anschliessen sollte. Durch die vorangehende Phase der problemorientierten Auseinandersetzung wird nämlich die Voraussetzung für eine angemessene Verarbeitung des eingebrachten «Expertenwissens» geschaffen: Aufgrund der selber erarbeiteten Problemlösungen können die Lernenden die Bedeutung der angebotenen Informationen besser erfassen. Zudem wird es ihnen auf diese Weise möglich, die angebotenen Informationen von der subjektiven Wissensbasis her zu strukturieren. Das objektive Wissen kann infolgedessen besser mit dem vorhandenen subjektiven Wissen in Beziehung gesetzt und in den individuellen Erfahrungshorizont integriert werden.

Es sind hauptsächlich zwei Gründe, die dafür sprechen, die selbständige Problembearbeitung der Teilnehmer durch die Darbietung von «Expertenlösungen» zu ergänzen: Zum einen können die Lernenden viele Problemstellungen nicht mit der notwendigen Gründlichkeit bearbeiten – beispielsweise aufgrund von fehlenden fachlichen Voraussetzungen oder aufgrund der beschränkten Zeit, die zur Verfügung steht. (Die Kritik am Konzept des entdeckenden Lernens hat zu Recht auf diese Schwierigkeit aufmerksam gemacht!) Die Darbietung von Expertenlösungen im Anschluss an eine kürzere oder längere Phase der selbständigen Problembearbeitung ist eine Möglichkeit, um diese Schwierigkeiten des entdeckenden Lernens auszugleichen. Zum andern muss in der Praxis immer wieder festgestellt werden, dass bei vielen Lernenden ein ausgeprägtes Bedürfnis nach «Expertenlösungen» bzw. nach «Expertenmeinungen» festzustellen ist – nicht nur aus einer unkritischen Autoritätsgläubigkeit heraus, sondern auch aufgrund eines legitimen Bedürfnisses nach einer qualifizierten Beurteilung des selbständig Erarbeiteten. Wenn dieser Anspruch im Unterricht zuwenig berücksichtigt wird, können sich erfahrungsgemäss Widerstände gegenüber der selbständigen Problembearbeitung einstellen. (Der oft zu beobachtende Widerstand gegenüber «Gruppenarbeiten» findet vermutlich hier eine wichtige Ursache!)

Die hier postulierte Verbindung von eigenen Lösungsversuchen einerseits und der Darbietung von Expertenlösungen andererseits ist nicht zuletzt auch dort wichtig, wo es um ein «praktisches Wissen» (d.h. um die Aneignung bestimmter Handlungsweisen und Techniken) geht. Während im herkömmlichen Unterrichtsverständnis das «Vormachen – Nachmachen» im Mittelpunkt steht (ganz im Sinne des gedächtnispsychologischen Lernmodells: erst aufnehmen und speichern, dann reproduzieren), ist es gemäss dem hier beschriebenen Handlungsgrundsatz sinnvoller, die Lernenden zuerst mit einer praktischen Aufgabenstellung zu konfrontieren und sie – gegebenenfalls mit minimalen Hilfestellungen – eigene Lösungsversuche machen zu lassen. Ziel dieser ersten Handlungsphase ist es, die Lernenden für die Schwierigkeiten zu sensibilisieren, die der betreffende Handlungsvollzug in sich birgt. Aufgrund der erfahrenen Schwierigkeiten wissen die Teilnehmer dann, welche Informationen für sie besonders relevant sind (d.h. worauf sie bei der nachfolgenden Demonstration besonders achten müssen). Der eigene (unvollkommene) Handlungsversuch dient in diesem Sinne zur Vorbereitung der nachfolgenden Informationsaufnahme und -verarbeitung in Form der «Expertendemonstration».

5. *Erst die Alltagstheorie, dann die wissenschaftliche Theorie!*

Der soeben beschriebene Grundsatz, wonach eigene Lösungsversuche der Darbietung der Expertenlösung vorangehen sollten, steht in unmittelbarem Zusammenhang mit einem anderen, in der neueren

Didaktik der Erwachsenenbildung häufig vertretenen Postulat: nämlich mit der Forderung, dass die Alltagstheorie das Fundament für die Aneignung wissenschaftlicher Theorien bilden sollte und dass daher auch in einem wissenschaftsorientierten Unterricht die subjektiven – oft auch als «naiv» bezeichneten – Deutungs- und Klärungsversuche der Lernenden nicht einfach übertragen werden dürfen («Deutungsmusteranknüpfendes Lernen» bei Arnold 1988; Anknüpfung an das «intuitive Lernen» bei Gardner 1993). Aus Sicht der Erkenntnisvermittlung lässt sich dieses Postulat wie folgt präzisieren:

Sofern eine wissenschaftliche Theorie nicht einfach als Reproduktionswissen angeeignet werden soll, sondern in den Erkenntnis- und Erfahrungshorizont der Teilnehmer integriert werden soll, ist es unerlässlich, dass die entsprechenden wissenschaftlichen Erkenntnisse mit den Alltagstheorien der Lernenden (d.h. mit den betreffenden Assimilationsschemen) in Verbindung gebracht werden.

Im erkenntnisvermittelnden Unterricht wird diese Forderung durch den Einbezug der Lernenden in die Suche nach möglichen Lösungshypothesen berücksichtigt. Der Phase der Lösungsfindung kommt ja bekanntlich die Aufgabe zu, die jeweiligen «Ausgangsschemen» (und damit auch die vorhandenen Alltagstheorien) zu aktivieren und so den Aufnahme- und Verarbeitungsprozess von neuen Informationen (beispielsweise von wissenschaftlichen Theorien) vorzubereiten. Die wissenschaftlichen Theorien besitzen aus dieser Sicht den didaktischen Stellenwert einer Evaluationshilfe: Sie sind ein wichtiger Bestandteil des «Evaluationsprozesses», in welchem es darum geht, die eigenen Lösungen (und die entsprechenden subjektiven Theorien) zu überprüfen und gegebenenfalls zu korrigieren und zu präzisieren.

In der vorliegenden Betrachtungsweise ist die Lehrperson immer auch ein «Vermittler» (im strengen Sinne des Wortes): ein Vermittler zwischen Alltagswissen und wissenschaftlichem Wissen, zwischen «naiven» Lösungen und Expertenlösungen. Zu diesem Zwecke ist die Lehrfunktion auf zwei Aufgaben ausgerichtet: Einerseits muss die Lehrperson den Teilnehmern behilflich sein bei der Entwicklung und Formulierung ihrer eigenen Lösungsansätze und Alltagstheorien. Andererseits muss sie dafür sorgen, dass die relevanten Expertenlösungen und wissenschaftlichen Theorien gut verständlich in den Unterricht eingebracht werden, so dass sie zu einer Bereicherung (Korrektur, Ausdifferenzierung) der subjektiven Theorien werden können. Für die optimale Erfüllung dieser beiden Aufgaben muss sich die Lehrperson im betreffenden Themenbereich zwar auskennen, sie muss aber nicht selber Experte bzw. Wissenschaftler sein. Sie kann den «Experten» bzw. den «Wissenschaftler» einfach zu Wort kommen lassen – beispielsweise indem sie die betreffende Person in den Unterricht einlädt oder indem sie einen entsprechenden Text in den Unterricht einbringt. Steht die Lehrperson selber zu nahe bei der wissenschaftlichen Theorie (was beim heutigen Dozentenverständnis häufig der Fall ist), besteht die Gefahr, dass sie der Aktualisierung und Entwicklung der Alltagstheorien der Teilnehmer zuwenig Beachtung schenkt und dass infolgedessen die wissenschaftliche Theorie einseitig dominiert und zuwenig in die Alltagstheorie der Teilnehmer integriert wird.

6. Die Beobachtung ist wichtiger als die Anschauung!

Die Vorstellung einer passiven Informationsaufnahme hat sich in der herkömmlichen Didaktik nicht zuletzt in einem *passiven Anschauungsbegriff* niedergeschlagen. So gehört in der traditionellen, gedächtnispsychologischen Betrachtungsweise die Forderung nach einer möglichst anschaulichen Unterrichtsgestaltung zu den elementaren didaktischen Postulaten, weil hier die Überzeugung vorherrscht, dass wir uns die Objekte der Aussenwelt möglichst konkret und sinnenhaft vor Augen führen müssen, um so den Prozess des «Einprägens» und des «Abstrahierens» zu erleichtern. Ein so verstandener Anschauungsbegriff ist notwendigerweise passiv: Die Lernenden müssen das Objekt möglichst vorurteilsfrei betrachten, um einen möglichst unverfälschten Eindruck davon zu erhalten und um die «Theorie» auf diesem sicheren Fundament der Anschauung aufzubauen. Aus der Sicht der Erkenntnispsychologie ist dieser passive Anschauungsbegriff problematisch, da die Informationsaufnahme und -verarbeitung eine aktive (konstruktive) Leistung des erkennenden Subjektes voraussetzt. Damit das «vor Augen führen» eines Gegenstandes oder eines Ereignisses den Erkenntnisprozess zu unterstützen vermag, ist es wichtig, dass das passive Zuschauen durch eine Fragestellung zum aktiven Beobachten gemacht wird. Mit anderen Worten: Der Zuschauer muss zum Beobachter werden. Im Gegensatz zum Zuschauer nimmt der Beobachter eine suchende, fragende Haltung ein. Er will etwas entdecken, was für ihn aus einem bestimmten Grunde wichtig ist.

Der Prozess der Beobachtung, um den es hier geht, ist gewissermassen die aktive Form der Anschauung. Er setzt vor allem dann ein, wenn wir bestimmte Erwartungen, Annahmen, Gedanken («Hypothesen!») überprüfen möchten.

Im Erkenntnisprozess geht die «Theorie» (d. h. die Vorstellung bezüglich dem, was ist bzw. was sein könnte) der Beobachtung gewissermassen voraus: Aus der Theorie bilden sich die Fragestellungen, unter denen der betreffende Gegenstand bzw. das betreffende Ereignis betrachtet werden kann und unter der sich die betreffende Wahrnehmung überhaupt erst herausbildet.

Aus Sicht der Erkenntnisvermittlung ist das passive Zu- bzw. Anschauen eine unter Umständen sehr sinnvolle Vorform der Beobachtung: Der Akt des Zuschauens vermag bestimmte Ereignisse in den Fragehorizont zu rücken und gezielte Akte der Beobachtung anzuregen. (Wer beispielsweise zuschaut, wie sich ein Hund niederlegt und dabei zufällig (!) sieht, wie er sich mehrmals im Kreise dreht, könnte beim nächsten Mal beobachten wollen, ob der Hund das wieder macht.) In der Regel sind wir erst dann zu einer Beobachtung bereit, wenn wir zunächst zuschauen konnten, was sich ereignet hat. Es kann somit sinnvoll sein, der eigentlichen Beobachtung eine Phase des An- bzw. Zuschauens vorangehen zu lassen, die auf der einen Seite die «Ereignisneugierde» stillt und die auf der anderen Seite beim Zuschauer konkrete Fragestellungen wachzurufen vermag.

Die hier angeführten Überlegungen machen u.a. deutlich, dass ein Unterricht, in dem eine Beobachtungssituation als Mittel zur Erkenntnisgewinnung im Vordergrund steht (z. B. in der Form eines Experimentes, einer Lehrerdemonstration, einer Filmbetrachtung) unter Umständen zwei Visionierungsphasen vorsehen muss: Eine erste Phase des Zuschauens, die dazu dient, die Ereignisneugier zu stillen und in der es darum geht, aus den spontanen Auffälligkeiten (gemäss der Leitfrage «Was fällt euch auf?») konkrete Fragestellungen zu entwickeln. Dann folgt – nach der Formulierung von konkreten Beobachtungsfragen – die eigentliche Phase der Beobachtung. (Diese zweite Visionierung kann sich evtl. auf die Darbietung einzelner relevanter Ausschnitte beschränken.)

Was hier über die Unterscheidung zwischen Anschauung und Beobachtung gesagt wurde, gilt übrigens für die Informationsaufnahme ganz allgemein (die visuelle Wahrnehmung ist ja *eine* Form der Informationsaufnahme!): So wie eine erste Phase des (passiven) Zuschauens in erster Linie eine Orientierungsfunktion erfüllt und in eine zweite Phase der Beobachtung einmünden sollte, können bei der Informationsaufnahme (z. B. bei der Lektüre eines Textes) grundsätzlich zwei Phasen unterschieden werden:

- Eine Orientierungsphase, in der sich – auf dem Hintergrund der vertrauten Assimilationsschemen – konkrete Fragestellungen oder Hypothesen über sinnvolle Strukturierungsmöglichkeiten des Informationsangebotes herausbilden können.
- Eine aktive Such- und Evaluationsphase, in der die Informationsaufnahme und -verarbeitung von konkreten Fragestellungen und Hypothesen geleitet wird.

Aus Sicht der erkenntnisorientierten Wissensvermittlung hat also die passive Form der Informationsaufnahme durchaus einen legitimen Platz im Unterricht: nämlich als Vorform der aktiven Informationsaneignung. Fragwürdig wird sie dann, wenn sie mit dem Prozess der Erkenntnisgewinnung gleichgesetzt und ins Zentrum des Unterrichtes gerückt wird.

7. Die Theorie von der Praxis her bestimmen!

Der Praxisbezug besitzt im erkenntnisvermittelnden Unterricht einen zentralen Stellenwert. Der wichtigste Grund dafür ist darin zu sehen, dass sehr viele unserer Wahrnehmungs-, Denk- und Handlungsmuster durch praktische Erfahrungen entstanden sind und in ihrer Funktion auch auf die Praxis – d. h. auf die erfolgreiche Bewältigung von Schwierigkeiten, die in der aktiven Auseinandersetzung mit der Wirklichkeit entstehen – ausgerichtet sind. Probleme, die im Handlungsvollzug auftauchen, sind daher für die Lernenden besonders verbindliche und einsichtige Lernanlässe. Hinzu kommt, dass Praxissituationen in besonderem Masse dazu einladen, für auftauchende Probleme eigenes (vertrautes) Wissen zu aktualisieren und so die Bildung eigener Lösungshypothesen anzuregen.

Die Bedeutung des Praxisbezuges für die Erkenntnisgewinnung ist – wie bereits erwähnt – vor allem von Dewey aufgezeigt worden. Dewey vertritt die These, dass das Denken nur dann zu fruchtbaren Ergebnissen führt, wenn es den Ausgangspunkt in einer zweckvollen Tätigkeit (bzw. bei einer dabei auftretenden Schwierigkeit) nimmt und schliesslich im Sinne einer Anwendung und Erprobung auch wieder ins praktische Handeln einmündet (Dewey 1930, 238 ff.). Für den Unterricht leitet sich daraus die Forderung ab, «dass die denkende Durchdringung von Tätigkeiten im Dienste praktischer Zwecke» im Mittelpunkt stehen muss und dass der Lehrer im Unterricht Situationen schaffen sollte, in denen sich «Lernen» als notwendiges Nebenprodukt des Tuns ergibt («learning by doing»). Das Wissen, das sich die Lernenden auf diese Weise aneignen, ist notwendigerweise auf das praktische Handeln bezogen, also «praxisbezogen» im strengen Sinne des Wortes: Es muss in einer «die Umgebung zweckvoll umgestaltenden Tätigkeit», in der «Verwirklichung von Aufgaben im Dienste der Gemeinschaft» seinen Niederschlag finden. Für die praktische Umsetzung einer erkenntnisorientierten Wissensvermittlung bedeutet dies, dass die Wissensvermittlung, wo immer möglich, auf praktische Erfahrungen Bezug nehmen sollte, dass also beispielsweise die erkenntnisleitenden Problemstellungen in Handlungssituationen der Teilnehmer gesucht werden sollten. Diese Forderung widerspricht der gewohnten didaktischen Vorgehensweise, wie sie im herkömmlichen Unterricht häufig anzutreffen ist: In der Regel werden hier zunächst die «theoretischen Grundlagen» vermittelt, um dann praktische Konsequenzen daraus «abzuleiten» und schliesslich – falls überhaupt – das Gelernte in einer Praxissituation anzuwenden. Aus der Sicht der Erkenntnisvermittlung wäre indessen ein anderes Vorgehen sinnvoller:

Die Lernenden sollten zunächst mit einer praktischen Aufgabenstellung konfrontiert werden und nach Möglichkeit sogar eigene (praktische) Lösungsversuche vornehmen. Erst anschließend sollte die Theorie angeboten werden: beispielsweise als Lösungshilfen für aufgetretene Schwierigkeiten oder als Hintergrundinformationen, um die Praxis und die darin aufgetretenen Probleme besser zu verstehen und zu bewältigen.

Vor allem aber sollte sich die Lehrperson bei der Bestimmung der jeweiligen Unterrichtsziele und -inhalte von der Frage leiten lassen, aus welcher «Praxis» heraus der betreffende Inhalt für die Teilnehmer bedeutsam wird – dies selbst dann, wenn ein praxisorientiertes Vorgehen im strengen Sinne Deweys nicht möglich ist. (Die «Praxis» kann dann zumindest in der Form von Fallbeispielen und Anwendungsaufgaben in den Unterricht einfliessen!)

8. Erst die Umgangssprache, dann die Fachsprache!

Diese Handlungsregel steht in unmittelbarem Zusammenhang mit jener Handlungsregel, die den (zeitlichen) Vorrang der Alltagstheorie gegenüber der wissenschaftlichen Theorie zum Gegenstand hatte (Handlungsregel 5). Die Umgangssprache der Teilnehmer ist nämlich die Sprache, in der sich die Alltagstheorien artikulieren. Sie ist zwar relativ unpräzise, dafür aber in die persönlichen Erfahrungen verwurzelt. Ein Unterricht, der die alltäglichen Deutungsmuster – in der erkenntnispsychologischen Formulierung: die «Ausgangsschemen» – der Teilnehmer ernst nimmt und sie als Ausgangspunkt und als zentralen Bezugspunkt des Lernens betrachtet, muss auch die Umgangssprache der Lernenden ernst nehmen.

In diesem Sinne ist die Forderung Wagenscheins zu verstehen, dass der Akt des Verstehens (bzw. des Problemlösens) nicht so kurz wie möglich, sondern so lang wie nötig in der ungezwungenen Muttersprache sich vollziehen sollte. In einem Unterricht, der die Erkenntnisgewinnung in den Mittelpunkt stellt, darf es dieser Forderung gemäss nicht darum gehen, die Umgangssprache auszumerzen, sondern sie in eine differenziertere Sprechweise zu verwandeln und sie dort verwandelt zu bewahren. Wagenschein formuliert diesen Sachverhalt wie folgt: «Die Muttersprache ist die Sprache des Verstehens, die Fachsprache besiegelt es, als Sprache des Verstandenen. (...) Muttersprache ist nicht Abraum, sondern Fundament. Sie führt zur Fachsprache, sie beschränkt sich auf sie hin. Sie entlässt sie mit ihrem Segen, und nicht darf sie (wie so oft) ihr verstummend Platz machen» (Wagenschein 1965, S. 162).

Konkret bedeutet dies, dass die Problemstellung möglichst in der Sprache der Teilnehmer formuliert werden muss und dass die Lösungs- und Verstehensversuche der Lernenden soweit wie möglich in der Umgangssprache vorgenommen werden sollten. Die Fachsprache wird dann vor allem bei der «Hypothesenevaluation» (z.B. bei der Konfrontation mit «Expertenlösungen») ins Spiel kommen. Und auch hier muss der Grundsatz beachtet werden, dass die Umgangssprache Vorrang hat, sofern die Notwendigkeit des präzisen Fachbegriffes nicht plausibel nachgewiesen werden kann. Mit anderen Worten:

Ohne einsichtige Begründung muss die Expertensprache in die Umgangssprache übersetzt werden – und nicht umgekehrt. Unter Umständen kann es sinnvoll sein, mit der Einführung von Fachbegriffen erst einmal zuzuwarten und vorerst mit unpräzisen, vieldeutigen, emotional geladenen Alltagsbegriffen zu arbeiten – solange, bis bei den Teilnehmern selber das Bedürfnis nach der präzisen Fachsprache aufkommt.

Aus Sicht der Erkenntnispsychologie lässt sich die hier beschriebene Forderung wie folgt begründen: Begriffe sind Assimilationsschemen. Die Schemen der Umgangssprache dürfen nicht einfach durch neue Schemen ersetzt werden, da Lernen aus erkenntnispsychologischer Sicht eine Weiterentwicklung und qualitative Umgestaltung der bereits vorhandenen Schemen bedeutet. Alltagsbegriffe müssen daher «akkommodiert», d. h. verändert, erweitert, ausdifferenziert, werden. Zentrale Fachbegriffe, die von der Umgangssprache abweichen (z. B. weil sie eine andere Kategorisierung der Wahrnehmungen beinhalten), sollten daher erst dann eingeführt werden, wenn die «Akkommodationsbedürftigkeit» der umgangssprachlichen Begriffe (und entsprechend auch der alltäglichen Wirklichkeitswahrnehmung und -kategorisierung) für die Lernenden einsichtig geworden ist.

9. Ausführungsmodelle sind wichtiger als Expertenmodelle!

Bei der Vermittlung von Fähigkeiten und Fertigkeiten werden im herkömmlichen Unterricht meistens sogenannte «Expertenmodelle» eingesetzt: Ein «Experte» (meist die Lehrperson) zeigt den Lernenden vor, «wie man es richtig macht», d.h., wie man die betreffende Handlung – sei es eine manuelle Tätigkeit oder sei es eine geistige Operation – korrekterweise ausführt. Die Lernenden sind dabei mehr oder weniger passive Beobachter bzw. Zuschauer: Sie müssen sich das Vorgehen des Expertenmodells möglichst genau einprägen, um das Vorgezeigte anschliessend möglichst fehlerfrei zu reproduzieren und anschliessend einzuüben.

Dieses expertenzentrierte Vorgehen hat in der herkömmlichen Unterrichtsauffassung einen zentralen Platz, da es sowohl dem produktorientierten Stoffverständnis als auch dem gedächtnispsychologischen Lernverständnis entspricht (Aufnehmen, Speichern, Reproduzieren von fertigen Lösungen). Aus Sicht der erkenntnisorientierten Betrachtungsweise weist es indessen die bereits bekannten Unzulänglichkeiten auf, da das auf diese Weise erworbene Handlungswissen nicht auf Einsicht (d.h. auf der Erfassung des generativen Prinzips) basiert und infolgedessen auch nicht in neuen, veränderten Situationen autonom transformierbar ist.

Im erkenntnisvermittelnden Unterrichtskonzept sind solche «Expertenmodelle» zwar nicht überflüssig; aufgrund ihrer gedächtnispsychologischen und produktorientierten Implikationen sind sie indessen nicht ganz unproblematisch. Hier scheint der Begriff des «Ausführungsmodelles», wie er beispielsweise von Beck (1989) für die Vermittlung von Strategien des eigenständigen Lernens vorgeschlagen wird, bessere Dienste zu leisten.

Ausführungsmodelle sind Vorzeiger von Handlungsmöglichkeiten, wobei das «laute Denken» und das Begründen des gewählten Vorgehens einen zentralen Stellenwert besitzt. Die Lernenden sollen dabei beobachten, wie die Lehrperson oder die Mitschüler Probleme lösen und aufgrund des Beobachtens und kritischen Nachfragens *eigene* Lösungsmuster entwickeln.

In vielen Lernsituationen können die Lernenden selber zu Ausführungsmodellen werden. Sie zeigen – nach einer Phase des Experimentierens und der aktiven Lösungssuche – den übrigen Teilnehmern möglichst detailliert auf, wie sie vorgehen, um das aufgeworfene Problem zu lösen. Die Handlungsdemonstration des Ausführungsmodelles wird dann zum Anlass genommen, um gemeinsam über geeignete bzw. gelungene und weniger geeignete Handlungsschritte nachzudenken und um die eigenen Handlungsmuster zu überprüfen und zu verbessern.

Ausführungsmodelle unterscheiden sich in verschiedener Hinsicht von den Expertenmodellen:

- Ausführungsmodelle besitzen einen *subjektivierten Geltungsanspruch:* Sie wollen nicht den einzigen richtigen Weg aufzeigen, sondern einen *möglichen* Weg. Der Aussagegehalt einer Handlungsdemonstration ist nicht «So macht *man* es», sondern «So mache *ich* es.»
- Ausführungsmodelle laden weniger zum Kopieren ein als vielmehr dazu, *den eigenen Weg* zu finden, der nicht nur der Aufgabenstellung, sondern auch den subjektiven Möglichkeiten und Vorstellungen am besten entspricht. Ausführungsmodelle richten sich nach dem Grundsatz: Es gibt in der Regel mehrere sinnvolle Vorgehensweisen, um eine Problemstellung zu lösen. Die Handlungsdemonstration dient in diesem Sinne als *mögliches Beispiel,* wie man es machen kann.
- Ausführungsmodelle möchten zum *kritischen Denken anregen:* Die vorgezeigte Handlung will nicht über jeden Zweifel erhaben sein, sondern soll diskutiert werden im Hinblick darauf, was gut und was weniger gut ist. (Auch Fehler sind wertvoll, da sie zum Denken und zur bewussten Auseinandersetzung anregen!)
- Ausführungsmodelle zeigen nicht die perfektionierte Endstufe eines Fertigkeitstrainings, sondern die (unter Umständen verbesserungsbedürftige) *Anfänger- oder Fortgeschrittenenstufe.* Ein Ausführungsmodell wird daher in der Regel der Situation der Lernenden besser gerecht; es vermag typische Anfängerschwierigkeiten bewusst zu machen und zeigt Lösungsmöglichkeiten für den Umgang mit diesen Schwierigkeiten auf.

Ausführungsmodelle vermögen – wie bereits erwähnt – die Expertenmodelle nicht in allen Fällen vollständig zu ersetzen. So mag es beispielsweise Lernsituationen geben, in denen das Antrainieren eines automatisierten Bewegungsablaufes im Vordergrund steht, während das (kognitive) Erkennen des richtigen Bewegungs- oder Handlungsvollzuges eine untergeordnete Rolle spielt. In diesem Falle mag das Prinzip des Vorzeigens und Nachmachens durchaus seine Berechtigung haben. Zudem kann es auch bei einem erkenntnisorientierten Vorgehen sinnvoll sein, gleichsam als Ergänzung zu den Ausführungsmodellen einen Experten einzusetzen: dann nämlich, wenn im Rahmen der Evaluation von Lösungshypothesen bei den Lernenden das Bedürfnis vorhanden ist, die selber entwickelten Lösungswege mit dem Lösungsvorschlag eines «Profis» zu vergleichen. Das Expertenmodell wird dann zu einem «Evaluationsinstrument», das hilfreich sein kann, um die eigene Lösungshypothese zu überprüfen und falls nötig zu korrigieren und auszudifferenzieren.

10. Faktenwissen in bedeutsame Zusammenhänge einbetten!

Von Erkenntnissen ist bekanntlich dann die Rede, wenn die Lernenden am Prozess der Wissenserzeugung (d. h. bei der Entstehung des betreffenden Wissensinhaltes) aktiv beteiligt sind. Erkenntnisse, die in diesem Sinne «problem- und prozessorientiert» entstehen, sind dem hier vertretenen Standpunkt gemäss wertvoller als bloss passiv erworbene Kenntnisse, da sie besser in die kognitive Struktur der Lernenden integriert sind und dadurch auch autonom verfügbar und transformierbar sind. Trotzdem kann die produktorientierte Kenntnisvermittlung nicht als überflüssig betrachtet werden, da es in jedem Fall und in jedem Lebensbereich Wissensinhalte gibt, die einfach «zur Kenntnis genommen» werden müssen. Dies dürfte vor allem dann der Fall sein, wenn der für die Erkenntnisvermittlung benötigte Zeitaufwand im Verhältnis zum Bildungswert bzw. zum praktischen Nutzen als zu gross erscheint (z. B. beim sogenannten «Faktenwissen») oder wenn bei den Lernenden die Voraussetzungen für eine aktive Beteiligung an der Wissensgewinnung fehlt. Kritisch zu prüfen wäre in diesen Fällen jeweils, ob die betreffenden «Kenntnisse» wirklich unbedingt memoriert werden müssen. In vielen Fällen ist es nämlich völlig unwichtig, ob die für eine bestimmte Aufgabe benötigten Kenntnisse im Kopf verfügbar sind oder ob sie aus einem Buch oder einem Computer entnommen werden! Im übrigen führt der häufige Gebrauch von Kenntnissen in der Regel automatisch zur gewünschten Memorierleistung – oder zumindest zum Entscheid, die notwendige Memorierleistung zu erbringen!

Für die Vermittlung von Kenntnissen und von blossem «Faktenwissen» lässt sich aus Sicht der erkenntnisvermittelnden Unterrichtsgestaltung ebenfalls ein Grundsatz formulieren. Er lautet wie folgt:

Faktenwissen, das für eine kompetente (sachgerechte) Problemerfassung und -bewältigung als unerlässlich erscheint, sollte so in den Unterricht eingebettet sein, dass der vorhandene «Problembezug» (d. h. der Nutzen für die Problemerfassung und -bewältigung) für die Lernenden einsichtig ist.

Die Lernenden sollten nach Möglichkeit selber erfahren, zumindest aber einsehen können, dass und inwiefern die betreffenden Kenntnisse nützlich sind, um ein Problem bzw. eine Aufgabe zu verstehen und zu lösen. Der von den Unterrichtsteilnehmern erfahrene «Verwendungszweck» wird so zum sinnvermittelnden Zusammenhang, der ihnen die Bedeutung des Faktenwissens vor Augen führt.

Eine problem- und anwendungsorientierte Kenntnisvermittlung, wie sie hier angesprochen ist, erscheint vor allem aus folgenden zwei Gründen als wichtig:

- Der Zusammenhang, aus dem heraus die einzelnen Fakten bedeutsam werden, besitzt eine motivierende Funktion für die Lernenden. Fakten, die ohne Bezug zu einem bedeutsamen (problemhaltigen) Zusammenhang bzw. zu einer Anwendungssituation vermittelt werden, werden oft als sinnlos erlebt und entweder gar nicht aufgenommen oder nur unter Druck angeeignet (und entsprechend schnell wieder vergessen).

- Der Zusammenhang, in dem die Fakten stehen, ist wichtig für ein adäquates Erfassen der einzelnen Fakten und für die Integration in die bereits bestehende Wissensstruktur. (Der Zusammenhang bestimmt die Bedeutung einer Information!) Daher gilt: Nicht erst die einzelnen Fakten vermitteln und dann deren Nutzen für die Problemerfassung und -bewältigung aufzeigen, sondern zuerst den Zusammenhang, aus dem heraus die Fakten für die Lernenden bedeutsam werden, aufzeigen (nach Möglichkeit als «Problemsituation» erfahrbar machen!) und erst dann die Fakten vermitteln, die es braucht, um das gestellte Problem angemessen zu verstehen und zu lösen (vgl. hierzu das Konzept des «advance organizer» nach Ausubel 1974).

11. Erst die Vielfalt, dann die (ordnende) Systematik!

Eine wichtige Funktion der gesellschaftlich-kulturellen Wissensproduktion besteht in der Erarbeitung von Ordnungssystemen, um vorhandenes Wissen zu systematisieren und damit einerseits übersichtlich, andererseits aber auch deduzierbar zu machen. Es ist daher verständlich, dass die Vermittlung von solchen Ordnungssystemen oft im Zentrum des Unterrichtes steht.

Die erkenntnistheoretischen und -psychologischen Überlegungen zur Wissensvermittlung haben aufgezeigt, dass es für einen angemessenen Umgang mit einem Wissensinhalt wichtig ist, dass die Lernenden am (problemorientierten) Entstehungsprozess des betreffenden Wissens beteiligt werden. In unserem Zusammenhang bedeutet dies folgendes:

Die Lernenden können eine Systematik eigentlich nur dann begreifen, wenn sie auch deren Entstehung nachvollziehen können; wenn sie sich also selber konfrontiert sehen mit der erkenntnisleitenden Frage «Wie lässt sich das zu einem bestimmten Thema vorhandene Wissen ordnen und systematisieren?».

Eine Systematik ist ja immer ein Instrument zur Herstellung von «Ordnung» und dient dazu, die Fülle menschlicher Erkenntnisse übersichtlich und fassbar zu machen. Daher setzt sie zunächst ein Bedürfnis nach Ordnung voraus, und ein solches Bedürfnis kann vor allem dann entstehen, wenn eine unübersichtliche Vielfalt vorliegt. Die Lernenden sollten daher zunächst mit der unübersichtlichen Vielfalt konfrontiert werden, um dann die Systematik aus der Unordnung selber aufspüren. Nur so werden sie die Ordnungssysteme, die Experten in mühevoller Arbeit entwickelt haben, in ihrer wirklichen Bedeutung erfassen können. Wenn die Teilnehmer die Fülle des Wissens zunächst als Problem erleben können, verstehen sie die Systematik als das, was sie wirklich ist: nicht als unnötige Komplizierung eines Sachverhaltes, sondern als notwendige und wertvolle Ordnungshilfe. Wenn andererseits die Lernenden mit bereits perfekten «Ordnungssystemen» konfrontiert werden, fällt die denkanregende Kraft, die der «Unstimmigkeit» innewohnt, aus: Kreative Denkprozesse werden dann überflüssig, die Teilnehmer werden zu passiven Konsumenten einer teilweise unverstandenen Systematik.

Wagenschein hat diesen Gedanken in seiner bilder- und facettenreichen Sprache wie folgt formuliert:

«Systematik? Natürlich. Aber sie ist *Ziel*. Man gewinnt sie nicht, man verfehlt sie, wenn man an ihr, die ja nur im Kopf des Lehrers präexistiert, entlangläuft. Man muss sie aus dem Chaos aufspüren lassen. Hat man den Faden, so kann man dann der selbstgefundenen Ordnung folgen. Also: *Hin* zur Systematik, hin zum echten Ordnungserlebnis, irgendwo, exemplarisch, ein Stück weiter. Aber *nicht:* Systematik als Geleise» (Wagenschein 1965, S. 223).

Kapitel III: Die Schritte der erkenntnisorientierten Unterrichtsvorbereitung

Einleitung

Die praktischen Grundsätze, die ich im vorangegangenen Kapitel beschrieben habe, dürften verdeutlicht haben, worauf bei der Gestaltung des Unterrichtes besonders zu achten ist, wenn ein Unterricht mit Anspruch auf «Erkenntnisvermittlung» realisiert werden soll. Die damit erreichte Konkretisierungsstufe wird aber vermutlich dem interessierten Praktiker noch nicht genügen, um selber eine Unterrichtsveranstaltung an die Hand zu nehmen, die auf dem hier vertretenen Modell der Erkenntnisvermittlung basiert: Zu sehr ist die herkömmliche Praxis der Unterrichtsvorbereitung geprägt durch didaktische Grundannahmen, die letztlich im produktorientierten Stoffverständnis und im gedächtnispsychologischen Lernverständnis verankert sind.

Ich möchte daher dieses Kapitel dem Aspekt der Unterrichtsplanung widmen und ein mögliches Vorgehen aufzeigen, um eine Unterrichtsveranstaltung im Sinne des erkenntnisorientierten Unterrichtsmodelles vorzubereiten. Im Zentrum steht dabei die folgende praxisorientierte Fragestellung:

> Wie muss eine Lehrperson vorgehen, wenn sie einen Unterricht vorbereiten möchte, der sich am Modell der erkenntnisorientierten Wissensvermittlung orientiert und der den genannten Handlungsgrundsätzen zur Erkenntnisvermittlung zu entsprechen vermag?

Das Unterrichtsvorbereitungsmodell, welches im folgenden beschrieben wird, baut auf den im ersten Teil dargelegten erkenntnistheoretischen und lernpsychologischen Überlegungen auf. Es setzt sich aus ingesamt sieben Vorbereitungsschritten zusammen, die wie folgt definiert sind:

Schritte des Vorbereitungsmodells

1. Die leitende Problemstellung bestimmen

↓

2. Den Erkenntnisgewinn reflektieren

↓

3. Den Erkenntnisprozess analysieren

↓

4. Eine geeignete Form der Problemkonfrontation wählen

↓

5. Die Lernenden aktiv in die Lösungssuche einbeziehen

↓

6. Ein geeignetes Arrangement für die Lösungsevaluation suchen

↓

7. Möglichkeiten zur Anwendung der gewonnenen Erkenntnisse schaffen

Selbstverständlich gehe ich nicht davon aus, dass eine Lehrperson ihre «alltäglichen» Unterrichtsveranstaltungen in der hier postulierten Ausführlichkeit vorbereiten wird. Ich denke aber, dass es vorübergehend sinnvoll sein kann, die einzelnen Vorbereitungsschritte detailliert durchzugehen und die zentralen Gedanken nach Möglichkeit auch schriftlich festzuhalten, um so mit der Praxis der erkenntnisorientierten Wissensvermittlung vertraut zu werden. Früher oder später wird sich dann die Denkweise, die diesem Modell zugrunde liegt, habitualisieren; die schriftliche Vorbereitung kann sich dann auf einige wenige Sätze und Stichworte reduzieren (z. B. Ausformulierung der erkenntnisleitenden Problemstellung und wenige Stichworte zu den einzelnen Schritten der Unterrichtsgestaltung).

Im Unterschied zum üblicherweise vorherrschenden Modell einer «lernzielorientierten Unterrichtsvorbereitung» ist das vorliegende Modell durch ein *problemorientiertes Vorgehen* charakterisiert. Im Anhang – Text 6 – sind die Unterschiedlichkeiten dieser beiden Vorgehensweisen näher erörtert.

1. Die leitende Problemstellung bestimmen

Worum geht es?

Sowohl die wissenschaftliche als auch die alltägliche Erkenntnisgewinnung geht normalerweise von einer erkenntnisleitenden Problemstellung aus, die beim erkennenden Subjekt ein Such- und ein Problemlöseverhalten auslöst und steuert. Ein Unterricht, der bei den Teilnehmern einen Erkenntnisprozess bewirken möchte, sollte daher ebenfalls von einer erkenntnisleitenden Problemstellung ausgehen und den Lernprozess von dieser Problemstellung her konzipieren. Für die Lehrperson ergibt sich daher als Ausgangspunkt für die Unterrichtsvorbereitung die folgende Leitfrage: *Welches ist eine geeignete Problemstellung, die im beabsichtigten Unterricht eine erkenntnisleitende Funktion erfüllen könnte?*

Was ist zu tun?

a) Fragestellungen suchen, die bei den Lernenden einen signifikanten Erkenntnisprozess auszulösen vermögen.

Erkenntnisleitende Problemstellungen werden am besten in der Frageform formuliert, da Fragen einerseits einen aktivierenden Gehalte besitzen (Fragen verlangen nach einer Antwort!) und andererseits die Richtung des thematischen Auseinandersetzungsprozesses angeben (Fragen definieren bestimmte Aspekte, unter denen ein Thema angegangen werden soll!). Zur Gewinnung geeigneter Fragestellungen können verschiedene Wege beschritten werden:

- *Ausgangspunkt «Teilnehmerfragen»:*

Die Lehrperson kann sich überlegen, welche Fragen die Unterrichtsteilnehmer an das beabsichtigte Unterrichtsthema haben könnten.

(Evtl. die Fragen bei den Teilnehmern erheben!) Aus dieser Fragesammlung können dann diejenigen Fragen ausgewählt werden, die für die Auslösung wichtiger Erkenntnisprozesse als besonders geeignet erscheinen.

• *Ausgangspunkt «Korrekturbedürftige Ausgangsschemen»:*
Die Lehrperson kann sich überlegen, welches korrekturbedürftige Wahrnehmungs-, Denk- und Handlungsschemen sein könnten, die ein «Laie» bezüglich dem beabsichtigten Unterrichtsthema haben könnte. Solche korrekturbedürftigen Ausgangsschemen können dann durch eine geeignete Fragestellung problematisiert (in Frage gestellt) werden.

• *Ausgangspunkt «Teilnehmerschwierigkeiten»:*
Die Lehrperson kann von den mutmasslichen Schwierigkeiten ausgehen, die bei der Anwendung der beabsichtigen Wissensinhalte zu erwarten sind. Diese Schwierigkeiten können dann zu Fragen umformuliert werden und in den Mittelpunkt des Unterrichtes gerückt werden.

• *Ausgangspunkt «Erkenntnisziele»:*
Die Lehrperson kann von den zentralen Erkenntniszielen ausgehen, die sie im Verlaufe des Unterrichtes vermitteln möchte bzw. die sie laut Lehrplan vermitteln muss. Von diesen Erkenntniszielen aus lassen sich dann gezielt Fragestellungen suchen, die zu den jeweiligen Erkenntnissen hinführen. (Die Frage muss so gewählt werden, dass die beabsichtigte Erkenntnis eine mögliche Antwort für die betreffende Frage sein kann!)

b) Ungeeignete Fragestellungen aussondern oder umformulieren.

Es gibt Fragestellungen, die als erkenntnisleitende Problemstellungen grundsätzlich ungeeignet sind. Um ungeeignete Fragestellungen zu erkennen, können die folgenden drei Kriterien hilfreich sein:

• *Die Fragestellung muss auf einen Erkenntnisprozess ausgerichtet sein.*
Sogenannte «Wissensfragen», die nur auf die Reproduktion von aufgespeicherten Kenntnissen abzielen, sind als erkenntnisleitende Pro-

blemstellungen ungeeignet. Echte «Erkenntnisfragen» unterscheiden sich von blossen Wissensfragen u. a. dadurch, dass sie nicht auf die Benennung einzelner Fakten, sondern auf das Verständnis und die Beurteilung von Sachverhalten bzw. Ereignissen und auf das Erfassen von Zusammenhängen ausgerichtet sind (z. B. Frage nach der Herkunft, nach den Ursachen, nach dem Unterschied zu anderen Sachverhalten, nach den Folgen und Auswirkungen, nach den Vor- und Nachteilen und nach den praktischen Konsequenzen). Zudem lassen sich die Antworten auf Erkenntnisfragen in der Regel mit rationalen Argumenten begründen.

- *Die Fragestellung muss adressatengerecht sein.*

Eine erkenntnisleitende Fragestellung sollte für die Unterrichtsteilnehmer – auch ohne vorangegangene Informationsvermittlung – verständlich sein und vor dem Hintergrund des Vorwissens, der bisherigen Erfahrungen und der Denkfähigkeit zumindest ansatzweise selbständig lösbar sein.

- *Die Fragestellung muss zu einer kreativen Lernaktivität führen.*

Eine erkenntnisleitende Fragestellung muss die Möglichkeiten bieten, die Lernenden an der Entdeckung oder Erfindung der betreffenden Antwort zu beteiligen. Die Qualität einer Fragestellung schlägt sich daher auch im Umfang der betreffenden Unterrichtssequenz nieder: Gute Fragestellungen bieten Anlass zu verschiedenen kreativen Lernaktivitäten der Unterrichtsteilnehmer; schlechte Fragestellungen dagegen zielen auf Antworten, die von der Lehrperson vorgetragen oder von den Lernenden aus schriftlichen Vorlagen übernommen werden müssen.

c) Geeignete Fragestellungen auswählen und didaktisch sinnvoll anordnen.

Zu einem ausgewählten Unterrichtsthema gibt es oft mehrere Problemstellungen, die als «unterrichtswürdig» betrachtet werden und die daher alle in den Unterricht einfliessen sollen, so dass sich der betreffende Unterricht aus mehreren Teilen (Sequenzen) zusammensetzt. In diesem Falle stellt sich die Frage, wie eine sinnvolle Anordnung der verschiedenen Problemstellungen vorgenommen werden kann. Grundsätzlich bieten sich hier folgende Möglichkeiten an:

- Die Problemstellungen haben keinen oder nur einen sehr vagen inneren Zusammenhang. Die Lehrperson lässt daher die Problemstellungen unverbunden nebeneinander stehen, so dass sich die Lektion aus mehreren unabhängigen Sequenzen zusammensetzt (was allerdings voraussetzt, dass für jede Sequenz eine neue Problemkonfrontation vorgenommen wird; vgl. Schritt 4!).
- Die Problemstellungen haben einen engen inneren Zusammenhang. In diesem Falle geht es darum, die verschiedenen Problemstellungen in eine für die Teilnehmer plausible und möglichst motivierende Struktur zu bringen. Dies kann geschehen:

(a) indem eine der *vorhandenen* Problemstellungen zur zentralen bzw. übergeordneten Problemstellung erhoben wird. Die übrigen Problemstellungen werden dann als Schritte betrachtet, die zur Beantwortung der zentralen Problemstellung hinführen sollen;

(b) indem eine *neue,* übergeordnete Problemstellung gesucht wird, zu deren Beantwortung die übrigen Problemstellungen Teilschritte sein können.

Welche Schwierigkeiten sind besonders zu beachten?

Die Themen, die den Ausgangspunkt für die «problemorientierte Themenanalyse» bilden, können in ihrer thematischen Komplexität sehr unterschiedlich sein. Es kann sich um ein umfassendes und komplexes Thema handeln, das dann mit Hilfe der ermittelten Problemstellungen strukturiert und in einzelne Unterrichtssequenzen aufgeteilt wird. Es kann sich aber auch um relative konkrete Teilthemen handeln, die aus einer vorgängigen Strukturierung eines umfassenden Kursthemas hervorgegangen sind und die die einzelnen Kurssegmente (Lektionen) thematisch vordefinieren. Für Lehrpersonen, die noch keine Erfahrung mit der problemorientierten Unterrichtsvorbereitung besitzen, empfiehlt es sich, ein umfassendes Thema zunächst mit Hilfe der gewohnten Techniken (z. B. mit Hilfe der Mind-Map-Methode oder mit Hilfe der didaktischen Analyse von Klafki) zu strukturieren und so die einzelnen Teilthemen für den Unterricht festzulegen. Zu diesen Lektionsthemen können dann die erkenntnisleitenden Problemstellungen gesucht werden.

Wozu dient dieser Schritt?

Die erkenntnisleitende Problemstellung dient dem Lehrer als *leitendes Motiv für den Unterrichtsaufbau und für die Unterrichtsgestaltung*. Sie hilft ihm, die Unterrichtsinhalte und -aktivitäten so auszuwählen und anzuordnen, dass ein *problemorientierter Unterricht* möglich wird, d.h. ein Unterricht, in dem eine bestimmte Problemstellung den Ausgangspunkt und den zentralen Bezugspunkt aller wichtigen Unterrichtsaktivitäten bildet. In einem solchen problemorientierten Unterricht geht es darum, das in der Problemstellung aufgeworfene Problem zu lösen oder zu klären. Die Problemstellung ist in diesem Sinne der *«rote Faden»*, der die Unterrichtsaktivitäten der Lehrperson und der Lernenden zu einem sinnvollen Ganzen verbindet und in ihrer Bedeutung transparent macht. Der Unterricht ist damit für die Unterrichtsteilnehmer in erster Linie als Problemlösungsprozess gegenwärtig. Das eigentliche *Lernen* vollzieht sich dabei oft beiläufig und unbemerkt zur problembezogenen Auseinandersetzung.

2. Den Erkenntnisgewinn reflektieren

Worum geht es?

In einem zweiten Schritt geht es darum, die Erkenntnisse zu reflektieren, die in den gewählten Problemstellungen und in den entsprechenden Unterrichtssequenzen der Möglichkeit bzw. der Absicht nach enthalten sind. Mit dem Begriff «Erkenntnisgewinn» wird hier das bezeichnet, was aus dem problemorientierten Auseinandersetzungsprozess als relativ dauerhaftes Lernergebnis (als «Einsicht», als «Erfahrung», als «Wissen», als «verändertes Schema») resultiert. In diesem Sinne geht es hier um eine Analyse des Lerngehaltes, der in der beabsichtigten Lektion enthalten ist bzw. enthalten sein soll.

Als Anhaltspunkt für die Formulierung des mutmasslichen Erkenntnisgewinnes kann die folgende Leitfrage dienen: *Welches sind die wichtigsten Erkenntnisse, die sich im Prozess der problemorientierten Auseinandersetzung gewinnen lassen?*

Was ist zu tun?

a) Die Erkenntnisse vergegenwärtigen, die bei der Auseinandersetzung mit den ausgewählten Fragestellungen entstehen können (bzw. entstehen sollen).

Die zentrale Erkenntnis einer Lektion (bzw. einer Lektionssequenz) ist in der Regel identisch mit der Antwort auf die erkenntnisleitende Problemstellung. Daher geht es hier in erster Linie darum, die *Antwort auf die erkenntnisleitende Problemstellung* zu vergegenwärtigen, zu der die Lernenden im Verlaufe der betreffenden Unterrichtssequenzen geführt werden sollen. Zudem ist zu überlegen, ob es – zusätzlich zu dieser zentralen Erkenntnis – *begleitende Erkenntnisse* gibt, die im Verlaufe der problemorientierten Auseinandersetzung entstehen könnten und die evtl. gezielt unterstützt werden sollen.

b) Die Ableitbarkeit der zentralen Erkenntnisse überprüfen.

Bei der Reflexion des Erkenntnisgewinnes sollte die Frage nicht aus den Augen verloren werden, ob es sich beim beabsichtigten Erkenntnisgewinn auch wirklich um eine «Erkenntnis» (und nicht nur um einen blossen «Kenntniszuwachs») handelt. Zu diesem Zwecke kann das *Kriterium der Ableitbarkeit* eine gute Hilfe leisten. Eine Erkenntnis setzt nämlich voraus, dass das entsprechende Wissen als eine subjektiv-plausible Schlussfolgerung aus irgendwelchen bekannten, einsichtigen, vertrauten Bedingungen konstruiert bzw. abgeleitet werden kann. Es erweist sich daher als hilfreich, wenn sich die Lehrperson im Rahmen dieses Vorbereitungsschrittes die folgende Frage vergegenwärtigt: Ist die beabsichtigte Erkenntnis im Sinne einer subjektiv-plausiblen Schlussfolgerung aus bekannten, vertrauten, einsichtigen Voraussetzungen «ableitbar»?

Der hier verwendete Alltagsbegriff des «Ableitens» ist natürlich nicht mit dem Ableitungsbegriff aus der Logik identisch: Er umfasst sowohl induktive als auch deduktive Elemente; zudem dürfte hier auch die intuitive Schlussfolgerung eine nicht unwesentliche Rolle spielen! Solche Ableitungen können beispielsweise erfolgen aus Gesetzen und Prinzipien, aus früheren (d. h. erinnerten) oder aktuellen Erfahrungen, aus bereits angeeignetem (integriertem) Wissen, aus unbezweifelbaren Fakten oder aus Beobachtungen und Experimenten.

c) Die Bedeutung der zentralen Erkenntnisse reflektieren.

Die Erkenntnisvermittlung ist bekanntlich zeitaufwendiger als die blosse Kenntnisvermittlung. Dieser zusätzliche Zeitaufwand ist vor allem dann gerechtfertigt, wenn die autonome Verfügbarkeit jenes Wissens – d. h. die Übertragbarkeit auf verschiedene Situationen – wichtig ist. Es gilt daher der Grundsatz, dass im erkenntnisvermittelnden Unterricht solche Erkenntnisse anzustreben sind, die einen relativ hohen Transferwert besitzen, d. h. die möglichst viele und möglichst bedeutsame Situationen zu erschliessen helfen. Aus dieser Überlegung heraus wird hier vorgeschlagen, den Anwendungsbereich der zentralen Erkenntnis zu reflektieren, und zwar mit Hilfe der folgenden Frage: *Welche «Fälle» (Lebenssituationen, Sachzusammenhänge) können durch die gewonnene Erkenntnis geklärt bzw. bewältigt werden?* Oder einfacher: *Wozu kann die gewonnene Erkenntnis hilfreich sein?*

d) Falls nötig, die leitende Problemstellung korrigieren.

Es kann sein, dass die Reflexion des Erkenntniszieles deutlich macht, dass die im ersten Schritt gewählte Fragestellung ungeeignet ist und daher verändert werden muss. Dies kann beispielsweise dann der Fall sein, wenn sich herausstellt, dass der mutmassliche Erkenntnisgewinn (d. h. die intendierte Antwort auf die leitende Problemstellung) gar nicht als echte Erkenntnis vermittelt werden kann – z. B. weil die Lernenden bereits vor der betreffenden Unterrichtssequenz über die beabsichtigte Antwort verfügen oder weil diese Antwort gar nicht im Sinne einer Erkenntnis vermittelbar ist und bloss als Kenntnis weitergegeben werden kann. Schliesslich kann auch die Reflexion des Transferwertes eine Modifikation der leitenden Problemstellung nahelegen.

Welche Schwierigkeiten sind besonders zu beachten?

(1) Beim Erkenntnisgewinn geht es um das Wissen, das den Lernenden am Ende der Lektion aktiv verfügbar sein soll. Dieses aktiv verfügbare Wissen ist zu unterscheiden von den Hintergrund-Kenntnissen, die für ein angemessenes Verständnis jenes zentralen Wissens ebenfalls vorhanden sein müssen, denen aber nicht derselbe Stellenwert zukommt wie den Erkenntnissen. (Kenntnisse können «zur Kenntnis genommen» werden und müssen von den Lernenden nicht aktiv erarbeitet werden!) Im Erkenntnisgewinn ist damit nur ein Teil – der wesentliche Teil! – des Lerngehaltes einer Lektion ausformuliert. Unter Umständen kann es jedoch wichtig sein, zusätzlich zum mutmasslichen Erkenntnisgewinn einer Lektion auch die *begleitenden Kenntnisse* zu reflektieren, die im Verlaufe der Lektion – gleichsam als Voraussetzung für die Erreichung der beabsichtigten Erkenntnisse – zu vermitteln sind. Wichtig ist auf jeden Fall, dass nicht alles Wissen, das im Unterricht vermittelt werden soll, als Erkenntnis ausgegeben wird, ohne dass zuvor geklärt wird, ob es sich auch wirklich um eine Erkenntnis (und nicht einfach um eine «Kenntnis») handelt.

(2) Die Festlegung des beabsichtigten Erkenntnisgewinnes birgt zweifellos die Gefahr in sich, dass die Unterrichtsteilnehmer – trotz dem problemorientierten Ausgangspunkt – zielorientiert «verplant» werden, d. h. auf den beabsichtigten Erkenntnisgewinn hin «manipuliert» werden. Der hier vorgeschlagene Reflexionsschritt sollte im Bewusstsein dieser Gefahr durchgeführt werden. So ist es beispielsweise wichtig, dass – je nach der jeweiligen erkenntnisleitenden Pro-

blemstellung – auch die Möglichkeit eines offenen Ausgangs der problemorientierten Auseinandersetzung in Betracht gezogen wird, der bei den Unterrichtsteilnehmern zu unterschiedlichen, nicht vorweg bestimmbaren Erkenntnissen führt. Ich gehe hier von der Annahme aus, dass eine Nicht-Reflexion der Lernabsicht kein sinnvoller Beitrag zu einer Verminderung der hier angesprochenen Manipulationsgefahr darstellt; im Gegenteil: Die in jeder pädagogischen Kommunikation vorhandene manipulative Tendenz kann vermutlich nur vermindert werden, indem die «heimlichen Steuerungsabsichten» dargelegt und sorgfältig reflektiert werden.

Wozu dient dieser Schritt?

Die Vergegenwärtigung des Erkenntnisgewinnes dient in erster Linie dazu, *die Kernidee* der betreffenden Unterrichtsveranstaltung bewusst zu machen. Auf diese Weise wird die «didaktische Reduktion» des Unterrichtsstoffes auf wenige tragende Einsichten unterstützt, womit u. a. ein wichtiger Beitrag zur Bewältigung des viel beklagten «Stoffdruckes» geleistet wird. Gleichzeitig kann die Reflexion des Lerngehaltes, um die es hier geht, deutlich machen, ob sich die Auseinandersetzung mit der gewählten Problemstellung und der dafür vorgesehene Zeitaufwand auch unter dem Gesichtspunkt des Lernens (bzw. des Erkenntnisgewinnes) lohnt. Die Vergegenwärtigung des mutmasslichen bzw. des beabsichtigten Erkenntnisgewinnes kann zudem hilfreich sein für die Gewichtung von Lernaktivitäten und inhaltlichen Darbietungen sowie für die Auswahl und den Einsatz von Hilfestellungen. Zudem dient dieser Schritt auch der Unterrichtsevaluation: Die Lernenden können am Schluss der Unterrichtsveranstaltungen nach den wichtigsten Einsichten befragt werden, die sie im Verlaufe des Unterrichtes gewonnen haben, und diese Antworten können dann mit dem hypothetisch angenommenen Erkenntnisgewinn verglichen werden.

3. Den Erkenntnisprozess analysieren

Worum geht es?

In einem dritten Schritt geht es darum, wichtige Eigenheiten des angestrebten Erkenntnisprozesses zu vergegenwärtigen. Dazu gehört einerseits die Reflexion der «subjektiven Wissensbasis», über die die Lernenden verfügen: Dieses subjektive Wissen, das den Ausgangspunkt für den problemorientierten Auseinandersetzungsprozess und für den angestrebten «Akkommodationsprozess» bildet, gilt es, genauer zu bestimmen, und zwar im Sinne der folgenden Leitfrage: *Welches ist das subjektive Wissen der Unterrichtsteilnehmer, das den Ausgangspunkt des Erkenntnisprozesses bildet? Inwiefern soll dieses Wissen umgestaltet («akkommodiert») werden?*

Zusätzlich zum subjektiven Wissen, über das die Unterrichtsteilnehmer verfügen, sollte auch das «objektive Wissen» (Expertenwissen, wissenschaftliches Wissen, Fachwissen) vergegenwärtigt werden, das für die Unterstützung der problemorientierten Auseinandersetzung und der angestrebten Erkenntnisgewinnung relevant sein könnte. Dazu kann die folgende Leitfrage dienen: *Welches ist das «objektive Wissen», das den beabsichtigten Erkenntnisprozess (d.h. die Akkommodation des subjektiven Wissens) unterstützen kann?*

Was ist zu tun?

a) Sich die mutmasslichen Antworten vergegenwärtigen, die die Unterrichtsteilnehmer vor der beabsichtigten Lernsequenz auf die erkenntnisleitenden Problemstellungen geben könnten.

Als erstes geht es also darum, sich in die Teilnehmer-Perspektive zu versetzen und Mutmassungen über die «spontane Problembeantwortung» der Unterrichtsteilnehmer anzustellen. In dieser spontanen Problembeantwortung kommt das subjektive Wissen zum Ausdruck, über das die Lernenden vor dem betreffenden Unterricht verfügen.

Die hier vorgeschlagene Vergegenwärtigung der spontanen Problembeantwortung der Unterrichtsteilnehmer scheint auf den ersten

Blick sehr schwierig zu sein, zumal die subjektiven Voraussetzungen in einer Lerngruppe z.T. sehr unterschiedlich sind. Es zeigt sich aber, dass der hier vorgeschlagene Vorbereitungsschritt trotz dieser zweifellos vorhandenen Schwierigkeit sehr nützlich ist. In vielen Fällen geht es hier nämlich primär um die Vergegenwärtigung der «naiven» Problembeantwortung eines «Nicht-Fachmannes». Der Versuch, diesen Laienstandpunkt zu rekonstruieren und bewusst von der entsprechenden Expertenauffassung abzuheben, hat sich für die Planung einer erkenntnisorientierten Wissensvermittlung als ausserordentlich hilfreich erwiesen – auch wenn die Teilnehmervoraussetzungen nicht im Detail bekannt sind. In anderen Fällen, in denen bereits einschlägige schulische Lernprozesse vorangegangen sind, wird es auch darum gehen, diese Lernvoraussetzungen angemessen in Rechnung zu stellen. (Die hypothetische Vorwegnahme der «spontanen Problembeantwortung» hat sich auch in diesen Fällen als ein nützliches Reflexionsinstrument erwiesen!)

b) Die mutmassliche Wissensbasis mit dem angestrebten Erkenntnisgewinn vergleichen und daraus den Akkommodationsbedarf und den Akkommodationstyp bestimmen.

Auf dem Hintergrund der spontanen Problembeantwortung lässt sich nun der Erkenntnisprozess genauer bestimmen. Wichtig ist hier die Frage, in welcher Weise diese subjektive Wissensbasis umgestaltet (d.h. akkommodiert) werden soll. Die folgenden Überlegungen können bei der Bestimmung des jeweiligen «Akkommodationstyps» hilfreich sein:

- *Korrektur der vorhandenen Wissensbasis*

Ist die spontane Problembeantwortung der Teilnehmer in ihren Grundzügen korrekturbedürftig bzw. enthält sie «falsche Ausgangsschemen», die im Verlaufe des Lernprozesses korrigiert werden sollen?

- *Bewusstmachung, Präzisierung, Festigung der vorhandenen Wissensbasis*

Ist die spontane Problembeantwortung der Teilnehmer im wesentlichen richtig, so dass der beabsichtigte Lernprozess in erster Linie zu einer Bewusstmachung, Präzisierung und Verfestigung von bereits vorhandenem Wissen führt?

- *Problematisierung der vorhandenen Wissensbasis*

Beinhaltet die spontane Problembeantwortung der Teilnehmer unreflektierte (bzw. reflexionsbedürftige) Selbstverständlichkeiten, die kritisch hinterfragt werden sollen?

- *Aufbau neuer Wissensstrukturen*

Ist für die Teilnehmer eine spontane Problembeantwortung kaum möglich, weil ihnen wichtige Elemente oder Zusammenhänge für die gesuchte Antwort nicht ohne weiteres verfügbar sind?

c) Das objektive Wissen sichten, das den Erkenntnisprozess auslösen und unterstützen kann.

Nach der Vergegenwärtigung der subjektiven Seite des Erkenntnisprozesses geht es schliesslich noch um das «objektive Wissen», das zur Unterstützung des Erkenntnisprozesses in die problemorientierte Auseinandersetzung einfliessen soll. Zu diesem Zwecke müssen zunächst die inhaltlichen Aspekte des Problems genauer bestimmt werden und anschliessend – gegebenenfalls mit Hilfe von einschlägigen Fachbüchern – die empirischen Forschungsergebnisse, theoretischen Modelle, systematischen Begriffserklärungen u. a. gesichtet werden, die in den Unterricht einfliessen könnten. Dabei geht es hier noch nicht um die definitive Auswahl des objektiven Wissens, das im Unterricht berücksichtigt werden soll, sondern um die Auslotung der (maximalen) Möglichkeiten. In diesem Sinne kann es hilfreich sein, die folgenden – an den Phasen des Erkenntnisprozesses orientierten – Einsatzmöglichkeiten des objektiven Wissens im Auge zu behalten:

- Objektives Wissen kann dazu dienen, ein Problem verständlich und für die Unterrichtsteilnehmer einsichtig zu machen. (Evtl. kann objektives Wissen auch zur Auslösung eines kognitiven Konfliktes verwendet werden!)
- Objektives Wissen kann dazu dienen, die Hypothesenbildung der Unterrichtsteilnehmer anzuregen und zu unterstützen (z. B. Vorgabe

von objektivem Wissen, das im Hinblick auf die aufgeworfene Problemstellung analysiert, strukturiert, beurteilt werden muss).
• Objektives Wissen kann dazu dienen, die gefundenen Hypothesen zu evaluieren. (Dies ist die häufigste Funktion des objektiven Wissens im erkenntnisvermittelnden Unterricht!)

Welche Schwierigkeiten sind besonders zu beachten?

(1) Es gibt zwei Fälle, in denen die Reflexion der subjektiven Wissensbasis Anlass gibt zur Frage, ob die gewählte Problemstellung überhaupt sinnvoll ist:
• *Die vorhandene Wissensbasis der Unterrichtsteilnehmer, die in der spontanen Problembeantwortung zum Ausdruck kommt, ist im wesentlichen identisch mit der richtigen Problembeantwortung.* In diesem Falle besteht die Gefahr, dass gar kein Erkenntnisgewinn möglich ist, und dass der beabsichtigte Unterricht die Unterrichtsteilnehmer entsprechend unterfordert. (Hier müsste der besondere Wert in der Bewusstmachung des bereits Vorhandenen liegen!)
• *Die vorhandene Wissensbasis der Unterrichtsteilnehmer lässt eine spontane Problembeantwortung kaum zu.* In diesem Falle besteht die Gefahr, dass die Teilnehmer überfordert werden und dass keine echten, d.h. in den subjektiven Wissenshorizont integrierten Erkenntnisse entstehen können. (Hier müsste die Vermittlung der erkenntnisleitenden Problemstellung besonders sorgfältig geplant werden!)

In beiden Fällen kann es sinnvoll sein, die erkenntnisleitende Problemstellung nochmals kritisch zu überprüfen und gegebenenfalls zu modifizieren.

(2) Es gibt Themen und Problemstellungen, für die kein «objektives Wissen» vorhanden ist, das didaktisch sinnvoll in den Unterricht einfliessen kann. Dies bedeutet natürlich keineswegs, dass auf eine Bearbeitung dieses Themas bzw. der betreffenden Problemstellung verzichtet werden sollte. Die Erfahrung zeigt indessen, dass die Unterrichtsteilnehmer mit Unmut reagieren, wenn über längere Zeit zuwenig an objektivem Wissen in den Unterricht einfliesst. (Die Ler-

nenden möchten beispielsweise wissen, wie Fachexperten über ein bestimmtes Problem denken – nicht, um diese Auffassung einfach zu übernehmen, sondern um sich damit auseinanderzusetzen und um die eigene Auffassung damit zu vergleichen!) Es empfiehlt sich daher, bei der langfristigen Unterrichtsplanung auf ein ungefähres Gleichgewicht von subjektivem und objektivem Wissen zu achten.

Wozu dient dieser Schritt?

In der erkenntnispsychologischen Betrachtungsweise wird Lernen als organischer Entwicklungsprozess verstanden, bei dem es weniger um den additiven Zuwachs von Kenntnissen und Fertigkeiten als vielmehr um die qualitative Umorganisation der bestehenden kognitiven Strukturen geht. Im Vordergrund steht dabei die Veränderung und Weiterentwicklung des im Verlaufe der individuellen Lerngeschichte erworbenen *subjektiven Wissens*. Aus der Sicht dieses Lernverständnisses ist es für die Unterrichtsplanung unerlässlich, dass sich die Lehrperson dieses subjektive Wissen vergegenwärtigt, das *vor* dem geplanten Lernprozess bei den Teilnehmern vorhanden ist, um so den Unterricht bewusst als qualitative Umgestaltung dieser subjektiven Voraussetzungen konzipieren zu können. In praktischer Hinsicht kann die Reflexion der subjektiven Wissensbasis insofern hilfreich sein, als sie deutlich macht, wo die Teilnehmer «abgeholt» werden müssen. Die Lehrperson erhält einerseits konkrete Hinweise zur Gestaltung der Problemkonfrontation und andererseits Anhaltspunkte dafür, wieweit beim Einbezug der Teilnehmer in die Hypothesenbildung bestimmte Hilfestellungen notwendig sind.

Das *objektive Wissen* erhält in dieser Betrachtungsweise die Funktion, die Umgestaltung der subjektiven Wissensbasis anzuregen und zu unterstützen. Indem neben der subjektiven Wissensbasis der Lernenden auch das verfügbare objektive Wissen vergegenwärtigt wird, kann die Voraussetzung geschaffen werden für einen Unterricht, der ein dynamisches Gleichgewicht zwischen subjektivem und objektivem Wissen herzustellen versucht.

4. Eine geeignete Form der Problemkonfrontation wählen

Worum geht es?

Im problemorientierten Unterricht bildet die erkenntnisleitende Problemstellung den Ausgangspunkt für die Unterrichtsgestaltung. Dies bedeutet, dass die Unterrichtsteilnehmer zu Beginn einer Unterrichtssequenz mit der erkenntnisleitenden Problemstellung konfrontiert werden müssen. Es stellt sich also die Frage, in welcher Form diese Problemkonfrontation vor sich gehen soll, damit die leitende Problemstellung für die Unterrichtsteilnehmer zu einem verbindlichen Erkenntnis- und Handlungsmotiv werden kann. Aus dieser Überlegung ergibt sich für diesen Vorbereitungsschritt die folgende Leitfrage: *In welcher Form soll die leitende Problemstellung in den Unterricht eingebracht werden, um bei den Unterrichtsteilnehmern das notwendige Erkenntnisinteresse und die Bereitschaft zur aktiven Mitarbeit an der Problemlösung bzw. an der Problemklärung zu wekken?*

Was ist zu tun?

a) Die Möglichkeit einer direkten Problemkonfrontation prüfen.

Bei der *direkten Problemkonfrontation* wird die leitende Problemstellung zu Beginn der Unterrichtssequenz kurz vorgestellt (nach Möglichkeit schriftlich visualisiert!) und möglichst adressatengerecht und erfahrungsbezogen erläutert und begründet, so dass die persönliche und fachliche Bedeutung für die Lernenden einsichtig wird. Diese direkte Form der Problemkonfrontation ist vor allem dann ein angemessener Unterrichtseinstieg, wenn angenommen werden kann, dass die Problemstellung bereits im Interessenbereich der Unterrichtsteilnehmer liegt.

Die Alternative zur direkten Problemvorgabe ist die *methodisch-gestaltete Problemkonfrontation.* Sie drängt sich dann auf, wenn die direkte Problemkonfrontation zuwenig motivierende Kraft besitzt.

b) Bei methodisch-gestalteten Problemkonfrontationen: Ein geeignetes methodisches Arrangement für einen teilnehmergerechten Unterrichtseinstieg wählen.

Bei der *methodisch-gestalteten Problemkonfrontation* geht es darum, die leitende Problemstellung durch ein geeignetes methodisches Arrangement so in den Unterricht einzubringen, dass sich die Unterrichtsteilnehmer vom aufgeworfenen Problem möglichst unmittelbar angesprochen fühlen. Als Anregung für die Wahl einer methodisch gestalteten Problemkonfrontation kann die folgende «Typisierung» der Motivationsformen hilfreich sein:

- *Provokation eines kognitiven Konfliktes*

Ein kognitiver Konflikt kann provoziert werden durch die Konfrontation mit etwas Unerwartetem («Das hätte ich nie gedacht!»), mit etwas Überraschendem («Das habe ich mir noch gar nie überlegt!»), mit etwas Verblüffendem («Das kann ich kaum glauben!») oder mit einer anderen (provozierenden) Meinung («Da bin ich aber anderer Ansicht!»).

- *Auslösung von persönlicher Betroffenheit*

Persönliche Betroffenheit kann ausgelöst werden durch Bezug auf Schülererfahrungen oder auf erfahrungsnahe Ereignisse («Das geht mich etwas an!»/«Das ist mir auch schon passiert!»/«Das könnte mir auch passieren!»).

- *Herausforderung der Leistungsmotivation:*

Die Leistungsmotivation der Unterrichtsteilnehmer kann herausgefordert werden durch spielerische Aufgaben sowie durch Aufgaben, die die Leistungsneugierde wecken («Da bin ich gespannt, ob ich das lösen/bewältigen kann!»; «Da bin ich gespannt, ob meine Auffassung bzw. mein Lösungweg richtig ist!»).

Die vielfältigen methodischen Möglichkeiten zur Konkretisierung dieser drei Motivationstypen sind auf den Seiten 108 ff. zusammengestellt und kurz beschrieben.

Welche Schwierigkeiten sind besonders zu beachten?

(1) In der Regel steht die Konfrontation mit der erkenntnisleitenden Problemstellung (bzw. die problemhaltige Konfrontation mit dem Unterrichtsthema) am Anfang einer Unterrichtssequenz. Problemstellungen besitzen in diesem Sinne die methodische Funktion eines Unterrichtseinstiegs. Der problemorientierte Unterrichtseinstieg, um den es hier geht, ist allerdings klar zu unterscheiden von einer «Unterrichtseinstimmung», wie sie in der Praxis zu Beginn einer Unterrichtsstunde häufig anzutreffen ist: Es geht nicht einfach darum, die Teilnehmer auf das Thema einzustimmen, indem in einer ersten Unterrichtsphase ein besonders gefühlsbetonter Inhalt vorweggenommen wird, um so eine positive Stimmung gegenüber dem aktuellen Unterrichtsthema zu erzeugen. Das, was hier unter einem problembezogenen Unterrichtseinstieg verstanden wird, ist anspruchsvoller: Es soll bei den Lernenden ein gezieltes «Erkenntnisbedürfnis» (Erkenntnisinteresse) entstehen, das zu einer aktiven thematischen Auseinandersetzung anregt und das dem Auseinandersetzungsprozess gleichzeitig eine ziel- bzw. problemorientierte Richtung gibt.

(2) Grundsätzlich bietet sich auch die *teilnehmerorientierte Problembestimmung* als eine mögliche Form des problemorientierten Unterrichtseinstiegs an: Hier werden die Unterrichtsteilnehmer zu Beginn einer Unterrichtssequenz zunächst nach ihren Fragen bezüglich dem aktuellen Unterrichtsthema befragt; diese Fragen werden dann gesammelt, geordnet und gewichtet, um daraus diejenigen Problemstellungen auszuwählen, die im Verlaufe des Unterrichtes bearbeitet werden sollen. Eine solche teilnehmerorientierte Problembestimmung wäre eigentlich die natürlichste Form des Unterrichtseinstiegs. Sie ist allerdings aus verschiedenen Gründen nicht ganz unproblematisch: Auf der einen Seite verlangt sie eine Offenheit und Flexibilität, die aufgrund von curricularen Vorgaben sowie aufgrund des zur Verfügung stehenden Lernmaterials und der fachlichen Voraussetzungen des Lehrers nicht immer zu verwirklichen ist. Auf der anderen Seite besteht die Gefahr, dass eine thematische Bearbei-

tung, die sich ausschliesslich an den aktuellen Teilnehmerinteressen orientiert, zu sehr an der Oberfläche bleibt: Oft werden nämlich die fundamentalen Probleme erst im Verlaufe einer fortgeschrittenen thematischen Auseinandersetzung entdeckt. (Die Entdeckung eines neuen Problems ist oft ein wichtigerer Erkenntnisgewinn als die Lösung dieses Problems!) Zudem wird oft zuwenig berücksichtigt, dass das Problem, das ein Unterrichtsteilnehmer aufwirft, noch nicht notwendigerweise auch das Problem der übrigen Teilnehmer ist: Auch in diesem Falle kann die gezielte Interessengewinnung mittels einer geeigneten Form der Problemkonfrontation unerlässlich sein.

Wozu dient dieser Schritt?

Der erkenntnisleitenden Problemstellung kommt u. a. die Aufgabe zu, die Lernbereitschaft der Unterrichtsteilnehmer zu aktivieren. Aus Sicht der erkenntnispsychologischen Lernauffassung ist dies vor allem deshalb von zentraler Bedeutung, weil die gewohnten Assimilationsschemen der Lernenden relativ veränderungsresistent sind. Nur in dem Masse, als es gelingt, ein Problem aufzuwerfen oder aufzugreifen, das die Unterrichtsteilnehmer betrifft, sie herausfordert, beunruhigt, in ihnen einen «kognitiven Konflikt» auslöst und die Unzulänglichkeit der vorhandenen Assimilationsschemen aufdeckt, werden diese bereit sein, ihre gewohnten Schemen zu verändern. In diesem Sinne ist die Art und Weise, wie die Unterrichtsteilnehmer mit der erkenntnisleitenden Problemstellung konfrontiert werden, für den Lernprozess von entscheidender Bedeutung.

Praktischer Exkurs: Methoden zur Gestaltung der Problemkonfrontation

Konfrontation mit kontroversen Auffassungen

Den Teilnehmern werden zu Beginn einer Unterrichtssequenz verschiedene – möglichst widersprüchliche – *Standpunkte, Auffassungen, Lösungsansätze* zu einem Problem bzw. zu einem Thema dargeboten. Sie müssen sich nun für diejenige Auffassung entscheiden, der sie am ehesten zustimmen können. Evtl. kann ein *Streitgespräch* anschliessen, um so bei den Lernenden das Bedürfnis nach stichhaltigen Argumenten und vertiefenden Informationen zu verstärken.

Mögliche «Materialquellen» für kontroverse Auffassungen:

- kontroverse Zeitungsberichte und -kommentare zu einem aktuellen Ereignis;
- kontroverse Plädoyers zu einem Gerichtsentscheid;
- kontroverse Dokumente zu einem historischen Ereignis;
- kontroverse Erklärungsversuche für einen bestimmten Sachverhalt (z.B. widersprüchliche Alltagstheorien: evtl. mittels Schülerumfrage zu erheben);
- kontroverse Lösungsvorschläge der politischen Parteien zu einem aktuellen Problem;
- kontroverse Leserbriefe zu einem aktuellen Sachverhalt;
- kontroverse Parlamentsansprachen zu einer politischen Entscheidung.

Besonders lebhaft wird die Kontroverse, wenn Personen, die selber unterschiedliche Standpunkte vertreten, *in den Unterricht eingeladen* werden, um ihre Auffassungen darzulegen und zu begründen. Bei geeigneten Themen können auch zwei Teilnehmer (bzw. Teilnehmergruppen) dafür gewonnen werden, zu Beginn der Unterrichtssequenz ihre gegensätzlichen Standpunkte zum Thema vorzutragen, um so eine engagierte Auseinandersetzung in Gang zu bringen. (U.U. können die unterschiedlichen Standpunkte auch gespielt werden.)

Meinungsspektrum

Die Klasse sitzt im Kreis. Jeder Unterrichtsteilnehmer erhält fünf *Meinungskärtchen* (++, +, ?, –, – –) und zwei *Wettkärtchen* in einer anderen Farbe (+, –). In der Mitte des Kreises liegen *vorformulierte Behauptungen zum aktuellen Unterrichtsthema*. Eine Behauptung wird vorgelesen. Jeder Unterrichtsteilnehmer wählt eine Wettkarte (wird in der Klasse mehrheitlich Zustimmung oder Ablehnung geäussert?) sowie eine Meinungskarte, um seine Zustimmung (++ oder +), seine Unentschiedenheit (?) oder seine Ablehnung (– – oder –) zum Ausdruck zu bringen. Die Karten werden aufgedeckt und anschliessend die Thesen diskutiert. Im nachfolgenden Unterricht können vertiefende Informationen zu einzelnen Aspekten erarbeitet werden.

Streitgespräche

Die Teilnehmer werden zu Beginn der Unterrichtssequenz mit einer Frage oder einer These konfrontiert, von der angenommen wird, dass *innerhalb der Kursgruppe* unterschiedliche Standpunkte vertreten werden. In einem Streitgespräch werden nun die unterschiedlichen Auffassungen und Standpunkte einander gegenübergestellt, um so das Bedürfnis nach einer Klärung bzw. nach vertiefenden Informationen zum aufgeworfenen Thema zu erzeugen.

Zur Aktivierung der Diskussion kann es hilfreich sein, wenn die Teilnehmer vor Beginn der eigentlichen Diskussion ihre (vorläufige) Position zum Ausdruck bringen (z. B. durch Punkte-Eintrag auf einer Meinungsliste) und in einer Runde kurz begründen.

Mögliche Formen des Streitgespräches:

- Debatte: Aufgrund der vertretenen Standpunkte werden eine Pro- und eine Kontragruppe gebildet, die sich zunächst getrennt auf die Diskussion vorbereiten.
- Fishpool: Eine kleine Gruppe von überzeugten Vertretern der verschiedenen Standpunkte führt die Diskussion in einem Innenkreis. Der Rest der Teilnehmer sitzt als «Zuschauer» im

Aussenkreis. 1–2 freie Stühle im Innenkreis stehen denjenigen «Zuschauern» zur Verfügung, die sich mit einem Beitrag vorübergehend am Gespräch beteiligen möchten.

- *Stummer Dialog:* Die Kommunikation wird ausschliesslich schriftlich geführt: Gruppen von 4–6 Teilnehmern sitzen um einen Papierbogen und tauschen ihre Gedanken darauf aus. Sprechen ist verboten!

Erfahrungsaustausch

Bei dieser Form der Problemkonfrontation wird den Teilnehmern zunächst Gelegenheit gegeben, ihre Erfahrungen zu einem Thema auszutauschen, um dann aus diesem Erfahrungsaustausch heraus die erkenntnisleitende Problemstellung der betreffenden Unterrichtssequenz zu entwickeln (bzw. um die bereits vor Unterrichtsbeginn ausgewählte und ausformulierte Problemstellung im Erfahrungshorizont der Teilnehmer zu verankern).

Für den Erfahrungsaustausch bietet sich primär ein *Plenumsgespräch* (z.B. in der Form einer «Runde») oder ein *Gespräch in Kleingruppen* an. Solche Gespräche können durch zusätzliche Anregungen und Hilfestellungen unterstützt werden.

Beispiele:

Die Teilnehmer erhalten zunächst einen kleinen *Fragebogen* mit verschiedenen erfahrungsbezogenen Fragen, die als eine Hilfe für die individuelle Erfahrungsreflexion und als Gesprächsleitfaden für den Erfahrungsaustausch dienen können.

Die Teilnehmer werden dazu aufgefordert, ihre Erfahrungen mit einem *geeigneten Medium* darzustellen (z.B. Collage, Gemälde, Zeichnung, symbolischer Gegenstand) und dann über dieses Medium der Gruppe oder dem Plenum mitzuteilen.

Praktische Aufgabenstellungen

Die Teilnehmer erhalten zu Beginn einer Unterrichtssequenz den Auftrag, eine *praktische Tätigkeit selber auszuführen* und die

Schwierigkeiten und Fragen, die dabei auftreten, schriftlich festzuhalten. (Voraussetzung dafür ist natürlich, dass die Teilnehmer über die notwendigen Kompetenzen und Informationen verfügen, die ein sinnvolles Handeln ermöglichen!) Die von den Teilnehmern festgehaltenen Schwierigkeiten und Fragen werden im Plenum zusammengetragen, geordnet und zum Ausgangspunkt für den nachfolgenden Unterricht gemacht.

Praktische Aufgabenstellungen können deshalb für den Unterrichtseinstieg geeignet sein, weil die Konsequenzen des praktischen Tuns für die Lernenden unmittelbar sichtbar bzw. spürbar werden. Dadurch entsteht in der Regel ein grosses Interesse an einer Klärung der aufgetretenen Schwierigkeiten und an vertiefenden Informationen.

Spielerische und provokative Aufgaben

Die Teilnehmer werden mit einer Aufgabe oder einer Aufgabenreihe konfrontiert, die in *Einzel-, Partner- oder Gruppenarbeit* gelöst werden soll. Die verschiedenen Lösungsvorschläge, die von den Teilnehmern bzw. Teilnehmergruppen erarbeitet werden, und die dadurch ausgelösten Fragen und Schwierigkeiten bilden dann den Ausgangspunkt für Diskussionen und für die Abgabe von klärenden und vertiefenden Informationen im Plenum.

Die Konfrontation mit Aufgabenstellungen ist dann ein geeigneter Unterrichtseinstieg, wenn die gewählten Aufgaben für die Teilnehmer einen *ansprechenden Herausforderungsgehalt* besitzen. Sie sollten einerseits die Neugierde der Lernenden ansprechen und andererseits zu einer kreativen Ideenproduktion einladen. Wichtig ist dabei, dass die Lösungssuche für die Teilnehmer nicht mit Angst vor Misserfolgen gekoppelt ist, sondern als positive, erfolgszuversichtliche Herausforderung erlebt wird (etwa im Sinne von «Ich bin gespannt, ob ich es schaffe bzw. ob wir als Gruppe dies schaffen werden»).

Zwei Arten von Aufgaben sind hier besonders zu erwähnen:

- *Aufgaben mit spielerischem Charakter*

Verschiedene Würfelspiele und Kartenspiele lassen sich mit Lernaufgaben verbinden und so zu attraktiven Lernspielen umfunktionieren. (Aufgaben, die bloss auf Wissensproduktion ausgerichtet sind, sind in der Regel ungünstig!) Geeignet sind u. a. auch Aufgabenreihen, die im Sinne eines spielerischen Persönlichkeitstests konzipiert werden.

- *Aufgaben mit provokativem Charakter*

Aufgaben mit provokativem Charakter zeichen sich dadurch aus, dass sie ein bewährtes Denk- oder Handlungsmuster als unzulänglich oder als falsch entlarven. Sie lösen im Lernenden einen kognitiven Konflikt aus und sind daher für den erkenntnisvermittelnden Unterricht besonders wertvoll.

Partnerinterviews

Die Teilnehmer befragen sich gegenseitig über die Erfahrungen und Einstellungen zum aufgeworfenen Thema. (Unter Umständen ist es hilfreich, wenn vorgängig ein paar geeignete Interviewfragen im Plenum zusammengetragen werden oder wenn die Lehrperson den Teilnehmern eine Fragensammlung zur Anregung abgibt.) Probleme und Fragestellungen, die bei diesem Austausch bewusst werden, bilden dann den Ausgangspunkt der folgenden Unterrichtssequenz.

Für die Durchführung der Interviews ist u. a. die Gesprächsform des *«Kugellagers»* gut geeignet: Die Teilnehmergruppe ordnet sich in einem inneren und einem äusseren Kreis an, so dass sich die Teilnehmer paarweise gegenübersitzen. Nun befragen sich die gegenüberstehenden Partner wechselseitig über ihre persönlichen Erfahrungen/Einstellungen zum aufgeworfenen Thema gemäss den vorbereiteten Interviewfragen. Nach 5–10 Minuten dreht sich der äussere Kreis um ein Glied nach rechts, worauf das Interview mit dem neuen Partner beginnt. (Dieser Vorgang kann 2–3mal wiederholt werden.)

Aufgreifen/Inszenieren eines aktuellen Erlebnisses

Die Lehrperson kann ein *aktuelles Ereignis* aufgreifen, das die Teilnehmer «hautnah» erfahren haben (z. B. aktueller Konflikt in der Klasse; Problemsituationen aus einem Praktikum). Dieses Ereignis wird zum Ausgangspunkt genommen, um verschiedene Fragestellungen zu klären, die damit verbunden sind (z. B. Frage nach den Ursachen, nach den Auswirkungen, nach möglichen Lösungen usw.).

Auch *Exkursionen und Erkundigungen* sind in diesem Zusammenhang zu erwähnen, bei denen die Teilnehmer die Unterrichtsräume verlassen, um als Akteure oder als Zuschauer an einem thematisch bedeutsamen Ereignis teilzunehmen und um so erlebnisnahe Eindrücke zu erhalten. Die durch die Exkursion/Erkundigung ausgelösten Fragen und Klärungsbedürftigkeiten können dann den Ausgangspunkt bilden für die nachfolgende thematische Auseinandersetzung.

Unter Umständen ist es auch möglich, mit Hilfe eines unterrichtlichen Arrangements eine *Erfahrungssituation zu inszenieren,* die bei den Teilnehmern ein bewegendes Erlebnis und – in der Folge davon – eine engagierte thematische Auseinandersetzung auszulösen vermag. Beispielsweise gibt es viele sozialpsychologische Experimente oder gruppendynamische Spiele, die wichtige Einsichten über Gruppenprozesse und über Aspekte des Kommunikationsverhaltens zu vermitteln vermögen. Auch Rollenspiele und Planspiele können geeignet sein, um bestimmte Probleme bewusst zu machen und im anschliessenden Unterricht zu bearbeiten.

Perspektivenwechsel

Beim Perspektivenwechsel geht es darum, ein Ereignis oder eine Situation von einem *neuartigen oder zumindest ungewohnten* Standpunkt aus zu betrachten. Dies kann beispielsweise geschehen, indem sich die Teilnehmer im Rahmen eines Rollenspiels in eine Rolle versetzen, die zu ihrem üblichen Rollenverhalten komplementär ist, um von hier aus eine reelle oder fiktive Situation wahrzunehmen, zu deuten und entsprechend zu handeln. (Beispiel: Ein Lehrer versetzt sich in die Rolle eines Schülers; eine Krankenschwester in die Rolle eines Patienten.) Ein solcher Perspektivenwechsel stellt eine gute Möglichkeit dar, um ein gewohntes Schema (z.B. ein Vorurteil) fragwürdig zu machen und um Probleme oder Problemaspekte zu entdecken, die bis anhin im Alltag ausgeblendet worden sind.

Ein ähnlicher Effekt kann übrigens auch durch den Wechsel des gewohnten Wahrnehmungskanals erzielt werden – beispielsweise, indem die Teilnehmer dazu aufgefordert werden, einen für den Unterricht zentralen Gegenstand blind zu ertasten. Durch das Ausschalten der visuellen Wahrnehmung, die in der alltäglichen Wirklichkeitsbegegnung dominiert, kann so eine Erfahrungsmöglichkeit geschaffen werden, die meist ein unmittelbares, persönlich geprägtes und emotional bedeutsames In-Kontakt-Treten mit dem betreffenden Inhalt mit sich bringt.

Provokative Informationen

Bei dieser Form des Unterrichtseinstieges werden die Teilnehmer zu Beginn einer Unterrichtssequenz mit einem Phänomen/einer Erfahrung/einer Information konfrontiert, die der bisherigen Wahrnehmung und Deutung der Wirklichkeit deutlich widerspricht und daher einen «kognitiven Konflikt» auslöst.

Beispiele:

- Durchführung eines Experiments mit überraschendem Resultat;
- Konfrontation mit einem provokativen Untersuchungsergebnis;
- Darlegung einer provokativen Deutung eines vertrauten Ereignisses;
- Konfrontation mit der provokativen Meinungsäusserung einer anerkannten Autorität.

In der nachfolgenden Unterrichtssequenz geht es dann darum, die Lernenden mit geeigneten Auseinandersetzungshilfen beim Aufbau und bei der Vertiefung einer neuen/veränderten Sichtweise zu unterstützen.

Provokative Gegenüberstellungen

Ein den Teilnehmern bereits vertrautes Objekt (Bild, Modell) wird einem verwandten, aber in einigen wichtigen Punkten doch unterschiedlichen Objekt gegenübergestellt. Die sichtbaren Abweichungen des neuen (noch unbekannten) Objektes gegenüber dem bereits bekannten Objekt können einen *kognitiven Konflikt* auslösen, der in der Regel zu Klärungs- und Deutungsversuchen Anstoss gibt und so einen geeigneten Ausgangspunkt für eine erkenntnisorientierte Wissensvermittlung bildet.

Eine wichtige Form der provokativen Gegenüberstellung bildet die Gegenüberstellung von technisch hochentwickelten Gebrauchsobjekten mit ihren primitiveren Vorläufern aus früheren Epochen. Das *Ursprüngliche* kann hier zu einem Mittel werden, um ein vertrautes Schema «fragwürdig» zu machen und um die Frage nach der ursprünglichen, elementaren Funktionsweise des betreffenden Objektes aufzuwerfen. Auch die Gegenüberstellung einer heutigen und einer früheren (bzw. einer fremd-kulturellen) Problembewältigungsstrategie (z. B. Trauerrituale) kann ein wichtiger Anstoss zur gedanklichen Durchdringung eines vertrauten Schemas sein.

Fallschilderungen

Die Teilnehmer werden zu Beginn einer Unterrichtssequenz mit einer «Fallschilderung», d.h. mit einer möglichst *anschaulich und erlebnisnah geschilderten Problemsituation* konfrontiert. Diese – reelle oder fiktive – Problemsituation dient als Ausgangspunkt für die aktive thematische Auseinandersetzung im Plenum oder in Gruppen, beispielsweise um die Problemsituation bezüglich der Problemursachen zu analysieren oder um verschiedene Möglichkeiten zur Verhinderung und Bewältigung solcher Situationen zu erarbeiten.

Fallschilderungen sind vor allem dort geeignet, wo es darum geht, eine abstrakte Problemstellung zu konkretisieren, d.h. in eine Situation einzubetten, die den Lernenden aus dem eigenen Erlebnisbereich heraus vertraut erscheint.

Entscheidungssituationen

Eine wichtige Variante des fallorientierten Vorgehens besteht darin, dass den Teilnehmern nicht nur Problemsituationen, sondern dazu auch *zwei oder mehrere Lösungsmöglichkeiten* vorgegeben werden. Jeder Teilnehmer muss nun aus den vorgegebenen Lösungsmöglichkeiten diejenige auswählen, die er für die beste (oder für die schlechteste) hält und seine Wahl bzw. seine Nicht-Wahl bekanntgeben und begründen. (Unter Umständen ist es auch sinnvoll, die vorgegebenen Lösungsmöglichkeiten in eine Rangreihe zu bringen und anschliessend die verschiedenen Rangreihen im Plenum oder in Gruppen zu vergleichen.) Die Problemsituation wird so zu einer kritischen Entscheidungssituation, die vom Lernenden eine Entscheidung verlangt. Die dadurch ausgelöste Frage «Wer hat wohl recht?» dürfte ein wichtiges Motiv für eine weitergehende thematische Auseinandersetzung bilden.

Gelenkte Erinnerung/Gelenkte Phantasie

Die gelenkte Erinnerung/Phantasie ist eine Methode, die u.U. tiefe Erlebnisbereiche anzusprechen vermag und daher besonders geeignet ist für thematische Auseinandersetzungen, die eine persönliche Betroffenheit der Teilnehmer voraussetzen. Sie baut auf der Einbildungskraft der Unterrichtsteilnehmer auf, d.h. auf der Fähigkeit, sich Nicht-Präsentes bildhaft zu vergegenwärtigen. Zu diesem Zwecke werden die Unterrichtsteilnehmer dazu eingeladen, sich mit Hilfe von inneren Bildern in die (eigene) Vergangenheit, in die Zukunft oder in bestimmte fiktive Situationen hineinzubegeben und sich die entsprechenden Begebenheiten möglichst bildhaft vor Augen zu führen. Die Lehrperson steuert und begleitet diese innere Reise durch *sorgfältig ausgewählte Situationsschilderungen und Impulse.* Anschliessend werden Erfahrungen, Erlebnisse, Probleme, die bewusst geworden sind, im Plenum oder in Gruppen ausgetauscht. Dieser Austausch kann dann zur Formulierung von Problemstellungen führen, die im nachfolgenden Unterricht bearbeitet werden können.

Als wichtige Voraussetzung für das Gelingen einer gelenkten Phantasie ist zu beachten, dass das Bewusstsein im Zustand von entspannter Aufmerksamkeit, d.h. empfänglich für die inneren Bilder sein muss. Um diesen Zustand zu fördern, kann es hilfreich sein, der Phantasiereise eine kurze Entspannungsübung vorangehen zu lassen. Auch eine in weichem und beruhigendem Ton gesprochene Anleitung sowie eine sanfte (unaufdringliche) musikalische Untermalung kann zur Erreichung und Aufrechterhaltung dieses inneren Zustandes beitragen.

5. Die Lernenden aktiv in die Lösungssuche einbeziehen

Worum geht es?

Durch die Wahl einer geeigneten Problemstellung und einer adäquaten Problemkonfrontation ist die Voraussetzung geschaffen für einen aktiven Einbezug der Lernenden in die thematische Auseinandersetzung. Nun geht es darum, die konkrete Ausgestaltung dieses Auseinandersetzungsprozesses zu planen, und zwar im Sinne der folgenden Leitfrage:
Wie können die Lernenden an der Auseinandersetzung mit dem aufgeworfenen Problem aktiv beteiligt werden?
Auch wenn es in dieser Unterrichtsphase primär um die Aktivierung des subjektiven Wissens und nicht in erster Linie um die Entdekkung der «richtigen» Lösung geht, ist es unerlässlich, dass die Lernenden über die grundlegenden Voraussetzungen für eine fruchtbare

Auseinandersetzung mit dem aufgeworfenen Problem verfügen und nicht durch die auftretenden Lösungsschwierigkeiten entmutigt und in ihrer Kreativität gehemmt werden. Die oben formulierte Leitfrage muss daher noch ergänzt werden durch folgende Leitfrage: *Besitzen die Lernenden die notwendigen Voraussetzungen für eine fruchtbare Auseinandersetzung mit der erkenntnisleitenden Problemstellung? Falls nicht: Mit welchen Massnahmen und Hilfsmitteln kann die selbständige Lösungssuche unterstützt werden?*

Was ist zu tun?

a) Den Unterrichtsteilnehmern die Gelegenheit zur möglichst selbständigen Auseinandersetzung mit der leitenden Problemstellung einräumen.

Nachdem die Problemkonfrontation erfolgt ist, steht nun die aktive Auseinandersetzung der Unterrichtsteilnehmer mit der aufgeworfenen Problemstellung im Vordergrund. Konkret bedeutet dies, dass im Unterrichtsentwurf eine kürzere oder längere Phase vorgesehen werden sollte, in der die Unterrichtsteilnehmer in Einzelarbeit, Partnerarbeit oder Gruppenarbeit «Antworten- und Lösungshypothesen» für die aufgeworfene Problemstellung erarbeiten und so ihr subjektives Wissen in den Unterricht einbringen können.

b) Falls nötig: Den Unterrichtsteilnehmern geeignete Verfahren und Hilfsmittel anbieten, um die selbständige Lösungssuche zu unterstützen.

Falls wichtige Voraussetzungen für eine selbständige Lösungssuche fehlen, müssen geeignete Massnahmen gesucht werden, um diesen Prozess soweit zu unterstützen, dass ein produktives Arbeiten möglich ist. Dies kann beispielsweise dadurch geschehen, dass das fehlende Faktenwissen in schriftlicher Form abgegeben wird, damit die Lernenden mit Hilfe dieses Wissens sachlich fundierte Antworten und Lösungsvorschläge entwickeln können. Eine wichtige Hilfestellung kann auch darin bestehen, dass den Teilnehmern Verfahrensschritte zur Lösungsfindung vorgegeben werden oder dass ein äusserer Rahmen geschaffen wird, der eine optimale Entfaltung der Teilnehmerkreativität ermöglicht. Wichtig ist, dass diese Vorgaben so konzipiert und dosiert sind, dass sie den aktiven und kreativen Denkprozess der Schüler nicht unterbinden, sondern unterstützen!

Verschiedene methodische Möglichkeiten zum aktiven Einbezug der Lernenden in die Lösungssuche sind auf den nachfolgenden Seiten kurz beschrieben: Sie sind als Anregung für die methodische Ausgestaltung dieser Unterrichtsphase gedacht.

Welche Schwierigkeiten sind besonders zu beachten?

Die «Lösungshypothesen», um die es hier geht, müssen in einem weiten Sinne verstanden werden – also nicht etwa nur als Problemlösungen im technischen Sinne! Je nach Art der erkenntnisleitenden Problemstellungen (bzw. nach der Art des kognitiven Konfliktes) ist mit der Suche nach Lösungshypothesen Unterschiedliches gemeint, wie beispielsweise:

- die Suche nach verschiedenen Argumenten (z. B. für die Beurteilung eines Standpunktes)
- die Suche nach verschiedenen Lösungswegen, Methoden und Verfahren (z. B. zur Lösung eines mathematischen oder technischen Problemes)
- die Suche nach verschiedenen Erfahrungen (z. B. für den Umgang mit einem praktischen Problem)
- die Suche nach verschiedenen Interpretationen (z. B. für die Deutung eines problematischen Sachverhaltes)
- die Suche nach verschiedenen Ideen (z. B. für die Gestaltung eines Produktes).

Praktischer Exkurs: Methoden zur Gestaltung der Lösungssuche

Brainstormingtechniken

Das Brainstorming versteht sich als Methode zur Unterstützung des kreativen Prozesses in Gruppen. Es basiert auf dem Prinzip der Trennung von Ideenproduktion und Ideenbewertung und ist durch die folgenden 4 Regeln definiert:

- Während der Phase der Ideensammlung ist jede Kritik untersagt!
- Jede Idee ist willkommen. Je spontaner und ungewöhnlicher, desto besser!
- Es kommt auf die Menge an. Je grösser die Anzahl der Vorschläge, desto wahrscheinlicher, dass unter ihnen ein «Gewinner» ist!
- Es kommt nicht darauf an, von wem die Ideen stammen. Die Ideen anderer dürfen aufgenommen und weiterentwickelt werden!

Da die Kreativität der Unterrichtsteilnehmer für die Problembearbeitung von entscheidender Bedeutung ist, kommt der Methode des Brainstorming in dieser Phase des Erkenntnisprozesses ein kaum zu überschätzender Stellenwert zu.

Mögliche Formen:

- *Mündliches Brainstorming:* Die Teilnehmer bringen ihre Ideen – unter Berücksichtigung der Brainstorming-Regeln – ins Plenum ein. Ein «Moderator» (die Lehrperson oder ein Teilnehmer) sammelt die Ideen, ohne sie zu bewerten (!) und hält sie schriftlich – für alle Teilnehmer sichtbar – fest. Die (gemeinsame) Bewertung der Ideen findet erst nach Abschluss der Ideensammlung statt (vgl. Methoden der Evaluation).

- *Anonymes Brainstorming:* Die Teilnehmer schreiben ihre Lösungsvorschläge auf Zettel (1 Idee pro Zettel). Der Moderator sammelt die Zettel ein, liest sie vor und ordnet sie an der Tafel – evtl. mit Hilfe der Teilnehmer.

- *Brainwriting-Pool:* Die Teilnehmer schreiben alle Lösungsideen, die ihnen spontan in den Sinn kommen, auf einen Zettel und legen diesen in einen «Pool». Nun nehmen alle das Blatt eines anderen Teilnehmers aus dem Pool. Durch diese Lösungsvorgaben lassen sie sich zu neuen Lösungsvorschlägen anregen und schreiben diese ebenfalls auf dieses Blatt. Dieses Blatt kann wiederum im Pool ausgetauscht werden usw.
- *Methode 635:* Die Teilnehmer teilen sich in Gruppen zu je 6 Personen auf. Jedes Gruppenmitglied schreibt 3 Ideen auf ein Blatt Papier. Anschliessend wird dieses Blatt dem jeweils nächsten Gruppenmitglied weitergereicht. Nun hat wieder jeder 5 Minuten Zeit, um das Blatt des Vorgängers mit neuen Ideen zu ergänzen. (Die neuen Ideen sollen sich möglichst an die Ideen des Vorgängers anlehnen und diese weiterentwickeln.) Dieser Vorgang wird wiederholt, bis jeder Teilnehmer wieder im Besitz seines ursprünglichen Blattes ist.

Erhebung von Lösungsmöglichkeiten im Interview

Statt die verschiedenen Lösungs- bzw. Deutungsmöglichkeiten für die erkenntnisleitende Problemstellung im kreativen Prozess selber zu finden, können andere Personen (z. B. verschiedene Fachleute, Leute von der Strasse usw.; Leute mit verschiedenen Funktionen und Rollen) nach ihren Ideen, Erfahrungen, Argumenten, Lösungsvorschlägen auf die betreffende Problemstellung hin befragt werden. Dabei kommen üblicherweise die folgenden beiden Befragungsarten zur Anwendung:

- das *Interview,* d. h. die mündliche Befragung von Personen (auch als Telephoninterview oder als Gruppeninterview durchführbar);
- die *Fragebogen-Umfrage,* d. h. die schriftliche Befragung von Personen (durch Postversand oder durch persönliche Abgabe des Fragebogens).

Die Interview-Ergebnisse bilden dann das «Rohmaterial» für die weitere Auseinandersetzung: Sie werden im Sinne einer Hypothesensammlung zusammengestellt, geordnet und anschliessend evaluiert.

Als Mittel zur Hypothesengewinnung sind Umfragen und Interviews in folgenden Fällen besonders geeignet:

- wenn es darum geht, unterschiedliche *Auffassungen, Sichtweisen und Vorurteile* zu einem Thema zu erheben;
- wenn es darum geht, die vielfältigen *Argumente*, die für oder gegen eine Auffassung vorgebracht werden, zu erheben;
- wenn es darum geht, verschiedene *Lösungsvorschläge* für ein bestimmtes Problem zu erheben.

Vorgabe von verschiedenen Lösungsalternativen

Den Teilnehmern werden möglichst viele plausible Lösungsmöglichkeiten schriftlich vorgegeben. Sie erhalten den Auftrag, diese Lösungsvorgaben einer – vorläufig subjektiven und in diesem Sinne «hypothetischen» – Bewertung zu unterziehen.

Möglichkeiten:

- *Richtig/falsch-Bewertung*
- *mehrstufige Einschätzung* mit Hilfe von Zahlen (z. B. 0 = stimmt nicht / 1 = stimmt teilweise / 2 = stimmt genau)
- *Erstellen einer Rangreihe* nach vorgegebenem Kriterium (z. B. Realisierbarkeit, Angemessenheit usw.)

Wichtig ist, dass die Teilnehmer ihre Einschätzungen begründen. Die von den Teilnehmern oder Teilnehmergruppen erarbeiteten Bewertungen/Einschätzungen/Rangreihen und die entsprechenden Begründungen stehen dann im Mittelpunkt der anschliessenden Evaluation!

Vorgabe von Antwortbestandteilen

Den Teilnehmern werden einzelne Elemente, aus denen sich die richtige Antwort zusammensetzt, vorgegeben (z. B. einzelne Bilder eines Handlungsablaufes; einzelne Schritte eines Handlungsplanes, Eigenschaften zur Charakterisierung von Gegenständen, zentrale Begriffe einer Theorie – evtl. vermischt mit falschen

Lösungsbestandteilen). Die Aufgabe besteht nun darin, die vorgegebenen Elemente richtig anzuordnen und deren gegenseitige Verbindungen und Abhängigkeiten sichtbar zu machen (z. B. mit Hilfe eines Strukturdiagramms).

Spielerische Variante bei komplexen und kniffligen Aufgaben (die übrigens auch «gruppendynamisch» ausgewertet werden kann): Die Teilnehmer werden in zwei oder mehr Gruppen aufgeteilt. Jede Gruppe erhält alle notwendigen Lösungsbestandteile. Die Lösungsbestandteile werden auf die verschiedenen Gruppenmitglieder verteilt. Die Gruppe muss nun versuchen, die richtige Lösung zu finden, ohne miteinander zu sprechen.

Vorgabe von Texten und Textcollagen

Die Teilnehmer erhalten eine Dokumentation (oder erstellen selber eine Dokumentation) mit verschiedenen Texten zum aufgeworfenen Problem (z. B. Zeitungsartikel, Texte aus mehreren Fachbüchern). Die Aufgabe besteht nun darin, die in diesen Texten enthaltenen Lösungen möglichst prägnant darzustellen und die Unterschiede zwischen den einzelnen Lösungen herauszuarbeiten.

Vorgabe von erschliessenden Fragen

Den Teilnehmern wird eine Reihe von Fragen vorgegeben, die darauf abzielen, den für die Problemlösung erforderlichen Denkprozess in einzelne Schritte aufzugliedern, so dass die gesuchte Lösung Schritt für Schritt erarbeitet werden kann. Im wesentlichen geht es hier um die hohe Kunst des sokratischen Fragens («Mäeutik»), die eigentlich als Vorbild des fragend-entwickelnden Unterrichts gilt, die im Unterrichtsalltag aber meist zu einem gängelnden Frage-Antwortspiel entartet. Um dieser Entartung vorzubeugen, ist es wichtig, dass die Fragereihe wirklich als Hilfestellung für den beabsichtigten Problemlösungsprozess konzipiert wird und von den Teilnehmern als hilfreiche Unterstützung des Denkprozesses (und nicht als Gängelung) erlebt wird. Voraussetzung dafür ist natürlich, dass die erkenntnisleitende Problemstellung von den Teilnehmern klar erfasst worden ist. Zudem empfiehlt es sich, die Fragereihe den Teilnehmern als Ganzes vorzulegen, so dass die einzelnen Schritte von Anfang an überblickt werden können.

Anonymer Gedankenaustausch
Die Teilnehmer schreiben ihre Erfahrungen/Lösungsvorschläge zu einem Problem auf eine Karte. Die Karten werden eingesammelt und gemischt. Anschliessend zieht jeder Teilnehmer eine Karte und liest sie laut vor, und zwar so, als ob die Mitteilung darauf von ihm selber stammen würde. Die übrigen Teilnehmer nehmen Stellung dazu (z. B. «Was löst der Vorschlag bei mir aus? Wie würde ich darauf reagieren?») Anschliessend liest der nächste Teilnehmer seine Karte vor usw.

Die Methode des «anonymen Gedankenaustausches» ist vor allem dort angebracht, wo persönliche Gedanken und Erfahrungen ausgetauscht werden, die die Gefahr mit sich bringen, dass sich die betreffende Person in der Gruppe blossgestellt fühlt. Die Anonymität ermöglicht nicht nur ein offeneres Einbringen persönlicher Gedanken, sondern auch ein offeneres Feedback der Gruppe.

6. Ein Arrangement für die Lösungsevaluation suchen

Worum geht es?

Die Lösungsevaluation ist – neben der Problemstellung und der Lösungssuche – der dritte zentrale Bestandteil, der für den Prozess der Erkenntnisgewinnung charakteristisch ist. Im wesentlichen geht es hier einerseits um die Überprüfung und andererseits um die Bestätigung bzw. um die Korrektur, Ergänzung oder Ausdifferenzierung der im vorangegangenen Schritt gefundenden Lösungshypothesen.

Für die Lehrperson steht bei diesem Reflexions- und Entscheidungsschritt die folgende Leitfrage im Vordergrund: *Welche inhaltli-*

chen Vorgaben, Beurteilungskriterien und Verfahrensvorschläge müssen den Lernenden angeboten werden, damit sie ihre Lösungsvorschläge überprüfen und überarbeiten können?

Was ist zu tun?

Ein geeignetes Arrangement suchen, das es den Unterrichtsteilnehmern ermöglicht, die in der vorangegangenen Phase erarbeiteten Antworten und Lösungsvorschläge zu überprüfen und gegebenenfalls zu korrigieren.

Zur Gestaltung der Evaluationsphase stehen wiederum verschiedene methodische Möglichkeiten zur Verfügung. Die Methodenwahl richtet sich hauptsächlich danach, ob die Beurteilung und Korrektur der zuvor gewonnenen Antworten und Lösungsvorschläge von den Lernenden selbständig vorgenommen werden kann (z. B. in Form einer Diskussion oder einer praktischen Erprobung) oder ob die richtige Lösung vorgegeben werden muss, um so einen Vergleich mit den selber gefundenen Ideen zu ermöglichen (z. B. in Form einer Informationsdarbietung oder einer Expertenbefragung).

Auf den nachfolgenden Seiten sind die wichtigsten methodischen Möglichkeiten zur Gestaltung der Lösungsevaluation kurz beschrieben.

Welche Schwierigkeiten sind besonders zu beachten?

(1) Im erkenntnisvermittelnden Unterricht ist es wichtig, dass die Lernenden zur Einsicht geführt werden, *weshalb* ein bestimmter Lösungsvorschlag der richtige ist oder – falls ein eindeutiges Richtig/falsch-Urteil nicht möglich ist – aus welchen Gründen ein bestimmter Lösungsvorschlag gegenüber einem anderen vorzuziehen ist. In diesem Sinne sollte der Begründungsaspekt in der Evaluationsphase klar im Mittelpunkt stehen.

(2) Viele problemorientierte Auseinandersetzungen zielen nicht darauf hin, eine allgemeinverbindliche Lösung herauszuarbeiten; oft geht es in erster Linie darum, die Lernenden zu einem fundierten

persönlichen Urteil zu führen. In diesem Falle besteht die Evaluation in der Auseinandersetzung mit verschiedenen Vorstellungen, in der Absicht, damit eine fundierte Begründung der eigenen Auffassung zu ermöglichen.

(3) Gerade bei Problemstellungen, die verschiedene Problemauffassungen und -lösungen zulassen, ist es wichtig, dass die Präsentation einer «Expertenauffassung» nicht zu einer unangemessenen Entwertung der selber entwickelten Ideen (bzw. des eigenen subjektiven Wissens) führt. *Expertenlösungen sollten nicht als «die» Lösungen präsentiert werden, sondern als eine (auf besonders guter Sachkenntnis beruhende) Auffassung, die Anlass bieten kann, die eigene Lösung zu überdenken.* Die Lernenden sollen aufgrund eines kritischen Vergleiches der eigenen Auffassung mit der Expertenauffassung selber entscheiden, was an der eigenen Auffassung korrekturbedürftig ist und was aus der Expertenauffassung übernommen und in das eigene subjektive Wissen integriert werden soll.

Wozu dient dieser Schritt?

Aus lernpsychologischer Sicht liegt die Bedeutung dieses Schrittes darin, dass hier für den Lernenden sichtbar wird, inwiefern die – im Hinblick auf den kognitiven Konflikt versuchsweise vorgenommenen – Schemenveränderungen angemessen vollzogen werden konnten. Zudem führt die im Rahmen der Lösungsevaluation stattfindende Auseinandersetzung mit richtigen und falschen, guten und weniger guten Lösungsvorschlägen dazu, dass die neu gewonnenen Erkenntnisse bzw. die neu ausgebildeten Assimilationsschemen an Konturen gewinnen und das «generative Prinzip» bzw. die «Übertragungsregeln» verdeutlicht werden. Gerade in dieser Hinsicht kommt einer sorgfältigen «Fehleranalyse» eine besondere Bedeutung zu: Sie ist in lernpsychologischer Hinsicht in der Regel ergiebiger als die blosse Bestätigung von richtigen Lösungshypothesen. Wichtig ist der Grundsatz *«Fehler sind Lernchancen»: Sowohl bei der Lehrperson als auch bei den Unterrichtsteilnehmern ist diese Haltung eine unerlässliche Voraussetzung für eine erkenntnisorientierte Wissensvermittlung!*

Praktischer Exkurs: Methoden zur Gestaltung der Lösungsevaluation

Diskussion

Die Diskussion ist eine der elementaren Formen der Lösungsevaluation, die dem wissenschaftlichen Evaluationsverfahren des «Diskurses» entspricht. Es geht hier darum, die gefundenen Antworten und Lösungsvorschläge im Gespräch – sei es im Plenumsgespräch oder im Gruppengespräch – kritisch zu analysieren und zu beurteilen, um sie so einer «argumentativen Bewährung» zu unterziehen.

Diese Evaluationsform ist besonders dann angebracht, wenn die Teilnehmer über die inhaltlich-fachlichen Voraussetzungen für eine selbständige Beurteilung der Lösungsvorschläge verfügen und wenn es nicht um *die* objektiv richtige Lösung geht, sondern um die *Gewinnung des je eigenen, kritisch reflektierten Standpunktes.*

Die Diskussion kann unterstützt werden durch die Vorgabe oder durch die gemeinsame Entwicklung einer *«Evaluationsmatrix»*: Es werden die Kriterien, denen die gesuchte Lösung entsprechen soll aufgelistet. Nun werden die verschiedenen Ideen nach den vorgegebenen bzw. gemeinsam erarbeiteten Kriterien beurteilt, indem jede Lösungsidee mit Hilfe von Punkten im Hinblick auf die einzelnen Kriterien eingeschätzt wird. Die individuelle Einschätzung kann dann als Ausgangspunkt für die Diskussion dienen.

Informationsdarbietung

Die Informationsdarbietung ist eine zweite grundlegende Form der Lösungsevaluation. Sie kommt dann in Frage, wenn eine «Expertenantwort» auf die erkenntnisleitende Problemstellung vorliegt. In diesem Falle ist es möglich, die Expertenantwort den Teilnehmern in der Form eines schriftlich abgefassten Textes, eines Filmes oder eines kurzen, prägnanten Lehrervortrages anzubieten, nachdem sich die Teilnehmer vorgängig – in Einzel- oder Gruppenarbeit oder im Plenum – selber um die Antwortfindung bemüht haben. Die Teilnehmer können nun ihre eigenen, selbständig gefundenen Antworthypothesen mit der dargebotenen «autorisierten» Erkenntnis vergleichen und ihre eigenen Antworten mit Hilfe dieser Vorgabe korrigieren und ausdifferenzieren. Ob dieser Vergleichsprozess explizit veranstaltet wird oder ob er dem einzelnen Teilnehmer überlassen wird, ist von der konkreten Unterrichtssituation her zu entscheiden; grundsätzlich sind beide Varianten möglich.

Unterrichtsdemonstration

Die Unterrichtsdemonstration, d.h. das Vorzeigen der richtigen Lösung durch die Lehrperson oder durch einen Teilnehmer, ist eigentlich eine spezielle Form der Informationsdarbietung. Sie kann vor allem dort eingesetzt werden, wo für die gesuchte Problemlösung eine Tätigkeit (bzw. ein Handlungsvollzug) im Vordergrund steht, die nach aussen sichtbar (d.h. beobachtbar) gemacht werden kann.

Das hier vertretene Verständnis *der Unterrichtsdemonstration als Evaluationsmethode* setzt voraus, dass das Vorzeigen des «richtigen» Handlungsvollzuges erst nach einer aktiven Versuchsphase der Lernenden erfolgt: Nur so ist es möglich, dass die Lernenden zu aktiven Beobachtern werden, die mit konkreten Fragen im Hinterkopf der Demonstration beiwohnen und sich selektiv auf diejenigen Informationen konzentrieren, die aufgrund der eigenen Erfahrungen und der zuvor erlebten Schwierigkeiten für sie subjektiv bedeutsam sind.

Erkundung

Bei der Erkundung als Evaluationsform geht es darum, die im Unterricht erarbeiteten Ideen mit der «Realität» zu vergleichen, also einer Art von «empirischem Test» zu unterziehen. Zu diesem

Zweck wird das Unterrichtszimmer verlassen, um einen *originalen Erfahrungsraum* aufzusuchen und dort gezielte Beobachtungen und Befragungen anzustellen. Unter dem Gesichtspunkt der Hypothesenevaluation geht es bei einer solchen Erkundung nicht einfach um die passive Besichtigung eines Ereignisses oder einer Institution, sondern um eine *aktive Informationsbeschaffung,* die darauf ausgerichtet ist, die eigenen Ideen zu einer erkenntnisleitenden Problemstellung zu bestätigen oder zu widerlegen bzw. zu korrigieren.

Praktische Erprobung

Bei der praktischen Erprobung werden die Lösungsvorschläge, die im Hinblick auf eine praktische Problemstellung erarbeitet worden sind, handelnd erprobt und damit einer *«praktischen Bewährungsprobe»* unterzogen. Konkret kann dies beispielsweise im Rahmen einer *Handlungssituation* (bei der Herstellung eines Produktes) oder in einem *Rollenspiel* geschehen. Der dabei erlebte Erfolg oder Misserfolg und die Reflexion der entsprechenden Erfahrungen können dann zur Korrektur der vorgängig gemachten Lösungsideen führen. Der *Reflexionsprozess* kann von der Lehrerperson durch die Vorgabe von geeigneten *Reflexionshilfen* (z.B. präzisierende Fragen, Einschätzskalen usw.) unterstützt werden.

Experiment

Das Experiment gilt in der wissenschaftlichen Erkenntnisgewinnung als das wohl wichtigste Mittel zur Lösungsevaluation. Es dient dazu, Naturgesetze in ihrer Erscheinungs- und Wirkungsweise beobachtbar zu machen, indem eine *kontrollierbare und wiederholbare Versuchssituation* geschaffen wird. Dort, wo es im Unterricht möglich ist, solche kontrollierbaren und wiederholbaren Versuchssituationen mit relativ einfachen Mitteln selber herzustellen, lassen sich Experimente ebenfalls in Form der Lösungsevaluation einsetzen.

Zu beachten ist dabei, dass die Lernenden vor der Durchführung des Experimentes die erkenntnisleitende Problemstellung wirklich erfasst haben, dass sie an der Lösungssuche beteiligt worden sind und dass sie das Experiment tatsächlich als ein Mittel zur Lösungsevaluation verstehen. (Bei vielen herkömmlichen Schulexperimenten – z. B. im Physikunterricht – sind diese Bedingungen nicht erfüllt!) Wichtig ist zudem, dass der Aufbau des Experimentes für die Lernenden plausibel und nachvollziehbar ist. (Ideal ist es, wenn zunächst gemeinsam mit den Teilnehmern nach möglichen Versuchsanordnungen zur Evaluation der erarbeiteten Lösungshypothesen gesucht wird!)

Experteninterview

Beim Experteninterview legen die Unterrichtsteilnehmer die *erarbeiteten Lösungshypothesen* einem Experten zur kritischen Beurteilung vor. Oder sie konfrontieren den Experten direkt mit der *erkenntnisleitenden Problemstellung,* mit der sie sich zuvor auseinandergesetzt haben, um die eigenen Lösungen mit der Antwort des Experten zu vergleichen. Neben dieser unmittelbaren Lösungsevaluation kann der Experte noch in einem weiteren Sinne genutzt werden: nämlich als Informationsquelle zur *Beantwortung von klärenden und weiterführenden Fragen,* die bei der eigenen Lösungssuche entstanden sind.

Von einem «Experteninterview» ist hier zunächst dann die Rede, wenn der *Fachmann eines bestimmten Sachgebietes* in den Unterricht eingeladen wird oder wenn dieser von den Teilnehmern (bzw. von einzelnen Teilnehmergruppen) aufgesucht wird. Es ist allerdings auch möglich, dass die *Lehrperson* selber in einem Themengebiet, in dem sie sich kompetent fühlt, die Rolle des Experten einnimmt und sich von den Teilnehmern befragen lässt. Auch *Teilnehmergruppen,* die sich – z. B. im Rahmen einer Projektarbeit – in ein bestimmtes Thema bzw. Teilthema eingearbeitet haben, können als Experten bei der Evaluation der Lösungshypothesen beigezogen werden.

7. Möglichkeiten zur Anwendung der Erkenntnisse schaffen

Worum geht es?

«Erkenntnisse» unterscheiden sich von blossen Kenntnissen nicht zuletzt durch ihre Übertragbarkeit auf andere Situationen. Mit anderen Worten: Wer eine Erkenntnis erworben hat, ist in der Lage, damit eine Vielzahl strukturell verwandter Situationen zu deuten bzw. zu bewältigen. In diesem Sinne bildet die «Anwendung» bzw. die Übertragung ein viertes charakteristisches Element der erkenntnisvermittelnden Unterrichtsgestaltung.

Die folgende Leitfrage sollte bei der Realisierung dieses Vorbereitungsschrittes im Vordergrund stehen:
Welches sind geeignete Situationen und Aufgaben, die zu einer Verfestigung und Vertiefung der gewonnenen Erkenntnisse führen und die den relevanten Anwendungsbereich verdeutlichen können?

Was ist zu tun?

a) Den Anwendungsbereich der zentralen Erkenntnisse vergegenwärtigen.

Als erstes ist hier zu überlegen, welches der Anwendungsbereich der zentralen Erkenntnisse ist. Zu diesem Zwecke kann die Fragestellung, die bereits für die Begründung des Erkenntnisgewinnes in Schritt 2 vorgeschlagen wurde, nochmals aufgegriffen werden:
Welche «Fälle» (Lebenssituationen, Sachzusammenhänge) können durch die gewonnene Erkenntnis geklärt bzw. bewältigt werden?

b) Geeignete Anwendungssituationen auswählen und zu Anwendungsaufgaben umformulieren.

Ausgehend von der grundsätzlichen Frage nach dem Anwendungsbereich der zentralen Erkenntnisse können nur konkrete Anwendungssituationen ausgewählt und zu Aufgabenstellungen umformuliert werden, die mit Hilfe des zuvor erworbenen Wissens gelöst werden sollen.

Die Bearbeitung der Anwendungsaufgaben – sie kann in Einzelarbeit, Partnerarbeit oder Gruppenarbeit erfolgen – führt zunächst wiederum zu «Lösungshypothesen», die anschliessend zu «evaluieren» sind. In diesem Sinne gelten für die Gestaltung der Anwendungsphase die methodischen Hinweise für die Phasen der Lösungssuche und der Lösungsevaluation.

Welche Schwierigkeiten sind besonders zu beachten?

(1) Die Anwendungssituationen und -aufgaben sind so zu variieren, dass die für die Teilnehmer bedeutsamen Anwendungsmöglichkeiten der beabsichtigten Erkenntnis exemplarisch in Erscheinung treten. Eine Erkenntnisfestigung und -vertiefung unterscheidet sich somit von einem mechanischen Üben, bei dem mit Hilfe einer möglichst grossen Zahl von Aufgaben bestimmte Fertigkeiten und Automatismen ausgebildet werden.

(2) Die «Evaluation» der Lösungen muss nach Möglichkeit zusammen mit den Unterrichtsteilnehmern erfolgen. Nur wenn die Lernenden selber darüber urteilen können, ob und weshalb ein bestimmter Lösungsvorschlag richtig oder falsch ist, haben sie das «generative Prinzip» der betreffenden Erkenntnis bzw. die «Übertragungsregel» des betreffenden Schemas wirklich erfasst. Es empfiehlt sich daher, die Lösungen zu den «Übungsaufgaben» gemeinsam mit den Teilnehmern zu «evaluieren». Zudem sollten bei der Evaluation der Lösungen nicht einfach das «Richtig» und «Falsch» im Mittelpunkt stehen, sondern die Überlegungen, die zur (richtigen oder falschen) Lösung geführt haben. Hilfreich kann in diesem Zusammenhang übrigens auch die Einsicht sein, dass falsche Lösungen für die Erkenntnisgewinnung oft wertvoller sind als richtige!

(3) Die «Anwendungsphase» muss nicht notwendigerweise in den Unterricht integriert sein. Oft ist es sinnvoller, für die Lernphase «echte» Anwendungssituationen aus der Lebens- und Arbeitswelt der Unterrichtsteilnehmer vorzusehen. In diesem Falle kann es sinnvoll sein, im Unterricht entsprechende Anregungen (evtl. auch Beob-

achtungs- und Reflexionsaufgaben) mitzugeben und zu gegebener Zeit eine Erfahrungsreflexion vorzunehmen.

Wozu dient dieser Schritt?

Aus erkenntnispsychologischer Sicht wird der unterrichtliche Lernprozess als Prozess der Schemenveränderung verstanden. Es geht um die Veränderung (Korrektur, Ausdifferenzierung) von bereits vorhandenen bzw. um die Ausbildung von neuen Assimilationsschemen. Für den Begriff des Schemas, der hier zur Deutung des Erkenntnisprozesses verwendet wird, ist die Übertragbarkeit ein konstitutives Element: Jedes Schema hat einen bestimmten Anwendungsbereich; dieser umfasst alle jene Situationen, Gegenstände und Erscheinungen («Fälle»), die durch seine Anwendung assimiliert bzw. bewältigt werden können. Das Erfassen des Übertragungsbereiches gehört in diesem Sinne mit zur Ausbildung eines Schemas und ist daher ein wichtiger Bestandteil des Lernprozesses.

Unter erkenntnispsychologischer Perspektive kann die Funktion der Anwendungsphase auch wie folgt umschrieben werden: Es geht darum, die «Übertragungsregel», die einem übertragbaren Wissen (bzw. einem «Schema») zugrunde liegt, zu erfassen. Dies ist eine wichtige Voraussetzung für einen flexiblen, autonomen und situationsadäquaten Umgang mit einer neu gewonnenen Erkenntnis.

Die Auseinandersetzung mit möglichst verschiedenartigen Anwendungssituationen und -aufgaben ist nicht zuletzt auch deshalb hilfreich, weil dadurch vielfältige Verknüpfungen mit früher erworbenem subjektivem Wissen angeregt werden. Dies führt dazu, dass das erworbene Wissen in der kognitiven Struktur bzw. im Erfahrungshorizont des Individuums besser verankert wird.

8. Übersicht über die 7 Schritte der erkenntnisorientierten Unterrichtsvorbereitung

Schritt 1: Die leitende Problemstellung bestimmen

Leitfrage:
Welches sind geeignete Problemstellungen, die im beabsichtigten Unterricht eine erkenntnisleitende Funktion erfüllen können?

Vorgehen:
1. Fragestellungen suchen, die bei den Lernenden einen signifikanten Erkenntnisprozess auszulösen vermögen.
2. Ungeeignete Fragestellungen aussondern oder umformulieren.
3. Geeignete Fragestellungen auswählen und didaktisch sinnvoll anordnen.

↓

Schritt 2: Den Erkenntnisgewinn reflektieren

Leitfrage:
Welches sind die wichtigsten Erkenntnisse, die sich im Prozess der problemorientierten Auseinandersetzung gewinnen lassen?

Vorgehen:
1. Die Erkenntnisse vergegenwärtigen (evtl. schriftlich festhalten), die bei der Auseinandersetzung mit den ausgewählten Fragestellungen entstehen können.
2. Die Ableitbarkeit der Erkenntnisse überprüfen.
3. Die Bedeutung der Erkenntnisse reflektieren.
4. Falls nötig: Die leitende Problemstellung korrigieren.

↓

Schritt 3: Den Erkenntnisprozess analysieren

Leitfrage:
Welches ist das subjektive Wissen der Unterrichtsteilnehmer, das den Ausgangspunkt des Erkenntnisprozesses bildet? Inwiefern soll dieses Wissen umgestaltet (akkommodiert) werden?

Welches ist das «objektive Wissen», das den beabsichtigten Erkenntnisprozess (d.h. die Akkommodation des subjektiven Wissens) unterstützen kann?

Vorgehen:
1. Sich die mutmasslichen Antworten vergegenwärtigen, die die Unterrichtsteilnehmer vor der beabsichtigten Lernsequenz auf die erkenntnisleitenden Problemstellungen geben könnten.
2. Die mutmassliche Wissensbasis mit dem angestrebten Erkenntnisgewinn vergleichen und daraus den Akkommodationsbedarf und den Akkommodationstyp bestimmen.
3. Das objektive Wissen sichten, das den Erkenntnisprozess auslösen und unterstützen kann.

↓

Schritt 4: Eine geeignete Form der Problemkonfrontation wählen

Leitfrage:
In welcher Form soll die leitende Problemstellung in den Unterricht eingebracht werden, um bei den Unterrichtsteilnehmern das notwendige Erkenntnisinteresse und die Bereitschaft zur aktiven Mitarbeit an der Problemlösung bzw. an der Problemklärung zu wecken?

Vorgehen:
1. Die Möglichkeit einer direkten Problemkonfrontation prüfen.
2. Bei methodisch gestalteten Problemkonfrontationen: Ein geeignetes methodisches Arrangement für einen teilnehmergerechten Unterrichtseinstieg wählen.

↓

Schritt 5: Die Lernenden aktiv in die Lösungssuche einbeziehen

Leitfrage:
Wie können die Lernenden an der Auseinandersetzung mit dem aufgeworfenen Problem aktiv beteiligt werden? Mit welchen Massnahmen und Hilfsmitteln kann die selbständige Lösungssuche unterstützt werden?

Vorgehen:
1. Den Unterrichtsteilnehmern die Gelegenheit zur möglichst selbständigen Auseinandersetzung mit der leitenden Problemstellung einräumen.
2. Falls nötig: Den Unterrichtsteilnehmern geeignete Verfahren und Hilfsmittel anbieten, um die selbständige Lösungssuche zu unterstützen.

↓

Schritt 6: Ein Arrangement für die Lösungsevaluation suchen

Leitfrage:
Welche inhaltlichen Vorgaben, Beurteilungskriterien und Verfahrensvorschläge müssen den Lernenden angeboten werden, damit sie ihre Lösungsvorschläge überprüfen und überarbeiten können?

Vorgehen:
Ein geeignetes Arrangement suchen, das es den Unterrichtsteilnehmern ermöglicht, die erarbeiteten Lösungshypothesen zu überprüfen und gegebenenfalls zu korrigieren.

↓

Schritt 7:	**Möglichkeiten zur Anwendung der Erkenntnisse schaffen**

Leitfrage:
Welches sind geeignete Situationen und Aufgaben, die zu einer Verfestigung und Vertiefung der gewonnenen Erkenntnisse führen und die den relevanten Anwendungsbereich verdeutlichen können?

Vorgehen:
1. Den Anwendungsbereich der zentralen Erkenntnisse vergegenwärtigen.
2. Geeignete Anwendungssituationen auswählen und zu Anwendungsaufgaben umformulieren.

9. Ein Unterrichtsbeispiel

Ein Unterrichtsbeispiel soll das vorgestellte Modell der erkenntnisorientierten Unterrichtsvorbereitung illustrieren. Es stammt aus einem Kurs zur Konsumentenschulung, der für Hauswirtschaftslehrerinnen ausgeschrieben war. Der Kurs stand unter der Zielsetzung, die Manipulationsanfälligkeit der Konsumenten bewusst zu machen und die entsprechenden soziologischen und psychologischen Hintergründe aufzuzeigen. (Die Aufklärung über die vielfältigen Manipulationstechniken, die in der Werbung und im Verkauf zur Anwendung kommen, war als Bestandteil dieser übergeordneten Zielsetzung gedacht.)

Dauer der skizzierten Unterrichtssequenz: zwischen 8 und 16 Kursstunden (je nach Ausdehnung der Anwendungsphase).

1. Leitende Problemstellung
Wodurch unterscheidet sich eine gute («wirksame») Werbung gegenüber einer schlechten Werbung?

2. Reflexion des Erkenntnisgewinns
Der Erkenntnisgewinn, der im Verlaufe dieses Unterrichts entstehen sollte, wie folgt formulieren:

«Eine gute (wirksame) Werbung ist nicht nur ‹ästhetisch› gestaltet, sondern setzt folgende Manipulationstechniken gezielt ein:

- *Steuerung der Aufmerksamkeit durch aktivierende Reize (z.B. Schlüsselreize, hohe Reizintensität, zielgruppenspezifische Bedürfnisansprache);*
- *Steuerung der Gefühle durch emotionale Konditionierung;*
- *Steuerung der Gedanken durch Argumentationsstil und gezielte Wortassoziationen;*
- *Bedarfssteuerung durch manipulative Versprechen (z.B. zielgruppenspezifischer Zusatznutzen, symbolische Wunscherfüllung).*

Auf der einen Seite ist es erstaunlich, mit welch raffinierten Mitteln die Werbung arbeitet. Auf der anderen Seite sind diese Mittel durchschaubar und daher in ihrer Wirkung vom Konsumenten auch teilweise kontrollierbar.»

Diese Erkenntnis wird für die Teilnehmer «ableitbar» aus verschiedenen Werbebeispielen und Fallgeschichten, die ihnen im Verlaufe des Unterrichtes vorgelegt werden sollen, sowie aus der Kenntnis der verschiedenen Manipulationstechniken, die in der Werbung zur Anwendung gelangen.

3. Analyse des Erkenntnisprozesses
Als spontane Problembeantwortung (mutmassliches Basiswissen) der Teilnehmer wird angenommen:

«Eine wirksame Werbung zeichnet sich vor allem durch eine ansprechende ästhetische Gestaltung aus. Darüber hinaus verwendet sie vermutlich verschiedene Tricks, die ich als Konsument nicht durchschauen kann und denen ich daher hilflos ausgeliefert bin.»

Im Hinblick auf dieses Basiswissen handelt es sich beim beabsichtigten Erkenntnisprozess um eine *Schemenkorrektur.* (Es stimmt nicht, dass die ästhetische Gestaltung der Werbung für die Wirksamkeit *der* entscheidende Faktor ist und dass die verwendeten Tricks vom Konsumenten nicht durchschaubar sind!)

Das *objektive Wissen,* das in den Unterricht einfliessen soll, sind die verschiedenen psychologischen Steuerungstechniken der Werbung, wie sie bei Kroeber/Meyer 1982 beschrieben sind, sowie die «Zielgruppentheorie» (z.B. Heller 1984).

4. Problemkonfrontation

Die Lehrperson gibt die leitende Problemstellung der Unterrichtssequenz bekannt und regt zu einem kurzen Erfahrungs- und Meinungsaustausch an.

An der Wandtafel sind ca. 20 Werbebeispiele aufgehängt. Diese Beispiele dienen als Grundlage für einen kleinen Werbe-Qualitätstest, der wie folgt vor sich geht:

- Die Werbebeispiele werden zunächst für ca. 5 Sekunden aufgedeckt. Anschliessend schreiben die Teilnehmer diejenigen Bilder bzw. Produkte auf, die ihnen in die Augen gesprungen sind (= Aufmerksamkeitswert; die erinnerten Bilder erhalten je 2 Punkte).
- In einer zweiten Phase werden die Werbebilder für ca. 3 Minuten gezeigt, damit sie ausführlich betrachtet werden können. Anschliessend werden diejenigen Produkte bzw. Bildmotive aufgeschrieben, die im Gedächtnis haften geblieben sind (= Erinnerungswert; je 1 Punkt für Produkt-Erinnerung und 1 Punkt für Bild-Erinnerung).
- In einer dritten Phase werden alle Bilder nochmals aufgedeckt, damit die Teilnehmer diejenigen Bilder mit 1 oder 2 Punkten auszeichnen können, von denen sie sich positiv angesprochen fühlen (= ästhetischer Wert).

Anschliessend werden die Punkte in der Klasse zusammengezählt, um so die 3 «erfolgreichsten» und die 3 schlechtesten Werbungen zu ermitteln.

Es folgt ein kurzes Plenumsgespräch über die Erfahrungen mit diesem Test. (Diskussion der Frage: Wieweit ist dieser Test angemessen, um die Qualität der Werbung objektiv zu ermitteln? Sind die Ergebnisse «repräsentativ»?)

5. Aktive Lösungssuche durch die Teilnehmer:

Bildung von Arbeitsgruppen mit folgendem Arbeitsauftrag:

«Analysiert die erfolgreichen und die negativen Werbebeispiele: Erarbeitet auf dem Hintergrund dieser Analyse ein Merkblatt zur Gestaltung einer erfolgreichen Print-Werbung.»

6. Lösungsevaluation

Es bilden sich neue Arbeitsgruppen, sogenannte Expertengruppen, zu folgenden «Manipulationstechniken der Werbung»:

- Steuerung der Aufmerksamkeit durch aktivierende Reize;
- Steuerung der Gefühle durch emotionale Konditionierung;
- Steuerung der Gedanken durch Argumentationsstil und gezielte Wortassoziationen;
- Bedarfssteuerung durch manipulative Versprechen.

Jede Arbeitsgruppe sendet in jede dieser 4 Expertengruppen je einen «Delegierten». Die vier Expertengruppen haben den Auftrag, mit Hilfe von bereitliegenden Unterlagen sich in das jeweilige Thema einzuarbeiten und ihr Wissen anschliessend den Mitgliedern ihrer Arbeitsgruppen weiterzugeben. Zur Unterstützung der thematischen Auseinandersetzung und der anschliessenden Informationsweitergabe erhält jede Expertengruppe verschiedene Lernaufgaben.

(Verwendet werden Textcollagen aus Kröber & Meyer: «Werbung – Steuerung des Konsumentenverhaltens».)

Nach der Erarbeitungsphase lösen sich die Expertengruppen wieder auf; die Teilnehmer kehren in ihre ursprünglichen Arbeitsgruppen zurück. Hier findet zunächst ein Austausch des erworbenen Wissens statt. Anschliessend erhalten die Arbeitsgruppen den Auftrag, ihr Merkblatt «Gestaltung einer Printwerbung» aufgrund des neuen Wissensstandes zu überarbeiten.

In einem anschliessenden Plenumsgespräch werden die verschiedenen Merkblätter vorgestellt. Wichtiger Gesprächspunkt: «Inwiefern haben sich die ursprünglichen Entwürfe aufgrund der Experteninformationen verändert?»

7. Anwendung
Die gewonnenen Erkenntnisse können im folgenden Sinne nützlich sein:

- Sie bilden eine wichtige Voraussetzung für die kritische Analyse von Werbebeispielen im Alltag.
- Sie liefern eine differenzierte Argumentation für alltägliche Diskussionen über Sinn und Unsinn von Werbung.
- Sie bilden eine Grundlage für die kritische Beurteilung von Pakkungsgestaltungen.

Für den Unterricht ist folgende Anwendungsaufgabe vorgesehen:

Mit Hilfe des erarbeiteten Merkblattes gestalten die einzelnen Arbeitsgruppen ein Werbeplakat zu einem bestimmten – von der Werbung her möglichst unbekannten – Produkt bzw. Dienstleistungsangebot. Die erarbeiteten Werbebeispiele werden anschliessend mit Hilfe von Kriterien, die auf die verschiedenen Werbetechniken Bezug nehmen, analysiert. (Falls vorhanden, wird bei der Auswertung auch einschlägige «Profiwerbung» herangezogen.)

Die Auseinandersetzung mit Techniken der Packungsgestaltung (insbesondere der Einsatz von Farben als Manipulationsmittel) ist für eine nachfolgende Unterrichtssequenz vorgesehen.

Kommentar zum Unterrichtsbeispiel:

An diesem Beispiel lassen sich sehr viele Gedanken illustrieren, die in den vorangegangenen Kapiteln aufgeführt wurden. Um allzu viele Wiederholungen zu vermeiden, möchte ich mich darauf beschränken, ein paar zentrale Punkte herauszugreifen, die für die Gestaltung des erkenntnisvermittelnden Unterrichtes besonders wichtig sind.

1. Zur leitenden Problemstellung

Die für diese Unterrichtssequenz gewählte Problemstellung «Wodurch unterscheidet sich eine gute (wirksame) Werbung von einer schlechten Werbung?» ist z. B. inhaltlich verwandt mit der Frage «Welche Werbetechniken gibt es?». Dennoch dürfte die Wirkung dieser beiden Fragen auf die Teilnehmer völlig verschieden sein:

Während die zweite Frage nach einer «Kenntnis-Reproduktion» klingt und die Lernenden bestenfalls zur Aktivierung von bereits gespeichertem Wissen animiert, lädt die in diesem Beispiel verwendete Problemstellung zu kreativem Denken ein: Sie regt zu eigenen (erfahrungsbezogenen) Mutmassungen an und vermag vermutlich auch solche Teilnehmer anzusprechen, die sich kein relevantes Wissen über Werbung zutrauen. Solche – auf den ersten Blick unbedeutenden – Nuancen können für die Aktivierung der Lernenden (und übrigens auch für die Aktivierung der didaktischen Phantasie des Lehrers) von grosser Bedeutung sein, zumal die leitende Problemstellung den «roten Faden» einer Unterrichtssequenz definiert.

2. Zur Reflexion des Erkenntnisgewinnes

Beim hier formulierten Erkenntnisziel ist zu beachten, dass die verschiedenen Manipulationstechniken als Beispiele gedacht sind, da es in diesem Unterricht nur am Rande um das Wissen über einzelne Werbetechniken geht. Im Vordergrund stehen hier die beabsichtigten Schemenkorrekturen: *«Für die Wirksamkeit der Werbung ist nicht (nur) die Ästhetik entscheidend»* und *«Die angewandten Manipulationstechniken sind prinzipiell durchschaubar»*. Wieweit die einzelnen Manipulationstechniken von den Teilnehmern als «Erkenntnisse» und wieweit nur als «Kenntnisse» angeeignet werden, ist schwierig vorauszusagen und hängt in erster Linie vom Verlauf der Gruppenarbeiten ab. Zu beachten ist in diesem Zusammenhang, dass ein Unterricht, der auf ein bestimmtes Erkenntnisziel ausgerichtet ist, immer auch zu «begleitenden Kenntnissen» führt (hier beispielsweise: Kenntnis verschiedener Manipulationstechniken), die nicht dem Anspruch der Erkenntnisgewinnung zu genügen vermögen, die aber dennoch gezielt in die Lektion eingeplant werden können. Wieweit solche begleitenden Kenntnisse in der Zielformulierung einbezogen werden sollen, hängt vom jeweiligen Ausbildungstypus ab sowie vom Gewicht, das solchen – vorwiegend passiv verfügbaren – Wissensinhalten zugemessen wird.

3. Zur Problemkonfrontation

Für die Problemkonfrontation wurde ein einfacher Werbequalitätstest gewählt: Er dient zur Konkretisierung der leitenden Problemstellung und soll die Unterrichtsteilnehmer einerseits für die nachfolgende thematische Auseinandersetzung neugierig machen, andererseits aber auch «Beobachtungsmaterial» für die anschliessende Hypothesenbildung liefern.

4. Zur problemorientierten Auseinandersetzung

Die problemorientierte Auseinandersetzung ist hier in eine induktive (entdeckende) Phase und in eine informationsaneignende bzw. verarbeitende Phase gegliedert, was durchaus dem typischen Aufbau des erkenntnisvermittelnden Unterrichtes entspricht. Damit mag dieses Beispiel illustrieren, dass die in der Didaktik häufig anzutreffende Gegenüberstellung zwischen einem «entdeckenden Unterricht» und einem «darbietenden Unterricht» hinfällig wird. Die Kunst des guten Unterrichts dürfte gerade darin bestehen, diese beiden Aspekte miteinander zu verbinden und in ein Gleichgewicht zu bringen (was dem postulierten Gleichgewicht zwischen «subjektivem Wissen» und «objektivem Wissen» entspricht). Das Modell des erkenntnisvermittelnden Unterrichtes versucht, durch die Betonung der beiden Funktionen der Hypothesenbildung und der Hypothesenevaluation einen möglichen Weg zur Herstellung dieses Gleichgewichtes aufzuzeigen.

5. Zur Methodenwahl

In den Augen der «traditionellen Didaktik» dürfte der hier skizzierte Unterricht vermutlich als eine Form des Gruppenunterrichtes wahrgenommen werden. Ich verzichte hier bewusst auf die Verwendung dieses Begriffes, da der Begriff «Gruppenunterricht» in letzter Zeit überstrapaziert worden ist und in zweifacher Hinsicht mit Missverständnissen behaftet ist: Zum einen ist der «Gruppenunterricht» für viele Personen der Inbegriff eines Unterrichts, in dem die Aktivitäten der Unterrichtsteilnehmer im Zentrum stehen. Da unter dem Begriff «Gruppenunterricht» gleichzeitig ein ganz bestimmtes Verlaufsschema der Unterrichtsgestaltung verstanden wird, erweist sich die Verwendung dieses Begriffs immer mehr als Hindernis für die notwendige Einsicht, dass es eine *Vielzahl* von möglichen Unterrichtsverläufen gibt, in denen die Aktivität von Teilnehmergruppen im Vordergrund steht (vgl. die Darstellung der Unterrichtsmethoden im nächsten Kapitel). Zum andern lässt der Begriff «Gruppenunterricht» aufgrund der Methodendiskussion der vergangenen 25 Jahre einen Gegensatz zum Frontalunterricht aufkommen, der nicht sinnvoll ist: Gerade das Konzept der erkenntnisorientierten Wissensvermittlung zeigt, dass eine Kombination von Gruppenarbeiten und frontalen Lehrerdarbietungen sinnvoll sein kann.

6. Zur Rolle der Lehrperson

Der hier skizzierte Lektionsverlauf vermag die Bedeutung der Lehrperson als «Prozess-Moderatorin» gut zu illustrieren: Ihre wichtigste Aufgabe besteht hier in der Inszenierung des Lernanlasses (Problemkonfrontation) und in der Steuerung des problemorientierten Auseinandersetzungsprozesses. Die Lehrperson tritt in erster Linie an den «Nahtstellen» des Unterrichtes in Erscheinung, d.h. dort, wo eine Aktivitätsform in eine andere übergeht. Die eigentliche Informationsvermittlung überlässt sie geeigneten Medien bzw. den Teilnehmern selber (obwohl es auch im erkenntnisorientierten Unterricht durchaus denkbar wäre, dass die Lehrperson die Informationsdarbietung z.B. zu den verschiedenen Manipulationstechniken selber übernimmt!). Der Lehrer-Moderator konzentriert sich auf eine Aufgabe, die mindestens so wichtig ist wie diejenige der Informationsvermittlung: Er ist dafür besorgt, dass die aktive Auseinandersetzung mit der leitenden Problemstellung und den für die Auseinandersetzung notwendigen Informationen «produktiv» bzw. «lernwirksam» verläuft.

Kapitel IV: Methoden der Erkenntnisvermittlung

Einleitung

Im vorangegangenen Kapitel habe ich ein didaktisches Modell vorgestellt, das einen möglichen Weg zur Vorbereitung eines erkenntnisvermittelnden Unterrichts aufzeigt. Der Aspekt der *Unterrichtsmethode* ist dabei bereits mehrfach angesprochen worden, indem zu den drei Verlaufsphasen «Problemkonfrontation», «Lösungssuche» und «Lösungsevaluation» jeweils konkrete methodische Gestaltungsmöglichkeiten aufgezeigt wurden – nicht zuletzt in der Absicht, damit die praktische Bedeutung und die Umsetzungsmöglichkeiten dieser drei Verlaufsphasen aufzuzeigen und zu illustrieren.

Gegenstand der folgenden Ausführungen wird ebenfalls der unterrichtsmethodische Aspekt sein, nun allerdings in einem umfassenderen Sinne: Es geht nicht mehr einfach um die methodische Gestaltung der einzelnen Verlaufskomponenten (also um einzelne «Bausteine»), sondern um die Skizzierung von ein paar typischen Unterrichtsverläufen, die sich auf ganze (erkenntnisorientierte) Unterrichtssequenzen beziehen (also um ganze «Gebäude»). Diese sogenannten *«Verlaufstypen»* besitzen die Funktion von Handlungsmodellen, die auf eine Vielzahl von Unterrichtsinhalten übertragbar sind. Die jeweils vorgeschlagene Art, den Unterrichtsverlauf zu strukturieren, ist dabei als praktische Hilfestellung zu verstehen, nicht aber als verbindliche Vorschrift, die so und nicht anders zu befolgen ist.

Die skizzierten Verlaufstypen möchten dazu anregen, die erkenntnisorientierte Wissensvermittlung möglichst vielfältig und abwechslungsreich zu gestalten – und dies in einem weiteren Sinne als nur im Sinne einer rein methodischen Vielfalt: Durch die Beschreibung der verschiedenen Verlaufstypen möchte ich u. a. zu einem freien, spielerischen Umgang mit dem im letzten Kapitel skizzierten «Grundmodell» der erkenntnisvermittelnden Unterrichtsgestaltung animieren. Gerade weil die Ausrichtung nach den vier Gestaltungskomponenten «Problemstellung», «Lösungssuche», «Lösungsevaluation» und «Anwendung» die Gefahr einer schematisch-gleichförmigen Unterrichtsgestaltung mit sich bringt, ist es wichtig, dass in möglichst vielen Varianten aufgezeigt wird, wie ein flexibler Umgang mit diesem Grundmodell möglich ist. (Es wurde ja bereits darauf hingewiesen, dass es sich bei den einzelnen Phasen eigentlich um erkenntnispsychologisch begründete «Funktionen» handelt, die sich in der Unterrichtssituation in unterschiedlicher Weise konkretisieren und miteinander verknüpfen lassen.) In diesem Sinne möchten die folgenden Ausführungen der Gefahr entgegenwirken, dass das Modell der erkenntnisorientierten Wissensvermittlung zu einer starren, ritualisierten Gestaltung des Unterrichtes führt und so zu einem fixen Schema verkommt, das letztlich der eigenen Absicht (nämlich der Befähigung zu einem flexiblen, situationsadäquaten Handeln) widerspricht.

In dieser Absicht wird hier eine relativ umfassende Sammlung von Modellen für die Gestaltung von erkenntnisorientierten Unterrichtssequenzen präsentiert. Die einzelnen Verlaufstypen nehmen Bezug auf Unterrichtsmethoden und -modelle, die zum grossen Teil bereits bekannt sind und vor allem in der Erwachsenenbildung praktiziert werden. Zum einen werden Unterrichtsmethoden aufgegriffen, die auch im Rahmen der herkömmlichen (kenntnisorientierten) Wissensvermittlung zur Anwendung kommen (z.B. Gruppenunterricht, Informationsdarbietung, Handlungsinstruktion, Expertenbefragung). Diese Unterrichtsmethoden werden hier unter dem Gesichtspunkt der Erkenntnisvermittlung beleuchtet und so ausdifferenziert bzw. modifiziert, dass sie den Prinzipien einer erkenntnisorientierten Wissensvermittlung entsprechen. Zum anderen werden Unterrichtsmethoden und -modelle aufgegriffen, die selber unmittelbar einer problem- und prozessorientierten Betrachtungsweise des Unterrichtes entspringen und die daher von sich aus einer erkenntnisorientierten Unterrichtsgestaltung zu entsprechen vermögen (z.B. Projektunterricht, Fall-Methode, argumentative Auseinandersetzung, Entwickeln von Problemlösungen, Zukunftswerkstatt).

1. Fragengeleitete Informationsvermittlung

Die schulische Informationsvermittlung geht üblicherweise von folgendem zweiphasigem Verlaufsschema aus:

Phase 1: Informationsdarbietung
Die Informationen werden in mündlicher oder schriftlicher Form dargeboten. Die Lernenden sind in der Rolle der passiven Zuhörer. Ihre Aufgabe ist es, die Informationen möglichst vollständig und unverfälscht aufzunehmen (evtl. sie schriftlich festzuhalten).

Phase 2: Informationsverarbeitung
Die Informationen werden in der Lerngruppe oder individuell verarbeitet. In dieser Phase sind die Lernenden aktiv: Sie setzen sich mit den Informationen auseinander, indem sie das Gehörte nochmals durchlesen und memorieren, indem sie Verständnisschwierigkeiten klären (allenfalls durch Rückfragen an den Referenten), indem sie das Gehörte diskutieren (z. B. durch Plenums- oder Gruppendiskussionen) oder indem sie entsprechende Anwendungsaufgaben lösen.

Die Problematik dieses Zweiphasen-Modells liegt zum einen in der mangelnden Gewichtung des subjektiven Wissens der Unterrichtsteilnehmer. Der (zeitliche) Vorrang des objektiven Wissens in Phase 1 tendiert nämlich dazu, die Aktivierung des subjektiven Wissens zu unterbinden und die Integration der neuen Informationen in den subjektiven Erfahrungshorizont zu behindern. Zum andern basiert dieses Modell auf einer falschen Vorstellung vom Prozess der Informationsaufnahme: *Anders als hier angenommen, nimmt das Subjekt bereits während der Informationsaufnahme eine Bewertung, Strukturierung und Selektion der Informationen vor, und zwar in unmittelbarem Bezug zum bereits vorhandenen subjektiven Wissen.* Die Trennung der Informationsaneignung in eine (passive) Phase der Informationsaufnahme und eine (aktive) Phase der Informationsverarbeitung kann aus diesem Grunde kein angemessenes Modell für eine Didaktik der Informationsvermittlung sein.

Anders als im herkömmlichen Zweiphasen-Modell geht das Modell der fragengeleiteten Informationsdarbietung einerseits vom zentralen Stellenwert der subjektiven Wissensbasis im Lernprozess (Lernen als Veränderung des bereits vorhandenen subjektiven Wissens) und andererseits von der aktiven Rolle des Subjektes bei der Informationsaufnahme aus. Sogenannte «Leitfragen» erhalten in diesem Modell eine Schlüsselfunktion: Sie sollen den Prozess der Informationsaufnahme und -verarbeitung steuern, und zwar so, dass einerseits das subjektive Wissen aktiviert und andererseits die selektive, problemorientierte Informationsaufnahme unterstützt wird. Solche Leitfragen kommen idealerweise von den Unterrichtsteilnehmern selber – z. B. angeregt durch eine kurze Inhaltsübersicht (wie dies bei verschiedenen Lesetechniken vorgesehen ist). Oft ist es indessen schwierig, die Wissensvermittlung ausschliesslich auf die (zufälligen) Fragen der Unterrichtsteilnehmer abzustützen. Das folgende Handlungsmodell geht davon aus, dass Leitfragen auch dann eine lernprozess-stützende Funktion erfüllen können, wenn sie von der Lehrperson vorgegeben werden – vorausgesetzt, dass sie im subjektiven Horizont der Unterrichtsteilnehmer verankert sind.

Schritte des Handlungsmodells

1. Hinzuführung zu den leitenden Fragen

↓

2. Besprechung der leitenden Fragen in Gruppen

↓

3. Fragengeleitete Informationsdarbietung

↓

4. Informationsverarbeitung in Gruppen

↓

5. Abschliessendes Plenum

1. Hinführung zu den leitenden Fragen

Den Lernenden werden die Leitfragen vorgestellt, die durch die geplante Informationsdarbietung beantwortet werden sollen. Diese Leitfragen müssen so gewählt sein, dass sie einerseits zu den beabsichtigten Kerninformationen hinführen und dass sie andererseits für die Entwicklung eigener Antworthypothesen durch die Unterrichtsteilnehmer geeignet sind (vgl. Schritt 2!).

Die Gestaltung dieser ersten Unterrichtsphase richtet sich nach den Voraussetzungen der Unterrichtsteilnehmer: Falls die Leitfragen bereits im Interessenhorizont der Lernenden liegen, kann ein direktes Vorgehen gewählt werden; falls nicht, sollte diese Phase didaktisch und methodisch so gestaltet werden, dass die subjektive und objektive Bedeutung der Leitfragen für die Unterrichtsteilnehmer einsichtig wird. (Erfahrungsbezüge schaffen; die Leitfragen als Aspekte einer bedeutsamen Problemstellung einführen!)

2. Besprechung der leitenden Fragen in Gruppen

Die Unterrichtsteilnehmer erhalten während einer kurzen Zeit die Möglichkeit, sich mit den aufgeworfenen Leitfragen aktiv auseinanderzusetzen und mit Hilfe des bereits vorhandenen Wissens mögliche Antworthypothesen zu entwickeln. Ob diese «Hypothesenbildung» in Form einer Einzelbesinnung, als Partner- oder Gruppenarbeit oder als Plenumsgespräch gestaltet wird, ist nebensächlich; wichtig ist, dass eine Aktivierung des subjektiven Wissens der Unterrichtsteilnehmer stattfindet, so dass die anschliessende Informationsaufnahme und -verarbeitung von der bereits vorhandenen subjektiven Wissensbasis her vollzogen werden kann.

Eine wichtige Voraussetzung für das Gelingen dieser Zwischenphase: Die Unterrichtsteilnehmer müssen über die Voraussetzungen verfügen, um sinnvolle Antworthypothesen selbständig zu entwerfen. Bei der Auswahl und Formulierung der Leitfragen muss daher unbedingt auf dieses Kriterium geachtet werden (vgl. Schritt 1!).

3. Fragengeleitete Informationsdarbietung

Im Anschluss an die selbständige Auseinandersetzungsphase folgt die eigentliche Informationsdarbietung in Form eines kurzen Referates, dessen Aufbau sich an den Leitfragen orientiert. (Für die Gestaltung des Kurzreferates sind die üblichen Grundsätze einer mündlichen Informationsdarbietung zu beachten!)

Unter Umständen können die Informationen auch in Form eines Textes abgegeben werden; in diesem Falle wird eine kurze Lesephase eingeschaltet.

4. Informationsverarbeitung in Gruppen

Auf die Informationsdarbietung folgt nochmals eine Phase der aktiven Auseinandersetzung – und zwar in Form eines Partner- oder Gruppengespräches über die dargebotenen Informationen. Diese Phase dient den folgenden beiden Anliegen:

a) Verständnis-Überprüfung:
Die Teilnehmer erhalten den Auftrag, Verständnisschwierigkeiten, die während der Informationsdarbietung aufgetaucht sind, miteinander zu klären und gleichzeitig das subjektiv gewonnene Informationsverständnis wechselseitig zu vergleichen. (Zu diesem Zwecke kann es beispielsweise hilfreich sein, wenn jeder die 2–3 wichtigsten Gedanken mit eigenen Worten zusammenfasst und in der Gruppe vorstellt.) Die individuellen Unterschiede im gewonnenen Sachverständnis, die hier bewusst werden, sind eine notwendige Folge der individuell unterschiedlichen Wissensbasis. Sie lösen in der Regel bei den Lernenden «kognitive Konflikte» aus und können den Ausgangspunkt bilden für eine fruchtbare Vertiefung des gewonnenen Sachverständnisses.

b) Vergleich mit den eigenen Antworthypothesen:
Die Lernenden erhalten den Auftrag, die dargebotenen Informationen mit den eigenen Lösungshypothesen zu vergleichen. Werden Differenzen festgestellt, so sollen die zuvor erarbeiteten Antworten

nochmals gemeinsam durchdacht und gegebenenfalls korrigiert bzw. präzisiert werden. (In diesem Sinne besitzen die dargebotenen Informationen den Stellenwert einer «Evaluationshilfe» für das subjektive Wissen der Unterrichtsteilnehmer.)

Klärungsbedürftiges und Kontroverses, das während dieser Verarbeitungsphase in den einzelnen Gruppen auftaucht, sollte für das anschliessende Plenum schriftlich festgehalten werden.

5. Abschliessendes Plenum

Im abschliessenden Plenum geht es darum, die Fragen und Schwierigkeiten, die während der aktiven Verarbeitungsphase in den einzelnen Gruppen aufgetaucht sind, auszutauschen und – falls nötig, mit Hilfe des Lehrpersonals – zu klären. (Dies kann beispielsweise mittels Karten geschehen, auf denen die Teilnehmer ihre Fragen und Schwierigkeiten festgehalten haben.) Je nach Thema kann es sinnvoll sein, eine Runde anzuschliessen, in der die Teilnehmer die wichtigsten Erkenntnisse bekanntgeben, die sie im Verlaufe dieser Unterrichtssequenz gewinnen konnten.

2. Problemorientierte Handlungsinstruktion

Bei der hier beschriebenen Form der Erkenntnisgewinnung steht die Aneignung einer praktischen Fähigkeit bzw. einer Handlungstechnik im Zentrum des Lehr- und Lernprozesses. Üblicherweise werden solche Instruktionen nach dem *Drei-Stufen-Schema «Vormachen – Nachmachen – Üben»* gestaltet: Den Lernenden wird das richtige Vorgehen vorgezeigt, anschliessend geht es darum, den vorgezeigten Handlungsablauf möglichst «originalgetreu» nachzuahmen und – im Falle eines Fertigkeitstrainings – durch wiederholtes Üben zu automatisieren. Die Aktivität der Lernenden besitzt bei diesem Vorgehen ausschliesslich reproduktiven Charakter; das subjektive

Vorwissen wird allenfalls in einer Vorbereitungsphase abgefragt; es wird aber nicht als Basis für eigene Lösungsversuche und für die Erkenntnisgewinnung genutzt. Dies führt in der Regel dazu, dass die Einsicht in die einzelnen Handlungskomponenten zu kurz kommt. Hinzu kommt, dass die Lernenden während der Demonstrationsphase primär als «passive Zuschauer» angesprochen werden, die das Vorgezeigte möglichst vollständig «speichern» sollen. Angesichts der fehlenden Voraussetzung für eine echte (selektive) Beobachtung – z. B. aufgrund von eigenen, erfahrungsbezogenen Fragestellungen – tendiert dieses Vorgehen schliesslich auch dazu, das (Kurzzeit-) Gedächtnis der Unterrichtsteilnehmer zu überfordern, was sich oft als zusätzliche Behinderung der Einsicht und der Denkfähigkeit auswirkt.

Im Unterschied zur traditionellen Lehrform des Vormachens und Nachmachens ist im hier vorgeschlagenen Verlaufstyp die Teilnehmeraktivität nicht einfach auf das Nachmachen und Üben beschränkt, sondern – ganz im Sinne der Grundsätze der Erkenntnisvermittlung – auf den *Entwurf und die Erprobung eigener Lösungsvorschläge* ausgerichtet. Eine Demonstration des richtigen Vorgehens, die den individuellen Lösungsversuchen u. U. nachfolgen kann, wird hier primär als ein Mittel verstanden, um eigene Handlungsvorstellungen zu überprüfen und zu korrigieren. Die erlebten Schwierigkeiten werden so für die Lernenden zu Gesichtspunkten für gezielte Beobachtungen, für gezielte Fragen und damit für eine selbstgesteuerte und letztlich auch selbstverantwortete Informationsaufnahme und -verarbeitung.

Noch ein zweiter Gedanke ist für den hier vorgestellten «Verlaufstyp» wichtig: nämlich die Annahme, *dass sogenanntes «theoretisches Wissen» in die Praxis integriert werden sollte.* Ausgehend von der Erfahrung, dass gerade die Praxis für viele Teilnehmer einen besonders lernmotivierenden Charakter hat, sollten Handlungssituationen nach Möglichkeit auch mit theoretischem Wissen angereichert werden. Gemeint damit ist folgendes: Beim praktischen Handeln taucht erfahrungsgemäss nicht nur die Frage nach dem «Wie» (d. h. nach der blossen Technik) auf; sehr oft wird gerade durch das Handeln auch ein Interesse an entsprechendem Hintergrundswissen ausgelöst (Frage nach dem verwendeten Material, nach dem geschichtlichen Hintergrund, nach der gesellschaftlich-kulturellen Bedeutung usw.). Es ist daher sinnvoll, solche «theoretischen» Wissensinhalte möglichst unmittelbar mit der entsprechenden Praxiserfahrung zu verbinden, statt das theoretische Wissen und das praktische Wissen in getrennten Kursen zu vermitteln.

Schritte des Handlungsmodells

1. Praktische Aufgabenstellung
↓
2. Suchen/Erproben eigener Lösungen (Probe-Handeln)
↓
3. Bearbeitung der aufgetauchten Fragen und Schwierigkeiten
↓
4. Herausarbeiten von wichtigen Handlungsgrundsätzen
↓
5. Anwendung

1. Praktische Aufgabenstellung

Die Lehrperson konfrontiert die Teilnehmer mit einer Aufgabe, zu deren Lösung sie praktisch tätig werden müssen. Je nach dem beabsichtigten Lernziel kann sich die gestellte Aufgabe auf die Ausführung einer Technik, auf die Planung und Herstellung eines Produktes, auf die Bedienung eines Gerätes oder auf die Lösung eines praktischen Problemes beziehen. Wichtig ist, dass bei den Unterrichtsteilnehmern die Voraussetzungen für eine selbständige und mehr oder weniger erfolgreiche Lösung der gestellten Aufgabe prinzipiell vorhanden sind. Falls nötig, können gezielte Hilfestellungen vorweg abgegeben werden (z. B. Hinweise auf mögliche Fehler und Gefahrenquellen; Vorzeigen typischer Fehler, die vermieden werden sollten; gemeinsames Zusammentragen von Lösungsideen).

2. Suchen/Erproben eigener Lösungen (Probe-Handeln)

Die Teilnehmer erhalten nun Gelegenheit, eigene Lösungsvorschläge zu entwerfen und selber auszuprobieren. Zur Reduktion von Unsicherheit und zur Anregung der Kreativität empfiehlt es sich, die Unterrichtsteilnehmer während dieser Phase in Paaren oder Kleingruppen arbeiten zu lassen, um die einzelnen Vorgehensschritte miteinander zu besprechen.

Einen zentralen Stellenwert besitzt in diesem Vorgehen die *Protokollierung der auftauchenden Fragen und Schwierigkeiten.* Zu diesem Zwecke bieten sich beispielsweise die folgenden Möglichkeiten an:

- *Variante 1:* Ein Gruppenmitglied führt laufend Protokoll über die Fragen, Schwierigkeiten, Unsicherheiten, die während der Arbeit auftauchen.
- *Variante 2:* Die Teilnehmer der Arbeitsgruppen reservieren sich am Ende der Erprobungsphase 5–10 Minuten, um gemeinsam Fragen, Schwierigkeiten und Unsicherheiten auf Papierstreifen festzuhalten.
- *Variante 3:* Die Unterrichtsteilnehmer bilden nach der Erprobungsphase gemischte Gruppen für einen kurzen Erfahrungsaustausch und für die Zusammenstellung eines Fragenkataloges.

Für die Lehrperson ist in dieser Phase möglichst grosse Zurückhaltung das oberste Gebot: Sie sollte in erster Linie als Beobachterin tätig sein und auftauchende Schwierigkeiten und Fehler für sich festhalten. (Die Sichtweise des «Fachmannes» führt vermutlich zu einer anderen Schwierigkeiten-Wahrnehmung als die Sichtweise des Anfängers!) Diese Zurückhaltung ist deshalb wichtig, weil das Erleben von Unsicherheiten und Schwierigkeiten für die Unterrichtsteilnehmer ein wichtiger Lernanlass ist und daher nicht durch ein zu frühes Eingreifen verhindert werden sollte. Nur wenn eine Gruppe sich wirklich nicht mehr zu helfen weiss oder wenn die Situation gefährlich zu werden droht (z. B. wenn Personen- oder Materialschäden drohen), sind Lehrereingriffe gerechtfertigt!

3. Bearbeitung der aufgetauchten Fragen und Schwierigkeiten

Im Anschluss an die Erprobungsphase geht es darum, im Plenum über die gemachten Erfahrungen zu sprechen. Dabei werden die aufgetauchten Fragen und Schwierigkeiten zusammengetragen, visualisiert und – evtl. nach einem vorgegebenen Raster – geordnet. (Dies ist am einfachsten möglich, wenn die Schwierigkeiten und Fragen auf einzelnen Papierstreifen festgehalten werden.) In den so entstehenden Fragenkatalog kann die Lehrperson auch ihre eigenen Beobachtungen und Lehrinteressen einfliessen lassen.

Der so entstandene Fragenkatalog dient nun als Ausgangspunkt für die Vermittlung des notwendigen «objektiven Wissens» im Sinne einer mündlichen oder schriftlichen Informationsdarbietung. Der Informationsbedarf kann sich dabei sowohl auf die *praktische Durchführung* (Wie kann man die festgestellten Schwierigkeiten lösen? Welche Fehler müssen vermieden werden? Welches ist das «effizienteste» Vorgehen?) als auch auf den *theoretischen Hintergrund* beziehen (Hintergrundinformationen zu den verwendeten Geräten, zum verwendeten Material, zur Geschichte, zu kausalen Zusammenhängen usw.).

Vor allem bei schwierigen und komplexen Handlungen kann es wichtig sein, das richtige Vorgehen – im Sinne eines *Expertenmodells* oder eines *Ausführungsmodells* – zusammenhängend vorzuzeigen. In diesem Falle kann der Fragenkatalog die Anhaltspunkte dafür liefern, welche Teile des Handlungsverlaufes besonders sorgfältig instruiert bzw. kommentiert werden müssen.

4. Herausarbeiten von wichtigen Handlungsgrundsätzen

Aufgrund der gemachten Erfahrungen und dem angeeigneten Wissen werden nun Merkpunkte für das richtige Vorgehen bzw. für das Vermeiden von Fehlern herausgearbeitet und schriftlich festgehalten. Wichtig ist dabei, dass nicht auf eine möglichst vollständige Beschreibung des richtigen Handlungsverlaufes hingearbeitet wird, sondern auf die Fixierung derjenigen Merkpunkte, die für die Fehlervermeidung wirklich unerlässlich sind. (Die Konzentration auf das, was schieflaufen kann, dürfte effizienter sein als die Konzentration auf einen möglichst detaillierten Merkmalskatalog des richtigen Handlungsverlaufes!)

Falls ein relativ umfassender Katalog von Handlungsgrundsätzen entsteht, sollen die Teilnehmer die Möglichkeit haben, ihre persönliche Grundsatz-Liste zu erarbeiten, die auf die erfahrenen Schwierigkeiten und Fehler Bezug nimmt und in der jeder das festhält, was er in Zukunft zur Fehlervermeidung vorrangig beachten will. (Diese Liste kann in der nachfolgenden Übungs- und Umsetzungsphase laufend den neuen Erfahrungen angepasst werden.)

5. Anwendung

Die Teilhaber erhalten nun Gelegenheit, die gewonnenen Einsichten in die Praxis umzusetzen und – falls es um die Aneignung einer Fertigkeit geht – die richtige Handlungsweise zu trainieren.

3. Arbeitsteilige Informationsaneignung (Gruppen-Puzzle)

Der *arbeitsteilige Gruppenunterricht* ist eine Unterrichtsmethode, die in der Berufs- und Erwachsenenbildung sehr häufig verwendet wird. Dennoch besitzt diese Unterrichtsmethode eine Schwachstelle, zu der erstaunlich wenig grundsätzliche Überlegungen angestellt werden. Gemeint ist der *Austausch der Gruppenergebnisse,* der in der Regel einen wichtigen Teil des arbeitsteiligen Gruppenunterrichts bildet. Das Problem dieser Unterrichtsphase zeigt sich – je nach Konzeption der Gruppenarbeit – in zwei unterschiedlichen Varianten:

• *Materialorientierte Variante:* In der Gruppenarbeit geht es um die arbeitsteilige Aufarbeitung von Informationen, die anschliessend im Plenum präsentiert werden sollen. Hier liegt das Problem darin, dass die Gruppenteilnehmer meist nicht über die notwendigen Voraussetzungen verfügen, um die Informationen didaktisch geschickt aufzubereiten. Daher entartet die Präsentation der Gruppenarbeiten oft zu einer langweiligen Informationsdarbietung, die für die übrigen Unterrichtsteilnehmer nicht sehr lehrreich ausfällt. Hinzu kommt, dass die «Zuhörer» oft gar nicht aufnahmebereit sind für die Themen der übrigen Gruppen, da sie selber noch zu sehr mit dem eigenen Thema beschäftigt sind.
• *Ressourcenorientierte Variante:* In der Gruppenarbeit geht es um eine thematische Auseinandersetzung, die in erster Linie auf den «Ressourcen» der Teilnehmer (statt auf vorgegebenen Informationen) aufbaut: Es geht hier also nicht um die Aufarbeitung von Informationsunterlagen, sondern um die erfahrungsbezogene Bearbeitung einer Aufgabe oder um die Diskussion eines Themas. Das Problem des anschliessenden Ergebnisaustausches liegt in diesem Falle darin, dass in den einzelnen Arbeitsgruppen zwar oft sehr wertvolle Auseinandersetzungen stattfinden, dass das Produkt dieser Auseinandersetzungen jedoch häufig recht trivial und für Personen, die an dieser Auseinandersetzung nicht teilgenommen haben, relativ uninteressant ist. Der Austausch der Gruppenergebnisse wird daher von den Teilnehmern häufig als eine Pflichtübung empfunden, die sie ohne innere Beteiligung über sich ergehen lassen.

Die arbeitsteilige Informationsaneignung, um die es hier geht, ist eine *Form des arbeitsteiligen Gruppenunterrichtes,* welche das Problem des Ergebnisaustausches wie folgt zu lösen versucht: Der Austausch findet in *Gruppen* statt im Plenum statt. Zudem sind die Teilnehmer auf den Austausch vorbereitet, da sie sich vorgängig selber mit dem betreffenden Problem auseinandergesetzt haben und somit ein entsprechendes Erkenntnisinteresse entwickeln konnten. Gleichzeitig werden die beiden üblichen Varianten der «ressourcenorientierten» und der «materialorientierten» Gruppenarbeit miteinander verknüpft, was dem häufig beklagten Ungleichgewicht von selbständigem Erarbeiten und passivem Konsumieren von Informationen entgegenkommen soll – eine Verknüpfung, die ja dem Konzept der erkenntnisorientierten Wissensvermittlung mit den beiden Phasen der Lösungssuche und der Lösungsevulation bereits zugrundegelegt ist!

Schritte des Handlungsmodells

1. Hinführung zum Thema und zu den Leitfragen

↓

2. Vorläufige Bearbeitung der Leitfragen in Problemlösegruppen

↓

3. Arbeitsteilige Informationsaneignung in Expertengruppen

↓

4. Informationsaustausch in den Problemlösegruppen

↓

5. Abschliessendes Plenumsgespräch

1. Hinführung zum Thema und zu den Leitfragen

Den Lernenden wird ein Unterrichtsthema – evtl. in Form einer Problemschilderung – vorgestellt, das sich aus verschiedenen Teilthemen (bzw. aus verschiedenen Problemaspekten) zusammensetzt. Zu den einzelnen Teilthemen (Problemaspekten) werden verschiedene Leitfragen abgegeben oder gemeinsam mit den Teilnehmern erarbeitet. Diese Leitfragen bilden den konkreten Ausgangspunkt für die weitere Themenbearbeitung.

2. Vorläufige Bearbeitung der Leitfragen in Problemlösegruppen

Die Teilnehmer bilden Arbeitsgruppen und tauschen zunächst ihre Erfahrungen und ihr Vorwissen zum aktuellen Unterrichtsthema und zur leitenden Problemstellung aus. Sie besprechen die vorgegebenen (bzw. die gemeinsam erarbeiteten) Leitfragen, und zwar ausschliesslich auf dem Hintergrund der eigenen Erfahrungen und des vorhandenen subjektiven Wissens, also ohne irgendwelche Informationsunterlagen. Die gefundenen Antworthypothesen werden schriftlich festgehalten – zusammen mit den konkreten Fragen, die bei dieser ersten thematischen Auseinandersetzung in den Arbeitsgruppen auftauchen.

Ziel dieser ersten Arbeitsphase ist es, einerseits das subjektive Wissen der Teilnehmer zu aktivieren und in diesem Austausch sich in der Arbeitsgruppe miteinander vertraut zu machen; andererseits geht es aber auch darum, die vorhandenen Informationsdefizite bewusst zu machen und so die Aufnahmebereitschaft für die anschliessenden Phasen der Informationsaneignung zu wecken.

3. Arbeitsteilige Informationsaneignung in Expertengruppen

Die «Problemlösegruppen», die sich in der vorangegangenen Phase mit dem Thema und den zugehörigen Leitfragen vertraut gemacht haben, lösen sich nun vorübergehend auf, indem sie ihre Mitglieder in verschiedene «Expertengruppen» delegieren. Ziel dieser dritten Phase: Die Mitglieder der ursprünglichen Arbeitsgruppen sollen sich arbeitsteilig die Sachinformationen aneignen, die zu einer fundierten Bearbeitung des Themas und zur Beantwortung der Leitfragen notwendig sind. In diesem Sinne bilden sich nun die Mitglieder der ursprünglichen Problemlösegruppen zu «Sachexperten» für ein bestimmtes Teilthema aus (daher der Begriff «Expertengruppen»!). Für diese vertiefte Auseinandersetzung mit einem spezifischen Teilthema liegen die notwendigen Informationsunterlagen bereit. Diese Informationen werden im Hinblick auf die entsprechenden Leitfragen und die festgestellten Informationsdefizite gesichtet und in den Expertengruppen diskutiert.

4. Informationsaustausch in den Problemlösegruppen

Im Anschluss an die arbeitsteilige Informationsaneignung lösen sich die Expertengruppen auf, und es bilden sich wieder die ursprünglichen «Problemlösegruppen». Die verschiedenen «Experten» der Problemlösegruppen bringen nun die neu erworbenen Sachkenntnisse in ihre Gruppe ein und übernehmen die Verantwortung dafür, dass alle Gruppenmitglieder mit den relevanten Informationen versorgt werden. Mit Hilfe dieses erweiterten Wissensstandes werden nun die Leitfragen nochmals diskutiert und die in Phase 2 erarbeiteten Antworthypothesen überprüft und überarbeitet.

5. Abschliessendes Plenumsgespräch

In einem abschliessenden Plenumsgespräch werden die Arbeitsergebnisse der Problemlösegruppen ausgetauscht, miteinander verglichen und diskutiert. Fragen, die bei der Informationsaneignung in den Expertengruppen und beim Informationsaustausch in den Problemlösegruppen aufgetaucht und ungeklärt geblieben sind, werden aufgegriffen und besprochen. Je nach Zielsetzung kann es sinnvoll sein, dass auch die Kommunikations- und Arbeitsprobleme thematisiert werden, die sich während der Phasen des selbständigen Arbeitens bemerkbar gemacht haben.

4. Argumentative Urteilsbildung

Unterrichtsveranstaltungen, in denen Urteilsbildungen und Einstellungsänderungen im Vordergrund stehen, sind insofern nicht unproblematisch, als sie die Gefahr einer manipulativen Beeinflussung mit sich bringen. Solche Unterrichtssequenzen laufen häufig nach folgendem Schema ab: Die Lehrperson möchte, dass die Lernenden ein von ihr als richtig eingestuftes Urteil übernehmen. Dieses Urteil wird aber nicht direkt bekanntgegeben, sondern es wird ein Unterrichtsarrangement gewählt, welches so konzipiert ist, dass die Lernenden «von sich aus» zum gewünschten Urteil gelangen sollen. (In der Regel geschieht dies über ein lehrergesteuertes Unterrichtsgespräch.) In einem solchen «urteilsbildenden Unterricht» geht es somit nicht um die Förderung eines persönlichen, kritisch reflektierten Urteils bei den Lernenden, sondern um die Übernahme eines zum voraus als richtig definierten Urteils. Auf diese Weise kommt es bei den Teilnehmern oft zur «Reaktanz», d.h. zum Widerstand gegen die manipulative Beeinflussung. Die Folge davon: Statt sich mit dem zu beurteilenden Sachverhalt auseinanderzusetzen, brauchen die Lernenden ihre psychische Energie, um sich gegen den als manipulativ empfundenden Beeinflussungsversuch zur Wehr zu setzen.

Im Unterschied zu diesem manipulativen Vorgehen wird im folgenden ein Unterrichtsverlauf vorgeschlagen, der nicht das inhaltliche Urteil der Lernenden in eine bestimmte Richtung zu steuern versucht, sondern der den *Urteilsprozess* lenken möchte. Statt die Teilnehmer zur Übernahme eines bestimmten, zum voraus als richtig erachteten Urteils zu bringen, ist die Lehrperspn dafür besorgt, dass unreflektierte Vor-Urteile kritisch hinterfragt werden und dass das Urteil der Teilnehmer – wie immer es auch ausfallen mag – differenziert begründet ist (differenzierter als *vor* dem Unterricht!).

Dieses Ziel wird dadurch zu realisieren versucht, dass die vielfältigen Pro- und Kontro-Argumente zu einer umstrittenen Auffassung zusammengetragen und analysiert werden. Diese argumentative Auseinandersetzung soll die Basis bilden, damit die Lernenden zu einem kritisch reflektierten Urteil gelangen: zu einem Urteil, das auf einer möglichst umfassenden und differenzierten Betrachtung des betreffenden Sachverhaltes aufbaut.

Schritte des Handlungsmodells

1. Konfrontation mit einer provokativen Auffassung

↓

2. Suche nach Pro- und Kontra-Argumenten

↓

3. Ordnen der Argumente

↓

4. Informationsphase

↓

5. Bewerten der Argumente

↓

6. Abschliessende Stellungnahme

1. Konfrontation mit einer provokativen Auffassung

Die Teilnehmer werden mit einer Auffassung konfrontiert, die umstritten ist und die zu kontroversen Diskussionen Anlass gibt (z.B. Präsentation eines umstrittenen Lösungsvorschlages, eines kontroversen Standpunktes zu einer weltanschaulichen Frage oder einer einseitigen Problemdeutung).

Wichtig ist, dass die betreffende Thematik den Teilnehmern soweit vertraut ist, dass sie sich dazu ein eigenes Urteil bilden können.

2. Suche nach Pro- und Kontra-Argumenten

Die Teilnehmer tragen Argumente zusammen, die für und gegen die vorgegebene Auffassung vorgebracht werden.

• Variante 1: Die Argumente werden in Partner- oder Gruppenarbeit zusammengetragen und formuliert. Die einzelnen Argumente werden auf Papierstreifen geschrieben (pro Papierstreifen ein Argument; gut lesbar für die Klasse; für die positiven und negativen Argumente je unterschiedliche Farben verwenden).

- Variante 2: Eine kleine Diskussionsgruppe, die sich aus Befürwortern und Gegnern zusammensetzt, diskutiert – nach kurzer Vorbereitungszeit – die vorgegebene Auffassung. Der Rest der Kursgruppe ist Zuschauer und hält die im Verlauf der Diskussion vorgebrachten Argumente auf Papierstreifen fest.
- Variante 3: Einzelne Teilnehmer versetzen sich in die Rolle von Personen bzw. Personengruppen, die zum aktuellen Thema unterschiedliche Auffassungen vertreten, und lassen sich – nach einer kurzen Vorbereitungszeit – von 1 bis 2 Personen interviewen. Die Zuschauer notieren sich die Argumente, die in diesen «Rolleninterviews» vorgebracht werden, auf Papierstreifen.

3. Ordnen der Argumente

Die im 2. Schritt gefundenen Argumente werden im Plenum zusammengetragen – z. B. indem die Teilnehmer die Zettel mit den gesammelten Pro- und Kontra-Argumenten an die Tafel heften. Anschliessend werden die Argumente geordnet (Clusterbildung). Für ähnliche Argumente kann eine gemeinsame Formulierung gesucht werden. Zu den einzelnen Argumentengruppen werden passende Überschriften formuliert.

4. Informationsphase

Falls geeignete Unterlagen vorhanden sind, kann nun eine Zwischenphase eingeschaltet werden, während der sich die Teilnehmer mit einschlägigen Sachinformationen auseinandersetzen. Ziel dieser Phase ist es, Argumente kennenzulernen, die von *Fachleuten* vorgebracht werden. Auf diese Weise kann die selber erarbeitete Argumentenliste erweitert werden.

5. *Bewerten der Argumente*

Die Teilnehmer bilden Arbeitsgruppen mit dem Auftrag, sich auf die fünf stichhaltigsten Pro- und Kontra-Argumente zu einigen und diese in eine Rangliste gemäss der ihnen zugeschriebenen Überzeugungskraft zu bringen. Ziel dieses Einigungsprozesses ist es, die Gruppe zu einer kritischen Analyse der vorgebrachten Argumente anzuregen. Die Gruppenbewertungen werden anschliessend dem Plenum vorgestellt.

6. *Abschliessende Stellungnahme*

Die Teilnehmer erhalten den Auftrag, ein kurzes Statement von ca. zehn Zeilen zu verfassen, in welchem sie die vorgegebene Auffassung mit Hilfe der zusammengetragenen Argumente beurteilen. Diese Statements werden anschliessend im Plenum vorgestellt und diskutiert.

5. *Argumentationsbilder*

Bei der hier beschriebenen Form der problemorientierten Auseinandersetzung geht es darum, eine kontroverse Auffassung, die von der Lehrperson vorgestellt oder von den Teilnehmern erarbeitet worden ist, kritisch zu analysieren. Dabei steht – wie bei der zuvor beschriebenen Methode der Urteilsbildung – die Suche nach Pro- und Kontra-Argumenten im Vordergrund, um auf diese Weise die persönliche Meinungsbildung der Teilnehmer zu unterstützen. Der Wissensinhalt, um den es hier geht, besteht also aus den vielfältigen Argumenten, auf denen eine differenzierte Meinungsbildung aufbauen kann. Für die Lehrperson stellt sich dabei die Aufgabe, den Argumentationsprozess so zu steuern, dass er zielführend verläuft und nicht im Austausch von bereits bekannten Pauschalurteilen steckenbleibt.

Das vorliegende Handlungsmodell ist dadurch charakterisiert, dass der ganze Argumentationsprozess in *Arbeitsgruppen* durchgeführt und zudem auf ein konkretes *Arbeitsprodukt* ausgerichtet wird: Es geht darum, «Argumentationsbilder» zu erstellen, in denen die Argumente und die entsprechenden Einwände schriftlich festgehalten sind. Diese «produktorientierte» Ausrichtung bringt erfahrungsgemäss eine grössere Verbindlichkeit in die Auseinandersetzung.

Die hier beschriebene Methode kann dann sinnvoll eingesetzt werden, wenn zu einem bestimmten Problem unterschiedliche Standpunkte oder Lösungen vertreten werden. Durch die Vergegenwärtigung von möglichst vielfältigen Pro- und Kontra-Argumenten können die Teilnehmer dazu angeregt werden, ihre eigene Ansicht zu überdenken und selber ein kritisch reflektiertes Urteil zu bilden.

Schritte des Handlungsmodells

1. Konfrontation mit einer provokativen Auffassung

↓

2. Suche nach Pro- und Kontra-Argumenten (in Gruppen)

↓

3. Klären und Bewerten der Argumente

↓

4. Verteidigen, Aussondern, Ordnen

↓

5. Kritik der Argumente (Einwände)

↓

6. Abschliessende Gesprächsrunde

1. Konfrontation mit einer provokativen Auffassung

Die Teilnehmer werden mit einer Auffassung (Stellungnahme, Theorie, Lösungsansatz zu einem bestimmten Problem) konfrontiert, in der eine bestimmte Sichtweise pointiert vertreten wird und die daher umstritten ist und zu Diskussionen Anlass gibt. (Ausgewogene Lehrbuchtheorien, gegen die die Lernenden keine Argumente vorbringen können, sind ungeeignet!)

2. Suche nach Pro- und Kontra-Argumenten (in Gruppen)

Die Teilnehmer werden in mindestens zwei Gruppen aufgeteilt. Die eine Hälfte der Teilnehmer bzw. Teilnehmergruppen erhält den Auftrag, *für* die vorgestellte Auffassung Argumente zu suchen, die andere Hälfte *dagegen.* (Bei mehr als 12 Teilnehmern ist es sinnvoll, mehrere Pro- und Kontra-Gruppen zu bilden. Wichtig: Es sollten gleichviele Pro- und Kontra-Gruppen sein!)

Als Vorgehensweise empfiehlt sich in dieser Phase ein «stummer Dialog»: Jedes Gruppenmitglied schreibt – für die übrigen Gruppenteilnehmer gut lesbar – die Argumente, die ihm in den Sinn kommen, auf Papierstreifen (pro Argument 1 Papierstreifen) und legt die Zettel in die Gruppenmitte. (Die drei Regeln des Brainstorming sind dabei zu beachten: Die Ideenvielfalt ist wichtig! Kritik ist verboten, sie erfolgt erst in einer späteren Phase! Fremde Ideen dürfen aufgegriffen und weiterentwickelt werden!) Ziel ist es, möglichst viele Argumente zusammenzutragen. Die Dauer der Sammelphase wird von der Lehrperson festgelegt.

3. Klären und Bewerten der Argumente

Im Anschluss an die stumme Sammelphase erhalten die Teilnehmer Gelegenheit, innerhalb der Gruppen Rückfragen zu den schriftlich formulierten Argumenten zu stellen. Unklare Formulierungen werden verbessert.

Anschliessend an diese Klärung werden die Argumente nach ihrer Stichhaltigkeit und Überzeugungskraft bewertet. Zu diesem Zwecke werden die Zettel mit den einzelnen Argumenten von jedem Gruppenmitglied mit 2, 1 oder 0 Punkten versehen.

4. Verteidigen, Aussondern, Ordnen

Argumente, die bei der Bewertung durch die Gruppenmitglieder keine oder nur wenige Striche erhalten haben, werden ausgesondert. (Die kritische Punktzahl kann von den Gruppenteilnehmern festgelegt werden. Es sollten ca. 20–30 Argumente «im Rennen» bleiben.) Falls ein Teilnehmer mit der Aussonderung eines Argumentes nicht einverstanden ist, kann er es verteidigen, d. h., er kann die übrigen Gruppenmitglieder von der Bedeutung dieses Argumentes zu überzeugen versuchen und so um zusätzliche Punkte werben.

Die verbleibenden Argumente werden geordnet, wobei inhaltlich gleichartige Argumente durch eine gemeinsame Formulierung ersetzt werden können. Zu den einzelnen Argumentengruppen werden geeignete Überschriften gesucht (Clusterbildung).

5. Kritik der Argumente (Einwände)

Die Gruppen wechseln nun ihren Arbeitsplatz: Jede Pro-Gruppe setzt sich um die Argumentenliste einer Kontra-Gruppe und umgekehrt. Die Gruppen erhalten nun den Auftrag, zu den vorliegenden Argumenten mögliche Einwände zu suchen. Diese Einwände werden auf andersfarbige Papierstreifen geschrieben und neben die betreffenden Argumente gelegt. Auf diese Weise entsteht ein «Argumentationsbild», das sich aus Argumenten und den darauf bezogenen Einwänden zusammensetzt.

6. Abschliessende Gesprächsrunde

Die Gruppen erhalten Gelegenheit, die entstandenen Argumentationsbilder zu betrachten und zu vergleichen. In einem anschliessenden Klassengespräch werden die Eindrücke ausgetauscht und strittige Punkte diskutiert. Schliesslich erhalten die Teilnehmer den Auftrag, ihr eigenes Urteil zum diskutierten Sachverhalt zusammenfassend zu formulieren und im Plenum vorzustellen.

6. Kooperatives Entwickeln von Problemlösungen

Bei der hier beschriebenen Methode geht es darum, die Erfahrung, das Vorwissen, die Kreativität und die Denkfähigkeit der Teilnehmer zur Lösung eines aktuellen oder fiktiven Problems zu nutzen. Das «Problemlösungswissen», das hier den zentralen Lerninhalt bildet, entsteht im kommunikativen Austausch der Teilnehmer. Die Anwendung dieser Methode ist somit immer dann möglich, wenn für die Lösung eines bestimmten Problems nicht neue Informationen angeeignet werden müssen, sondern wenn die bereits vorhandenen Kenntnisse und Erfahrungen der Teilnehmer zum Lösungsentwurf ausreichen.

Für das hier beschriebene Problemlöseverfahren sind zwei Punkte charakteristisch: Zum einen wird eine ausführliche Problemanalyse vorgenommen, bei der es darum geht, die möglichen Problemursachen möglichst differenziert auszuleuchten und zur Grundlage der Lösungsfindung zu machen. Zum andern wird die Lösungsfindung als kreativer Prozess betrachtet und daher im Sinne der Brainstorming-Regeln gestaltet. Besonders wichtig ist dabei die Trennung von Lösungsfindung und Lösungsbewertung (d. h. die Trennung von Ideenproduktion und die Ideenkritik). Zudem wird hier vorgeschlagen, die Ideenproduktion und Ideenkritik schriftlich durchzuführen. Dieses Vorgehen ist zwar zeitaufwendiger als ein mündliches Brainstorming, ermöglicht es aber, die Gedanken der anderen Teilnehmer ungestört auf sich wirken zu lassen. Zudem lässt es sich gut in Untergruppen durchführen (was bei mehr als 12 Teilnehmern fast unerlässlich ist).

Schritte des Handlungsmodells

1. Problemkonfrontation

↓

2. Analyse des Problems (im Plenum oder in Gruppen)

↓

3. Formulierung von Lösungsmöglichkeiten

↓

4. Beurteilung der Lösungsvorschläge (Plenum oder Gruppen)

↓

5. Planung von konkreten Massnahmen (sofern sinnvoll)

1. Problemkonfrontation

Es wird ein Problem dargelegt, für das es grundsätzlich verschiedene Lösungsmöglichkeiten gibt. (Theoretische Probleme, für die es nur eine einzige sinnvolle Lösung gibt, sind in der Regel für diese Methode weniger geeignet!) Dabei kann es sich um ein *aktuelles Problem* aus dem Erfahrungsbereich der Teilnehmer handeln (z. B. um einen aktuellen Konflikt unter den Teilnehmern oder um ein Problem aus dem beruflichen Umfeld) oder aber um eine zu Lehrzwekken konstruierte *Fallschilderung,* die von der Lehrperson in den Unterricht eingebracht wird.

2. Analyse des Problems (im Plenum oder in Gruppen)

Nach der Darlegung bzw. Vergegenwärtigung der Problemsituation geht es zunächst darum, die Ursachen, die zum Problem geführt haben, möglichst differenziert zu analysieren. (Dieser Schritt, der bei der alltäglichen Problembewältigung meist übersprungen wird, ist für das Finden von angemessenen Lösungen besonders wichtig.)

Im Falle von *Konfliktsituationen* können beispielsweise die unterschiedlichen Erwartungen und Bedürfnisse der Konfliktparteien formuliert und schriftlich aufgelistet werden. Im Falle von *persönlichen Belastungssituationen* geht es darum, einerseits die Bedürfnisse und Ziele der betreffenden Person und andererseits die Hindernisse, die einer Erfüllung dieser Ansprüche im Wege stehen, zu vergegenwärtigen und schriftlich festzuhalten. Im Falle von *technischen Problemen* können verschiedene Analyse-Kategorien vorgegeben werden (z. B. Mensch, Material, Methode).

Die Problemanalyse sollte gemeinsam mit den Teilnehmern durchgeführt werden – sei es im Plenum oder in Kleingruppen. Wichtig ist dabei, dass den Teilnehmern klar ist, wonach genau gesucht wird. (Allgemein nach Problemursachen? Oder spezifischer: nach verschiedenen Ursachenkategorien? nach Zielkonflikten? nach Schwierigkeiten und Hindernissen?) Die Beiträge der Teilnehmer sollten auf jeden Fall visualisiert werden.

Unter Umständen empfiehlt es sich hier auch, eine Analyse der *«positiven Kräfte»* durchzuführen, etwa im Sinne der folgenden Frage: «Könnte das Problem noch schlimmer sein? Falls ja: Welches sind mögliche Gründe dafür, dass der schlimmere Zustand noch nicht eingetreten ist?» Die auf diese Weise ermittelten «positiven Kräfte» sollten ebenfalls schriftlich festgehalten werden.

3. Formulierung von Lösungsmöglichkeiten

Nach Abschluss der Problemanalyse geht es nun um das Sammeln von möglichst vielen Lösungsideen, was im Plenum oder in Gruppen geschehen kann. Unter Berücksichtigung der Brainstorming-Regeln schreiben die Teilnehmer – ohne miteinander zu sprechen – mögliche Lösungsvorschläge auf bereitliegende Papierstreifen (für alle gut lesbar; pro Zettel nur 1 Vorschlag). Die Zettel mit den Lösungsvorschlägen werden an die Hafttafel gehängt (oder in der Gruppenmitte auf dem Boden ausgelegt).

Nach Abschluss der Ideensammlung erhalten die Teilnehmer Gelegenheit, an die Autoren der Lösungsvorschläge Rückfragen zu stellen. (Nur Verständnisfragen sind erlaubt!) Unklare Formulierungen werden ersetzt. Schliesslich werden die Lösungsvorschläge nach Gemeinsamkeiten geordnet (Clusterbildung).

4. Beurteilung der Lösungsvorschläge (Plenum oder Gruppen)

Falls eine grosse Anzahl von Lösungsvorschlägen vorliegt, kann es sinnvoll sein, zunächst eine provisorische Selektion vorzunehmen: z. B. indem jeder Teilnehmer 10 Punkte erhält, die er auf die verschiedenen Vorschläge verteilen kann (Kumulieren ist erlaubt). Vorschläge, deren Punktzahl unter einem vereinbarten Limit liegt, werden nun ausgesondert.

Es liegen nun grüne und rote Papierstreifen bereit. Wiederum ohne zu sprechen, schreiben die Teilnehmer Gründe auf, die für und die gegen die verschiedenen Lösungsvorschläge sprechen: Auf die roten Papierstreifen werden die Gegenargumente, auf die grünen die unterstützenden Argumente geschrieben. Die einzelnen Argumente werden zum betreffenden Lösungsvorschlag hingelegt: auf die eine Seite die unterstützenden Argumente, auf die andere Seite die Einwände.

Zum Abschluss der Bewertungsphase gibt jeder Teilnehmer bekannt, welchen Lösungsvorschlag er aus welchen Gründen gegenüber den anderen Vorschlägen vorziehen würde. Falls ein Plenumsentscheid sinnvoll bzw. notwendig ist, kann nun der beste Lösungsvorschlag wiederum über die Verteilung von Punkten oder über eine Abstimmung ermittelt werden.

Variante: Die Beurteilungsphase kann einfacher gestaltet werden, indem den Teilnehmern der Auftrag erteilt wird, in einer Gruppendiskussion aus den vielen Lösungsideen diejenigen drei Lösungen herauszuarbeiten, die unter den Gesichtspunkten (1) der Wünschbarkeit und (2) der Realisierbarkeit bevorzugt werden. Die von den Gruppen ermittelten Lösungen werden dann im Plenum bekanntgegeben. Im Anschluss daran kann aus dieser Auswahl der beste Lösungsvorschlag ermittelt werden (mittels Punkten oder mittels Abstimmung).

5. Planung von konkreten Massnahmen (sofern sinnvoll)

Die ausgewählte(n) Lösung(en) wird (werden) herausgegriffen, um das genaue Vorgehen zu deren Verwirklichung zu besprechen. Wichtig ist dabei, dass mögliche Realisierungsschwierigkeiten und entsprechende vorbeugende Massnahmen möglichst praxisnah erörtert werden.

7. Konferenzspiele

Das Konferenzspiel ist eine Mischform zwischen einem einfachen Rollenspiel und einem Planspiel – zwischen zwei Unterrichtsformen also, die in der Erwachsenenbildung relativ häufig zur Anwendung gelangen. Normalerweise geht es dabei um die kommunikative Auseinandersetzung mit Konfliktsituationen, an denen mehrere Parteien beteiligt sind (Interessenkonflikte). Im Unterschied zum klassischen Rollenspiel sind die Konfliktparteien jedoch nicht einfach Einzelpersonen, sondern verschiedene Gruppierungen und Institutionen. Für den Spielverlauf ergeben sich damit grundsätzlich zwei verschiedene Kommunikations-und Handlungsebenen:

- die Auseinandersetzung *innerhalb* der beteiligten Gruppierungen und Institutionen, d. h. zwischen den betreffenden Einzelpersonen;
- die Auseinandersetzung *zwischen* den beteiligten Gruppierungen und Institutionen.

Beim Konferenzspiel handelt es sich um eine vereinfachte Form des Planspieles (mit den beiden genannten Kommunikations- und Handlungsebenen), wobei die Vorbereitung und Durchführung einer Konferenz der beteiligten Institutionen und Gruppierungen im Zentrum des Spielverlaufes steht. Die Wissensinhalte, um deren Vermittlung es geht, können sich auf die beteiligten Institutionen und Gruppierungen beziehen (Erkennen der unterschiedlichen Interessen der betreffenden Konfliktparteien sowie der entsprechenden Wahrnehmungs-, Denk- und Handlungsmuster); sie können aber auch den Gegenstand des Interessenkonfliktes betreffen (Beurteilung eines Sachverhalts aus verschiedenen Optiken).

Eine Vereinfachung gegenüber dem Planspiel habe ich vorgenommen, weil der mit dem Planspiel verbundene Aufwand für die Vorbereitung und Durchführung in der Regel beträchtlich ist und oft in einem schlechten Verhältnis steht zum Ertrag (d. h. zu den Erkenntnissen, die im Spielverlauf gewonnen werden). Das Konferenzspiel, das im folgenden beschrieben wird, lässt sich gut auch von einer Einzelperson im Rahmen der üblichen Unterrichtsvorbereitungszeit herstellen. Zudem genügen 2–3 Unterrichtsstunden für die Durchführung.

Vorweg noch ein Hinweis, der für das Gelingen eines Konferenzspiels zentral ist: Um eine angemessene Erkenntnisgewinnung sicherzustellen, ist es wichtig, den Mitspielern genügend Hintergrundinformationen zur Verfügung zu stellen: einerseits zur aktuellen Problem- und Konfliktsituation und zum Gegenstand des Interessenkonfliktes, andererseits zu den Gruppierungen und Institutionen und den darin vorkommenden Rollen, in die sich die Teilnehmer hineindenken sollen. Nur wenn genügend Hintergrundinformationen vorhanden sind, kann eine fundierte, sachgerechte Auseinandersetzung mit der vorgesehenen Konfliktsituation stattfinden – eine Voraussetzung für einen sinnvollen Erkenntnisprozess!

Schritte des Handlungsmodells

1. Darlegung der Ausgangssituation

↓

2. Bildung von Spielgruppen

↓

3. Konferenzvorbereitung innerhalb der Spielgruppen

↓

4. Konferenz der Gruppenvertreter

↓

5. Verfassen eines Statements

↓

6. Auswertung des Spiels

1. Darlegung der Ausgangssituation

Die Lehrperson legt den Teilnehmern die möglichst dramatische und erfahrungsbezogene Schilderung einer «Ausgangssituation» vor (mündlich oder schriftlich). Dabei geht es etwa darum, dass ein bestimmter Sachverhalt (z. B. ein politischer Entscheid oder ein unerwartetes Ereignis) einen Interessenkonflikt auslöst, in den mehrere Personengruppen involviert sind. Wichtig ist, dass der Gegenstand des Interessenkonfliktes den Teilnehmern einigermassen vertraut ist (oder zu Beginn der Unterrichtssequenz in einem ersten Schritt vertraut gemacht wird). Zudem sollte die Ausgangssituation so geschildert werden, dass die kontroversen Sichtweisen der verschiedenen Personengruppen, die in den Konflikt involviert sind, zumindest andeutungsweise sichtbar werden.

2. Bildung von Spielgruppen

Die Teilnehmer werden in verschiedene Spielgruppen aufgeteilt gemäss den in den Konflikt involvierten Personengruppen. Jede Gruppe erhält eine schriftliche Beschreibung der Ausgangssituation sowie spezifische Angaben zu der Sichtweise und zu den Interessen der Personengruppe bzw. Institution, die sie spielen soll (oder den Auftrag, die spezifische Sichtweise und Interessenlage selber herauszuarbeiten).

Zwei Varianten können hier in Betracht gezogen werden:

Variante 1: Die Rollen innerhalb der Gruppe sind nicht weiter spezifiziert. (Es handelt sich beispielsweise um eine Gruppe von Jugendlichen, von Eltern, von Sozialarbeitern usw.)

Variante 2: Innerhalb der Gruppe sind verschiedene Rollen vorgegeben (z. B. die Rolle des Vorsitzenden, die Rolle des Oppositionellen usw.). In diesem Falle sollten – zusätzlich zu den gruppenspezifischen Angaben – auch spezifische Rollenbeschriebe für die einzelnen Personen vorhanden sein.

3. Konferenzvorbereitung innerhalb der Spielgruppen

Die Spielgruppen besprechen ihren Standpunkt, den sie im aktuellen Konfliktfall einnehmen wollen und tragen Argumente für diesen Standpunkt zusammen. (Falls verschiedene Rollen vorgegeben sind, sprechen die Teilnehmer aus der betreffenden Rolle heraus miteinander!) Jede Gruppe bestimmt zudem eine (evtl. zwei) Person(en), die die Gruppeninteressen in der anschliessenden Konferenz vertreten soll(en).

4. Konferenz der Gruppenvertreter

Jede Spielgruppe sendet einen Delegierten zur Konferenz der betroffenen bzw. beteiligten Personengruppen. Ziel der Konferenz: Eine Lösung des Problems bzw. des Konflikts soll gefunden werden. (Falls innerhalb einer vorgegebenen Zeit keine Einigung zustande kommt, geht die Konferenz ohne Lösung auseinander.)

Die nicht-spielenden Mitglieder der verschiedenen Spielgruppen wohnen der Konferenz als Zuschauer bei und halten die von den Gegenparteien vorgebrachten Argumente schriftlich fest.

5. Verfassen eines Statements

Die Gruppenvertreter kehren in ihre Spielgruppen zurück. Hier wird nun der Konferenzverlauf und -ausgang besprochen und ein schriftliches Statement verfasst, in welchem jede Gruppe die Konferenz aus ihrer jeweiligen Perspektive beurteilt.

6. Auswertung des Spiels

Die verschiedenen Statements werden im Plenum vorgestellt. Anschliessend wird der Spielverlauf besprochen. (Ist es gelungen, sich in die betreffende Personengruppe hineinzuversetzen? Ist es innerhalb der einzelnen Gruppen gelungen, sich zu verständigen und zu einigen? Haben die verschiedenen Gruppen ihre Anliegen realistisch eingebracht? Welche Verhaltens- und Argumentationsweisen waren für eine befriedigende Lösung eher förderlich bzw. hinderlich?) Schliesslich können die Einsichten ausgetauscht werden, die während des Spielverlaufs bei den einzelnen Schülern entstanden sind.

8. Expertenbefragung

Der Einsatz von «Experten», d.h. von Personen, die in einem bestimmten Sachgebiet besonders kompetent sind und/oder einen profilierten Standpunkt vertreten, besitzt vor allem in der Erwachsenenbildung einen relativ grossen Stellenwert. Da es sich bei den beigezogenen Sachexperten in sehr vielen Fällen nicht um didaktisch geschulte Leute handelt, ist hier die Gefahr besonders gross, dass ein Unterricht entsteht, der die Form einer lehrerzentrierten Informationsdarbietung besitzt. Auch wenn hier der Wert einer guten Informationsdarbietung (beispielsweise eines Impulsreferates) nicht grundsätzlich in Abrede gestellt wird, muss davon ausgegangen werden, dass bei vielen Expertenreferaten die Analyse der Teilnehmervoraussetzungen zu kurz kommt und dass infolge der fehlenden Aktivierung der Teilnehmer auch keine angemessene Verarbeitung des vermittelten Wissens stattfinden kann. (Daran ändert sich meist auch dann nicht viel, wenn nach dem Referat noch eine kurze Zeit für Fragen und kritische Beiträge der Teilnehmer eingeräumt wird!)

Bei der Expertenbefragung, die im folgenden beschrieben wird, handelt es sich um eine Unterrichtsform, bei der die Teilnehmeraktivität im Mittelpunkt steht, ohne deswegen auf die kompetente Informationsdarbietung eines Sachexperten zu verzichten. Der Experte, der für die betreffende Unterrichtsveranstaltung beigezogen wird, besitzt für die Lernenden in erster Linie die *Funktion einer «Informationsquelle»*. Voraussetzung für die Nutzung dieser Informationsquelle ist, dass sich die Teilnehmer vorgängig aktiv mit der betreffenden Thematik auseinandersetzen und so die eigenen Erkenntnisinteressen und den subjektiven «Informationsbedarf» entdecken können. Dabei wird angenommen, dass die fragengeleitete Informationsaufnahme, die hier beabsichtigt ist, ein wichtiges Mittel ist, um die Integration der Experteninformation in die vorhandenen kognitiven Strukturen der Teilnehmer zu unterstützen. (Die Suche nach subjektiv bedeutsamen Fragen dient ja nicht zuletzt dazu, die vorhandenen Wissensbestände und Vorerfahrungen zu aktivieren und so für die «Aneignung» der neuen Informationen vorzubereiten.)

Schritte des Handlungsmodells

1. Vorgängige Auseinandersetzung mit dem Thema

↓

2. Zusammenstellen von Fragen

↓

3. Expertenbefragung 1. Teil

↓

4. Verarbeitung in Gruppen

↓

5. Expertenbefragung 2. Teil

↓

6. Abschluss

1. Vorgängige Auseinandersetzung mit dem Thema

Die Teilnehmer werden mit Hilfe einer geeigneten Themenkonfrontation dazu gebracht, im Plenum oder in Gruppen eigene Erfahrungen, Gedanken, Vorurteile und bereits vorhandenes Wissen zum aktuellen Unterrichtsthema auszutauschen. Ziel dieser vorgängigen

Auseinandersetzung ist es, den Teilnehmern möglichst viele Aspekte des Themas bewusst zu machen.

2. Zusammenstellen von Fragen

Im Anschluss an die vorgängige thematische Auseinandersetzung werden die Teilnehmer dazu aufgefordert, in Kleingruppen die wachgewordenen Erkenntnisinteressen in der Form von Fragen aufzuschreiben. (Auf Papierstreifen festhalten!) Um die Gefahr der Dominanz von reinen Wissensfragen zu reduzieren, kann der Kursleiter auf unterschiedliche Frage-Kategorien hinweisen, die berücksichtigt werden sollen:

- Fragen, die sich auf empirische *Tatsachen* beziehen
- Fragen, die sich auf die theoretische *Erklärung* der empirischen Tatsachen beziehen
- Fragen, die sich auf die *Erfahrungen* des Experten beziehen
- Fragen, die den Experten zu einer *persönlichen Stellungnahme* auffordern.

Die von den Teilnehmern formulierten Fragen werden im Plenum zusammengetragen und nach Gemeinsamkeiten geordnet. (Der Kursleiter kann in dieser Phase auch seine eigenen thematischen Anliegen als Fragen einbringen!) Liegen mehrere enge Fragen zur selben Thematik vor, empfiehlt es sich, diese zu einer umfassenderen Frage umzuformulieren. Falls nötig (z. B. wenn zu viele Fragen vorliegen), entscheidet das Plenum, welche der aufgeführten Fragen dem Experten zur Beantwortung vorgelegt werden sollen.

3. Expertenbefragung 1. Teil

Der Experte beantwortet die von den Teilnehmern erarbeiteten Fragen. Es empfiehlt sich, die Fragen dem Experten zum voraus zuzustellen, damit er die Antworten vorbereiten und geeignete Unterlagen und Anschauungsmaterialien bereitstellen kann. Die Zeit für diese Informationsvermittlung sollte auf ca. 20–30 Minuten beschränkt werden.

4. Verarbeitung in Gruppen

Nach der Informationsdarbietung des Experten erhalten die Teilnehmer Gelegenheit, die Ausführungen in Kleingruppen zu diskutieren. Diese Auseinandersetzung kann u. U. mit Hilfe von vorgegebenen Aufgabenstellungen unterstützt werden. (Der Kursleiter kann solche Aufgaben zum voraus zusammen mit dem Experten suchen oder während der Darbietung des Experten formulieren!)

Ziel dieser Verarbeitungsphase ist es u. a., Verständnisfragen, kritische Fragen und neu aufgetauchte Informationsfragen auszuformulieren und auf Zetteln festzuhalten.

5. Expertenbefragung 2. Teil

Die Zettel mit den Fragen werden eingesammelt und vom Kursleiter oder von einem Teilnehmer laut vorgelesen. (Die Anonymität der Fragesteller erhöht in der Regel die Anzahl der Fragen wesentlich!) Der Experte nimmt zu den Fragen Stellung.

6. Abschluss

Der Abschluss der Expertenbefragung ist vom jeweiligen Thema abhängig:

Im Falle eines *kontroversen Themas* kann eine Plenums- oder Gruppendiskussion die thematische Auseinandersetzung abschliessen. («Was meint ihr zum vertretenen Standpunkt? Wo seid ihr mit der Argumentation einverstanden, wo nicht?»)

Falls die *Sachinformation* im Vordergrund stand, kann eine Runde anschliessen, in der die Teilnehmer bekanntgeben, welches die wichtigsten Erkenntnisse sind, die sie im Verlaufe der thematischen Auseinandersetzung gewonnen haben.

9. Lernparcours (Lernwerkstatt)

Der Lernparcours (teilweise auch als Lernwerkstatt oder als Werkstattunterricht bezeichnet) ist eine Form des selbständigen und individualisierenden Lernens. Im Unterrichtszimmer werden zu einem bestimmten Thema oder zu einem bestimmten Ausbildungsziel verschiedene Lernposten eingerichtet. Jeder Lernposten besteht aus einer oder mehreren *Lernaufgaben* zu einem bestimmten Teilthema (oder zu einem Teil-Lernziel) sowie den *Informationsunterlagen und Materialien,* die es zur selbständigen Bearbeitung der betreffenden Lernaufgaben braucht. Die Teilnehmer wählen nun diejenigen Lernposten aus, die sie aufgrund ihrer Interessen und/oder aufgrund der gesetzten Lernziele bearbeiten möchten, und lösen die entsprechenden Lernaufgaben alleine, mit einem Lernpartner oder in Arbeitsgruppen (je nach Aufgabe). Die Auswahl und Reihenfolge der Postenbearbeitung kann den Teilnehmern freigestellt werden. Es ist aber auch möglich, dass die Lehrperson einige Lernposten als «Pflichtprogramm» definiert und den Rest als fakultatives (vertiefendes oder ergänzendes) Angebot. Ein *Arbeitspass,* auf dem die Themen der verschiedenen Posten eingetragen sind und der evtl. zusätzliche Orientierungsinformationen enthält, dient dem einzelnen Teilnehmer als Planungsgrundlage seines Lernprozesses und gleichzeitig der Lehrperson als Instrument zur individuellen Lernberatung.

Grundsätzlich kann ein Lernparcours sowohl nach dem gedächtnispsychologischen wie auch nach dem erkenntnispsychologischen Lernverständnis konzipiert werden. Die Frage, welches Lernkonzept zur Anwendung kommen soll, ist eine Frage der jeweiligen Lernabsicht. Für eine Lehrperson, die einen Lernparcours (oder zumindest einzelne Posten davon) nach den Grundsätzen der erkenntnisorientierten Wissensvermittlung ausrichten möchte, stellt sich natürlich die Frage, worauf sie achten muss, damit den Teilnehmern im beabsichtigten Lernparcours «Erkenntnisse» statt blosse «Kenntnisse» vermittelt werden können. Hier vier Gedanken dazu:

a) Die einzelnen Posten sollten sich an einer *erkenntnisleitenden Problemstellung* orientieren. Entsprechend sind die Lernaufgaben eines Lernpostens als konkrete Anleitung zur Bearbeitung der betreffenden erkenntnisleitenden Problemstellung zu konzipieren.

b) Die *Problemkonfrontation* bzw. *die Hinführung zur Problemstellung,* die im Klassenunterricht am Beginn einer Unterrichtssequenz steht, muss im Lernparcours schriftlich und für jeden Auftrag separat erfolgen. In diesem Sinne gehört eine kurze Erläuterung, Illustration oder erfahrungsbezogene Konkretisierung der erkenntnisleitenden Problemstellung mit zum jeweiligen Lernmaterial.

c) Die Bearbeitung des Arbeitsauftrages besitzt aus Sicht des erkenntnisvermittelnden Unterrichtskonzeptes den Stellenwert der Suche nach Lösungsmöglichkeiten. Der Auftrag sollte daher dazu einladen, eigene Erfahrungen und eigenes Wissen zu aktualisieren (und nicht einfach «Experten-Informationen» zu lesen und zu reproduzieren)! Zudem sollte jeder Lernposten die notwendigen Hilfestellungen enthalten, damit die Hypothesenbildung einigermassen fruchtbar ausfällt.

d) Die Überprüfung der Arbeitsergebnisse entspricht der *«Lösungsevaluation».* Da erkenntnisorientierte Arbeitsaufträge selten zu Antworten in Form einer einfachen Richtig/falsch-Antwort hinführen, müssen vielfach komplexere Evaluationsformen in Betracht gezogen werden. In Frage kommen beispielsweise:

- Lektüre eines Fachtextes zur leitenden Problemstellung, um die selber gefundene Antwort mit dessen Hilfe zu überarbeiten.
- Vergleich der eigenen Ergebnisse mit denjenigen anderer Teilnehmer. Allfällige Differenzen können dann im anschliessenden Plenum besprochen werden.
- Vergleich der eigenen Arbeitsergebnisse mit einem schriftlich vorliegenden Lösungsvorschlag.
- Diskussion im anschliessenden Plenum.

Schritte des Handlungsmodells

1. Vorstellen des Lernparcours
↓
2. Erstellen des individuellen Lernplanes
↓
3. Individuelle Bearbeitung der Lernaufgaben
↓
4. Besprechung im Plenum

1. Vorstellen des Lernparcours

Den Teilnehmern wird das übergeordnete Thema des Lernparcours vorgestellt und dessen Bedeutung vor dem Hintergrund der Ausbildungsziele erläutert. Anschliessend wird eine kurze Übersicht über die verschiedenen Lernposten abgegeben (z. B. in Form des Arbeitspasses). Zudem werden die einzelnen Lernposten kurz charakterisiert, so dass die Teilnehmer ein Bild über deren Lerngehalt gewinnen können. (Eine mögliche Alternative zur mündlichen Orientierung ist eine 10- bis 15minütige «Schnupperphase», in der die Teilnehmer Gelegenheit erhalten, die bereitliegenden Aufgaben und Unterlagen kurz zu beschnuppern.)

Schliesslich werden noch die organisatorischen Fragen für den Lernparcours geklärt. (Wieviel Zeit steht für den gesamten Parcours zur Verfügung? Welches ist die ungefähre Bearbeitungszeit der einzelnen Posten? Für welche Posten ist Einzelarbeit, für welche Partner- oder Gruppenarbeit empfehlenswert? Wie viele Posten müssen mindestens bearbeitet werden? Muss eine bestimmte Reihenfolge beachtet werden? Wie sollen die Arbeitsergebnisse festgehalten werden?)

2. Erstellen des individuellen Lernplanes

Auf dem Hintergrund der inhaltlichen und organisatorischen Vorinformationen erstellen die Teilnehmer ihren individuellen Lernplan, indem sie auf dem Arbeitspass diejenigen «Posten» ankreuzen, die sie in der zur Verfügung stehenden Zeit bearbeiten möchten. Die individuelle Postenwahl wird zusätzlich auch auf einer Gesamtübersicht eingetragen, damit die Teilnehmer über die gegenseitigen Lernabsichten orientiert sind (wichtig für die Suche nach möglichen Lernpartnern für die einzelnen Posten!) und damit die Lehrperson die Lernabsichten der einzelnen Teilnehmer kennt (wichtig, um allfällige Änderungen im individuellen Lernplan vorschlagen zu können!)

3. Individuelle Bearbeitung der Lernaufgaben

Die Teilnehmer bearbeiten mit Hilfe der bereitliegenden Unterlagen die in den einzelnen Posten beschriebenen Problemsituationen und Aufgabenstellungen gemäss dem individuellen Arbeitsplan. Fragen und Schwierigkeiten, die bei der Bearbeitung auftreten, werden im Arbeitspass oder auf einem zusätzlichen Blatt festgehalten, um sie im anschliessenden Plenum zu besprechen oder um sie individuell mit der Lehrperson zu besprechen und zu lösen.

4. Besprechung im Plenum

Nach der selbständigen Problembearbeitung werden wichtige Lernerfahrungen im Plenum besprochen und subjektiv bedeutsame Erkenntnisse, die gewonnen wurden, ausgetauscht. Fragen und Schwierigkeiten, die bei der Auseinandersetzung mit den Unterlagen bzw. bei der Lösung der Aufgaben aufgetaucht sind, werden geklärt.

Hinweise zum Aufbau eines erkenntnisorientierten Arbeitsauftrages

a) Kurze Überschrift
= Erkennungswort, das z. B. im Arbeitspass verwendet wird.

b) Erkenntnisleitende Problemstellung
= Leitfrage der betreffenden Lernaufgabe. In ihr spiegelt sich indirekt das Lernziel (die beabsichtigte Erkenntnis), auf das hin der Arbeitsauftrag ausgerichtet ist.

Achtung: Die Problemstellung sollte so gewählt und formuliert werden, dass sie den Kriterien für eine erkenntnisleitende Problemstellung entspricht (siehe S. 91f.).

c) Hinführung/Erläuterung zur Problemstellung
= Problemkonfrontation. Hier geht es darum, die erkenntnisleitende Problemstellung so zu konkretisieren, zu illustrieren und zu erläutern, dass ihre Bedeutung für den Lernenden einsichtig wird und dass sie ihn anzusprechen vermag (z. B. Herstellung eines Erfahrungsbezuges).

d) Aufgabenstellung
= Aufforderung zur Lösungssuche. Hier sollte möglichst präzise umschrieben werden, was der Lernende tun muss bzw. wie er vorgehen muss, um sich mit der erkenntnisleitenden Problemstellung fruchtbar auseinanderzusetzen. Wichtig: Die Aufgabenstellungen müssen so gewählt sein, dass eine kreative Leistung gefordert ist. Es darf nicht einfach um die Reproduktion oder um die Zusammenfassung von vorliegenden Informationen gehen. Falls ein bestimmtes Arbeitsprodukt erwartet wird, sollte dies aus der Aufgabenformulierung heraus deutlich werden.

e) Hinweis auf die Evaluation
Hier sollte der Lernende die Information darüber erhalten, wie er seine Arbeitsergebnisse überprüfen kann.

10. Handlungsorientierte Projekte

Der Projektunterricht ist eine Unterrichtsform, die von J. Dewey und W. Kilpatrick zu Beginn dieses Jahrhunderts entwickelt wurde, um einen Weg aufzuzeigen, wie das Prinzip des handelnden Lernens in der Schule verwirklicht werden kann. Der programmatische Grundsatz des «learning by doing», der dabei im Vordergrund steht, umschreibt sowohl die Methode als auch das übergreifende Ziel des Projektunterrichtes:

- Das konkrete, praktische Tun soll Ausgangspunkt und zentraler Bezugspunkt des Lehr- und Lernprozesses sein.
- Das, was gelernt wird, muss sich letztlich im praktischen Tun bewähren; es muss in einer zweckvollen Tätigkeit, die letztlich im Dienste der Gemeinschaft steht, seinen Niederschlag finden. (Nur unter diesen Bedingungen ist ein Lerninhalt überhaupt ein sinnvoller Unterrichtsgegenstand!)

Konkret bedeutet dies, dass der beabsichtigte Erkenntnisprozess eingebettet wird in einen Arbeitsprozess, bei dem es darum geht, ein in der Kursgruppe gemeinsam geplantes «Projektziel» zu verwirklichen. Der Lern- bzw. Erkenntnisprozess ist dem jeweiligen Projektziel untergeordnet (gelernt wird dort, wo sich im Arbeitsprozess konkrete Anforderungen und Schwierigkeiten stellen), wobei sowohl in *inhaltlicher* als auch in *sozialer und arbeitstechnischer* Hinsicht wichtige Erkenntnisse gemacht werden können. In der klassischen Form des Projektunterrichtes, wie sie hier beschrieben wird, ist das Projektziel eine Aktion, die im Schulhaus, im Quartier oder in der Gemeinde durchgeführt wird, oder ein gemeinsam erarbeitetes und gestaltetes «Werk», das arbeitsteilig hergestellt und dann einem bestimmten Zielpublikum präsentiert wird.

Zentrales Merkmal der Projektarbeit ist das *eigenverantwortliche Tätigsein* der Unterrichtsteilnehmer: Die gemeinsame Planung, der «Ernstcharakter» des Handelns (es wird nicht nur «für sich» gelernt, sondern etwas für die Gemeinschaft Nützliches produziert) und der Öffentlichkeitsbezug sind wichtige Voraussetzungen, um die Lernenden die Verantwortung für ihr Tun (und Lernen) unmittelbar erleben zu lassen. Die Lehrperson ist in erster Linie Moderatorin bei der Planung und Reflexion des Arbeits- und Lernprozesses. Bei der Durchführung der Projektarbeiten ist sie Beraterin, die die selbständig arbeitenden Teilnehmergruppen bei der Lösung von auftretenden Problemen unterstützt.

Schritte des Handlungsmodells

1. Entscheidung für ein Projektziel

↓

2. Gemeinsame Planung des Arbeitsprozesses (Grobplan)

↓

3. Gruppenbildung/Planung der Gruppenarbeiten

↓

4. Durchführung der geplanten Arbeiten (in Gruppen)

↓

5. Projektveranstaltung

↓

6. Abschliessende Reflexion

1. Entscheidung für ein Projektziel

Die Lehrperson greift eine Projektinitiative der Unterrichtsteilnehmer auf, oder sie unterbreitet der Klasse selber Vorschläge für die Durchführung eines Projektes. Das Projekt sollte auf ein Ziel ausgerichtet sein, das über die Grenze der Klasse hinausreicht und einen bestimmten Öffentlichkeitscharakter hat (z. B. Verkaufsaktion zugunsten eines Drittweltlandes; Aufklärungskampagne für ein aktuelles Umweltanliegen; Herstellung eines Biotops). Wichtig ist, dass die Unterrichtsteilnehmer vom Sinn des betreffenden Projektzieles überzeugt sind und dass sie sich – unter realistischer Einschätzung des Arbeitsaufwandes und der voraussichtlichen Schwierigkeiten – in echter Freiheit für oder gegen die Durchführung des Projektes entscheiden können.

2. Gemeinsame Planung des Arbeitsprozesses (Grobplan)

Nach dem gemeinsamen Entscheid für ein bestimmtes Projekt wird das Projektziel präzisiert. (Wie genau soll das beabsichtigte Ergebnis aussehen? Aus welchen Teilzielen setzt es sich zusammen?) Zusammen mit der Klasse wird ein Grobplan erstellt, in dem die verschiedenen Arbeiten aufgelistet werden, die zur Verwirklichung des Projektzieles notwendig sind. Zudem werden die Rahmenbedingungen geklärt, die während der Projektarbeit gelten. (Arbeitszeiten; Regeln, die bei der Zusammenarbeit beachtet werden sollen; arbeitstechnische Hinweise usw.)

3. Gruppenbildung/Planung der Gruppenarbeiten

Für die einzelnen Arbeiten, die im Grobplan festgelegt wurden, werden Interessengruppen gebildet. Falls die Arbeitsziele der einzelnen Gruppenarbeiten relativ umfangreich sind, wird in den einzelnen Gruppen ein Arbeitsplan erstellt (im Sinne einer Präzisierung des Grobplanes).

Bei projektunerfahrenen Klassen ist es wichtig, dass die verschiedenen Gesichtspunkte, die bei der Erstellung eines Arbeitsplanes zu berücksichtigen sind, geklärt und evtl. als Planungshilfen vorgegeben werden.

4. Durchführung der geplanten Arbeiten (in Gruppen)

Die Gruppen arbeiten selbständig gemäss dem in der Klasse erstellten Grobplan bzw. dem in der Gruppe erarbeiteten Arbeitsplan. Die

Lehrperson berät die Gruppen, indem sie auf mögliche Schwierigkeiten aufmerksam macht, auftretende Spannungen und Konflikte aufspürt und für die Lösung von aktuellen Problemen Hilfen anbietet. Zudem ist sie dafür besorgt, dass während dieser Arbeitsphase sogenannte «Fixpunkte» eingeräumt werden, in denen sich die Arbeitsgruppen gegenseitig über den Stand der Arbeiten informieren und in denen der Arbeits- und Kommunikationsprozess kritisch reflektiert wird.

5. *Projektveranstaltung*

Die Durchführung der geplanten Aktion bzw. die Präsentation des gemeinsam erarbeiteten Werkes steht am Ende der Projektarbeiten. Je nach Projektziel kann es sinnvoll sein, die angesprochenen Personengruppen aktiv in die thematische Auseinandersetzung einzubeziehen (z. B. Befragung des Publikums nach seiner Meinung bzgl. der im Projekt bearbeiteten Thematik; Veranstaltung von Gruppengesprächen usw.).

6. *Abschliessende Reflexion*

In der abschliessenden Reflexion geht es darum, die Erkenntnisse, die während der Projektarbeit auf der inhaltlichen, sozialen und arbeitstechnischen Ebene gemacht wurden, zu vergegenwärtigen. Aufgetretene Schwierigkeiten sollten nochmals aufgegriffen werden, um daraus Konsequenzen und Regeln für künftige Projektarbeiten festzuhalten. Unter Umständen können einzelne thematische Fragen, die während der Projektarbeit aufgetaucht sind und für deren sorgfältige Klärung die Zeit fehlte, aufgegriffen und mit Hilfe von geeigneten Unterlagen bearbeitet werden.

11. Themenorientierte Projekte (Lernprojekte)

Von einem Projektunterricht wird üblicherweise auch dann gesprochen, wenn die Erarbeitung eines Unterrichtsthemas gemeinsam mit den Kursteilnehmern geplant und in Arbeitsgruppen arbeitsteilig durchgeführt wird. Das Arbeitsergebnis (also das «Handlungsziel») ist in diesem Falle ein «themenzentriertes Produkt» wie z.B. eine Wandzeitung, eine Ausstellung, eine Informationsschrift, ein Referat, ein Hörspiel, ein Videofilm, eine Diashow zur bearbeiteten Thematik. Das Recherchieren, Sammeln und Aufarbeiten der relevanten Informationen wird zunächst im Zentrum der Aktivitäten stehen, während das eigentliche Handlungsziel – die Projektveranstaltung, an der die themenzentrierten Produkte präsentiert werden – erst zu einem späteren Zeitpunkt handlungsbestimmend wird. (Oft lässt sich erst nach einer genaueren Auseinandersetzung mit dem Thema entscheiden, in welcher Form und welchem Adressatenkreis die Arbeitsergebnisse präsentiert werden sollen.) In diesem Sinne umfasst die themenorientierte Variante des Projektunterrichtes schwerpunktmässig zwei Phasen:

- Phase 1: Selbständige Aufarbeitung des Themas durch verschiedene Gruppen *(Arbeitsteilige Gruppenarbeit),*
- Phase 2: Planung, Vorbereitung und Durchführung der Ergebnispräsentation *(Projektveranstaltung).*

Die Wissensaneignung vollzieht sich somit in doppelter Hinsicht: einerseits während der (arbeitsteiligen) Arbeitsphase, in der es darum geht, zu einem vereinbarten Thema Informationen zusammenzutragen und aufzubereiten; andererseits während der Lernveranstaltung, bei der die verschiedenen Gruppen die Ergebnisse ihrer «Recherchen» vorstellen und versuchen, die übrigen Kursteilnehmer in die thematische Auseinandersetzung einzubeziehen.

Schritte des Handlungsmodells

1. Vorstellen der Projektidee/Themenwahl
↓
2. Analyse des Themas
↓
3. Formulierung des Projektzieles
↓
4. Planung und Durchführung der Gruppenarbeiten
↓
5. Projektveranstaltung
↓
6. Abschliessende Reflexion

1. Vorstellen der Projektidee/Themenwahl

Die Lehrperson stellt den Unterrichtsteilnehmern die Idee eines Lernprojektes vor und sucht – gemeinsam mit den Teilnehmern – nach möglichen Projektthemen.
Wichtige Kriterien für die Themenbestimmung:

- Das Thema muss im Interessen- und Erfahrungshorizont der Teilnehmer liegen und nach Möglichkeit vorhandene Teilnehmer-Ressourcen zum Tragen bringen.
- Das Thema muss vielfältige Teilthemen und Problemstellungen beinhalten (fächerübergreifend) und unterschiedliche Zugänge zu Informationsquellen ermöglichen (nicht nur Textlektüre, sondern echtes Recherchieren!).
- Es sollte sich nicht um ein Thema handeln, das zum primären Interessen-und Kompetenzbereich der Lehrperson gehört. (Gefahr, dass diese die Verantwortung für den Lehr- und Lernprozess nicht

abgeben kann und den Teilnehmern die eigenen Vorstellungen aufdrängt!)

Bei der Themenbestimmung sind die Regeln des Brainstorming zu beachten: Zunächst mehrere Ideen (im Plenum oder in der Gruppe) zusammentragen, erst dann diskutieren und bewerten. (Die Lehrperson hilft mit als Moderatorin!)

2. Analyse des Themas

Nach der (provisorischen) Themenwahl geht es nun um ein Erschliessen der thematischen Vielfalt des gewählten Themas. Dies kann z. B. geschehen, indem – im Plenum oder in Gruppen – zunächst eigene Erfahrungen und persönliche Beziehungen zum Thema ausgetauscht werden. Auf dem Hintergrund dieses Austausches werden anschliessend – wiederum als Brainstorming! – mögliche Fragen und Problemstellungen zum Thema gesammelt und im Plenum zusammengetragen und geordnet. Die so gebildeten Fragegruppen bilden dann die Teilthemen, die von einzelnen Interessengruppen bearbeitet werden können.

3. Formulierung des Projektzieles

Nach dieser ersten thematischen Auseinandersetzung ist der Zeitpunkt gekommen, um den Projektplan zu erstellen – vorausgesetzt, dass das Interesse der Teilnehmer am Projektthema nach wie vor vorhanden ist (unbedingt nochmals abklären!). Dabei geht es als erstes darum, das Projektziel zu präzisieren. Dies geschieht am besten in Form einer schriftlichen Vereinbarung.

Das Projektziel sollte vom Plenum nach Möglichkeit einstimmig genehmigt werden. Es dient für die folgende Arbeitsphase als verbindlicher Orientierungsrahmen. Änderungen sind zwar jederzeit möglich, müssen aber vom Plenum genehmigt werden!

Beispiel für ein ausformuliertes Projektziel:

(1) Ziel des Projektes zum Thema ... ist die Vorbereitung und Durchführung einer Lernveranstaltung. Diese Veranstaltung findet statt am ...
(2) Die folgenden Teilthemen werden bearbeitet und an der Lernveranstaltung präsentiert: ...
(3) Für die einzelnen Teilthemen sind die folgenden Präsentations- und Auseinandersetzungsformen vorgesehen:
- *Informationskiosk mit Informationen zum Thema und verschiedene Denk- und Arbeitsanregungen*
- *Erfahrungsberichte*
- *Diskussionen zu ausgewählten Aspekten und Problemen*

(4) *Es können auch andere bzw. zusätzliche Informations- und Lernangebote eingeplant werden (z.B. Einladung eines Experten), diese müssen jedoch vom Plenum genehmigt werden.*

Zusätzlich zum Projektziel sollten auch die notwendigen Rahmenbedingungen geklärt werden (z. B. Kurszeiten und Kursräume, die für die Projektarbeit zur Verfügung stehen; Unkostenfinanzierung; Plenumszusammenkünfte während der Projektarbeit; Koordinationsfragen; vorgegebene Lernziele des Curriculums; falls vom Ausbildungskonzept her erforderlich, auch Fragen des Leistungsnachweises wie Arbeitsprotokolle, Lerntagebuch usw.).

Schliesslich werden Gruppen gebildet zur Bearbeitung der vorgesehenen Teilthemen. (Falls für ein bestimmtes Teilthema keine Interessenten gefunden werden, bedeutet dies eine Änderung des Projektzieles, die vom Plenum genehmigt werden muss!)

4. Planung und Durchführung der Gruppenarbeiten

Die einzelnen Arbeitsgruppen planen die Bearbeitung ihres Teilthemas gemäss dem vereinbarten Projektziel. Zu diesem Zwecke ist es sinnvoll, wenn die Gruppe zunächst eine differenzierte Analyse ihres Teilthemas vornimmt (Klärung des persönlichen Bezuges zum

Thema; Ergänzung der Liste mit möglichen Fragestellungen; erste Sichtung der verfügbaren Literatur; Erstellung eines Mind-Map; Zusammenstellung möglicher Informationsquellen). Sodann sollten die Arbeitsschwerpunkte ausgewählt, das Gruppenprojektziel festgelegt und schliesslich ein entsprechender Tätigkeits- und Zeitplan erstellt werden.

Nach der Planungsphase (für die unbedingt genügend Zeit eingeräumt werden muss!) arbeiten die Gruppen selbständig gemäss dem erstellten Arbeitsplan.

Die Lehrperson berät die Gruppen (vor allem in der Planungsphase!), indem sie auf mögliche Schwierigkeiten aufmerksam macht und für die Lösung von aktuellen Problemen ihre Hilfe anbietet. Zudem ist sie dafür besorgt, dass während dieser Arbeitsphase sogenannte «Fixpunkte» eingeräumt werden, in denen sich die Arbeitsgruppen gegenseitig über den Stand der Arbeiten informieren und in denen der Arbeits- und Kommunikationsprozess kritisch reflektiert wird.

5. Projektveranstaltung

Die Durchführung der geplanten Lehrveranstaltung steht am Ende der Projektarbeiten. Erfahrungsgemäss ist es hilfreich, wenn die organisatorische Verantwortung für diese Veranstaltung bei einer «Koordinationsgruppe» liegt, die sich aus je einem Mitglied jeder Arbeitsgruppe sowie der Lehrperson zusammensetzt. Aufgabe dieser Gruppe ist es beispielsweise, ein detailliertes Veranstaltungsprogramm zu erstellen und für die notwendigen räumlichen und materiellen Rahmenbedingungen zu sorgen.

6. Abschliessende Reflexion

In der abschliessenden Reflexion geht es darum, die Erkenntnisse, die während der Projektarbeit und der Projektveranstaltung auf der inhaltlichen, gruppendynamischen und arbeitstechnischen Ebene gemacht wurden, zu vergegenwärtigen. Aufgetretene Schwierigkeiten können nochmals aufgegriffen werden, um daraus Konsequenzen und Regeln für künftige Projektarbeiten festzuhalten.

12. Leittextgesteuerte Unterrichtssequenzen

Der leittextgesteuerte Unterricht wurde im Rahmen der betrieblichen Berufsausbildung entwickelt. Im Zentrum steht hier – wie im Projektunterricht – ein selbstgesteuertes, arbeitsprozessbegleitendes Lernen, bei dem die Wissensaneignung mit der Herstellung eines konkreten Arbeitsproduktes oder mit der Verrichtung einer zweckgerichteten Tätigkeit gekoppelt ist. Allerdings müssen sich hier die Lernenden das Wissen, das für die erfolgreiche Ausführung der Tätigkeit notwendig ist, vorgängig aneignen, und zwar individuell (d. h. dem persönlichen Lebensstil und -tempo angepasst) und weitgehend selbständig mit Hilfe von bereitgestellten Unterlagen. Abgestützt auf diese vorgängige Wissensaneignung wird dann der Arbeitsprozess durch die Lernenden geplant und von ihnen ausgeführt, wobei der Erprobung eigener Vorgehens- und Verhaltensweisen und dem damit verbundenen Lernen durch Erfahrung ein grosser Stellenwert eingeräumt wird.

Die Steuerung des Lern- und Arbeitsprozesses erfolgt mit Hilfe von sogenannten «Leittexten»: *Leittexte enthalten diejenigen Informationen (Texte, Skizzen usw.), Aufgaben und Anweisungen, die notwendig sind, um den gestellten Arbeitsauftrag erfolgreich zu bewältigen.* Die Lehrperson selber steht im Hintergrund: Sie ist Beraterin und Prozessbegleiterin und tritt in erster Linie bei der Reflexion der Lern- und Arbeitsergebnisse in Aktion. Die Steuerungsfunktion («Leitung») überlässt sie so weit als möglich den «Leittexten».

Die Leittextmethode ist eine raffinierte Verbindung der Projektmethode mit der Methode des individualisierenden Unterrichtes. Von der individualisierenden Unterrichtsmethode übernimmt sie die Idee der individuellen, dem eigenen Lerntempo und Lernstil angepassten Informationsaneignung. Vom Projektunterricht stammt – wie bereits erwähnt – die Idee des arbeitsprozessbegleitenden Lernens und der weitgehend selbständigen Planung und Durchführung von produktorientierten Arbeitsprozessen. Die zentrale Schwäche des Projektunterrichtes (es können keine verbindlichen Lernergebnisse geplant werden) und die Problematik der herkömmlichen Individualisierungspraxis (die Kenntnisse werden ohne direkten Praxisbezug vermittelt) werden damit in idealer Weise ausgeschaltet bzw. kompensiert.

Die Erkenntnisse, die durch die Leittextmethode vermittelt werden, können grundsätzlich auf drei Ebenen angesiedelt sein:

- *auf der fachlichen Ebene:* Erkenntnisse bei der Auseinandersetzung mit den notwendigen Sachinformationen; Erkenntnisse bei der Bewältigung von Fehlern und praktischen Schwierigkeiten, die bei der selbständigen Arbeitsdurchführung auftauchen.
- *auf der arbeitsmethodischen Ebene:* Erkenntnisse bzgl. der selbständigen Informationsaneignung; bzgl. einer effizienten Arbeitsplanung; bzgl. sinnvoller Problemlösestrategien.
- *auf der kommunikativen Ebene* (sofern die Arbeiten in Arbeitsteams ausgeführt werden): Erkenntnisse bzgl. des Umgangs mit Kooperationsproblemen.

Schritte des Handlungsmodells

1. Konfrontation mit einer praktischen Aufgabenstellung
↓
2. Wissen aneignen (Fragen beantworten)
↓
3. Kontrolle der vorausgesetzten Kenntnisse
↓
4. Arbeitsplanung
↓
5. Ausführen der Arbeiten
↓
6. Beurteilung des Arbeitsprozesses und -produktes

1. Konfrontation mit einer praktischen Aufgabenstellung

Eine produkt- bzw. tätigkeitsorientierte Aufgabenstellung, die für den Lernenden eine positive Herausforderung darstellt, wird vorgegeben. Geeignet sind vor allem Tätigkeiten, die einen direkten Bezug zu einem praktischen Ausbildungsziel aufweisen. Unter Umständen kann sich die Aufgabenstellung auch auf Informations-Produkte (z. B. Gestaltung einer Ausstellung, eines Zeitungsartikels usw.) beziehen. Wichtig ist, dass sich die Lernenden eine konkrete Vorstellung vom angestrebten Produkt machen können. (Falls möglich, Bilder und Illustrationen des intendierten Endproduktes vorlegen!)

2. Wissen aneignen (Fragen beantworten)

Nach der Klärung des Arbeitszieles erhalten die Teilnehmer einen «Fragebogen» mit Fragen zu allem, was an fachlichen Kenntnissen notwendig ist, um einen sachgerechten Arbeitsplan zu erstellen und um die nachfolgenden Arbeiten fachlich fundiert auszuführen. Zusammen mit diesen Fragen erhalten die Lernenden Unterlagen, die es ihnen erlauben, die Antworten selbständig (d. h. ohne die Hilfe der Lehrperson) zu erarbeiten. Die Fragen besitzen einerseits die Funktion, die Vorkenntnisse und Vorerfahrungen des Lernenden zu aktualisieren, andererseits sollen sie eine zielgerichtete Auseinandersetzung mit bereitliegenden Unterlagen anregen.

Die Beantwortung der Fragen kann in Einzel-, Partner- oder in Gruppenarbeit erfolgen.

3. Kontrolle der vorausgesetzten Kenntnisse

Im Anschluss an die Erarbeitung der Fragebogen-Antworten erhalten die Lernenden bzw. die einzelnen Lerngruppen Gelegenheit, ihre Lösungen zu kontrollieren. Dies kann im Sinne einer Selbstkontrolle durch den Vergleich mit einem bereitliegenden Antwortblatt geschehen. Bei anspruchsvollen Themen werden die Antworten mit der Lehrperson besprochen. Nicht oder falsch beantwortete Fragen zeigen Kenntnislücken auf. Sie sind für den Lernenden ein Anlass, um sich gezielt mit zusätzlichen Lernangeboten zur betreffenden Fragestellung auseinanderzusetzen. (Die Lehrperson hat in diesem Falle die Aufgabe, solche zusätzlichen Lernaufgaben bereitzustellen oder selber ein entsprechendes Unterrichtsangebot zu machen.)

4. Arbeitsplanung

Nach der erfolgreichen Aneignung der vorausgesetzten Kenntnisse beginnt der eigentliche (produktorientierte) Arbeitsprozess, und zwar mit der Erstellung eines Arbeitsplanes. Im wesentlichen geht es hier um die Definition der einzelnen Arbeitsschritte, um die Festlegung einer sinnvollen Reihenfolge der einzelnen Arbeitsschritte sowie um die Zusammenstellung der benötigten Arbeitsmaterialien und -hilfsmittel.

Mögliches Vorgehen: Die einzelnen Arbeitsschritte werden von den Lernenden (bzw. von den einzelnen Arbeitsteams) möglichst vollständig aufgelistet und auf Haftkarten notiert. Anschliessend werden die Karten zu einem sinnvollen Arbeitsplan geordnet.

Der Arbeitsplan wird mit der Lehrperson besprochen. Wichtig ist, dass jeder erfolgversprechende Ablauf akzeptiert wird: Es gilt hier weniger, den optimalsten Ablauf zu finden als vielmehr die in der Sache liegenden Abhängigkeiten zu erkennen.

5. Ausführen der Arbeiten

Durch die vorangegangene Kenntnisaneignung sowie die Erstellung des Arbeitsplanes sind die Lernenden nun in der Lage, relativ selbständig zu arbeiten. Die Lehrperson ist Begleiterin und greift nur ein, wenn es von Seiten der Teilnehmer gewünscht wird oder wenn schwerwiegende Fehler auftauchen.

6. Beurteilung des Arbeitsprozesses und -produktes

Nach Abschluss der Arbeiten beurteilen die Teilnehmer den Arbeitsprozess und das Arbeitsprodukt. Es geht hier zunächst darum, eine Eigenbewertung vorzunehmen, mutmassliche Ursachen für aufgetretene Mängel festzuhalten und Folgerungen aus festgestellten Fehlern zu ziehen. Dieser individuelle Reflexionsprozess kann unterstützt werden durch geeignete Reflexionsfragen, die von der Lehrperson zur Beantwortung vorgelegt werden. (Bei Teamarbeiten sollte sich ein Teil der Reflexionsfragen auch auf den Gruppenprozess beziehen.) Die Ergebnisse des Reflexionsprozesses werden anschliessend in einem Gespräch der einzelnen Arbeitsgruppen mit der Lehrperson oder in einem Plenumsgespräch ausgetauscht. Die Lehrperson ihrerseits bewertet die fertigen Ergebnisse und teilt die Beobachtungen mit, die sie während des Arbeitsprozesses gemacht hat.

Hinweise zur Erstellung von Leittext-Unterlagen

Folgendes Vorgehen hat sich als Einstieg in die Entwicklung eines Leittextsystems als praktikabel erwiesen:

Es wird zunächst ein «Konzeptpapier» entworfen, das in etwa drei gleich grosse Spalten unterteilt ist für (a) Arbeitsschritte, (b) gedankliche Operationen/Kenntnisse/typische Fehler und (c) Leitfragen.

a) Arbeitsschritte
In der linken Spalte werden möglichst genau die Arbeitsschritte aufgeschrieben, die der Lernende für die Produktherstellung durchführen soll.

b) Gedankliche Operationen/Kenntnisse/typische Fehler
In der zweiten Spalte wird zu jedem Arbeitsschritt hinzugefügt, was der Lernende zur korrekten Durchführung dieses Arbeitsschrittes wissen muss und welche typischen Fehler dabei auftreten können.

c) Leitfragen
Die letzte Spalte enthält Leitfragen. Diese sollen verständlich und eindeutig formuliert sein und zum Wissen hinführen, das zur Realisierung des betreffenden Arbeitsschrittes notwendig ist.

Durch ein solches «Konzeptpapier» wird deutlich, welches die zentralen Schwierigkeiten und Sachfragen sind, die in der Phase der Wissensaneignung berücksichtigt werden müssen. In einem weiteren Vorgehensschritt geht es dann darum, geeignete Informationsunterlagen zusammenzustellen, die für die selbständige Bearbeitung dieser Schwierigkeiten und Sachfragen geeignet sind.

13. Fallstudien

In der Fallstudie geht es um die Bearbeitung eines reellen oder realistischen «Falles», d.h. eines realitätsnahen Problem-Ereignisses (eines «Vorfalles») oder einer problemhaltigen Entscheidungssituation. Der «Fall» wird den Teilnehmern vorgelegt mit dem Auftrag, die in der Fallschilderung angesprochenen Probleme zu analysieren, mögliche Lösungsvarianten zu entwerfen und schliesslich eine begründete Entscheidung zu treffen. Charakteristisch für diese Methode ist die Vorgabe verschiedener Dokumente, deren Studium Voraussetzung ist für eine fundierte Fallbearbeitung und Entscheidungsfindung. In dieser Falldokumentation sollte alles enthalten sein, was die Teilnehmer benötigen, um den vorgegebenen Fall sinnvoll zu lösen und um eine sinnvolle Entscheidung treffen zu können.

Je nach Fall können die Dokumente unterschiedliche Informationen enthalten, so zum Beispiel

- Angaben zum Umfeld, in welchem sich der Fall abspielt
- Daten zu wichtigen Problem- und Lösungsfaktoren
- Stellungnahmen von Betroffenen
- wissenschaftliche Gutachten (Ergebnisse von einschlägigen Untersuchungen)
- rechtliche Grundlagen

Die Fallstudie ist eine Methode, die in ausgezeichneter Weise den Prinzipien der erkenntnisorientierten Wissensvermittlung entspricht, da es darum geht, vorgegebene Informationen problemorientiert aufzubereiten und anzuwenden, um ein vorgegebenes Problem angemessen verstehen und lösen zu können. Von den Unterrichtsteilnehmern verlangt die Fallstudie ein grosses Mass an selbständiger

Aktivität, während die Lehrperson im Verlauf des Unterrichtes im Hintergrund bleibt und primär als Beraterin bei auftretenden Schwierigkeiten zur Verfügung steht.

Schritte des Handlungsmodells

1. Fallpräsentation

↓

2. Problemklärung

↓

3. Studium der Falldokumentation

↓

4. Fallbearbeitung

↓

5. Diskussion im Plenum

1. Fallpräsentation

Die Teilnehmer werden mit einem «Fall» konfrontiert, der nach Möglichkeit aus dem Praxisbereich der Teilnehmer stammt und der durch seine Realitätsnähe bei den Lernenden das Gefühl des eigenen Involviertseins in die dargestellte Situation auszulösen vermag. Wichtig ist, dass der geschilderte Fall hinreichend komplex ist, damit sich einerseits die Notwendigkeit einer Problemanalyse ergibt und andererseits mehrere (mindestens zwei) sinnvolle Lösungsvarianten möglich sind, die ein sorgfältiges Abwägen der Vor- und Nachteile implizieren. (Unter Umständen bilden die Lösungsvarianten selber einen Bestandteil der Fallschilderung – z. B. im Sinne eines Entscheidungsdilemmas.)

Falls nötig, kann an die Fallschilderung eine kurze Phase anschliessen, in der Rückfragen der Teilnehmer zur Fallschilderung geklärt werden.

2. *Problemklärung*

Für die subjektive Erfassung und Durchdringung des präsentierten Falles sind – je nach Konzeption der Fallstudie – zwei unterschiedliche Vorgehensweisen denkbar:

Variante 1: Die Teilnehmer formulieren gemeinsam das zentrale Problem, das in der Fallbeschreibung sichtbar wird und tragen die Fragen zusammen, die zur Klärung und Lösung des Problemes beantwortet werden müssen. Die Fragestellungen bilden dann den Bezugspunkt für die weitere Fallbearbeitung.

Variante 2: Zusammen mit der Fallbeschreibung werden den Teilnehmern präzisierende Fragen und Aufgabenstellungen vorgegeben (z. B.: Welches ist das zentrale Problem, das in der Fallbeschreibung zum Ausdruck kommt? Wo liegen die möglichen Problemursachen? Welches sind mögliche Lösungen? Welches sind die Vor- und Nachteile der verschiedenen Lösungsvarianten? Für welche Lösungsvariante würdest du dich entscheiden? Wie würdest du diese Lösung gegenüber den Verantwortlichen/Betroffenen begründen?). Die Teilnehmer versuchen nun, die vorgegebenen Fragen soweit möglich mit dem verfügbaren Wissen zu beantworten und erste Lösungshypothesen zu entwickeln. Die vorhandenen Informationsdefizite werden in Frageform festgehalten.

3. *Studium der Falldokumentation*

Die Teilnehmer erhalten Gelegenheit, die Falldokumentation zu studieren. (Da die Fallbearbeitung in dieser Phase möglichst selbständig durchgeführt werden sollte, ist darauf zu achten, dass die Dokumente ohne zusätzliche Hilfestellungen verständlich sind.) Je nach Zeitbudget und Zielsetzung kann es sinnvoll sein, dass das Studium der Unterlagen innerhalb der Bearbeitungsgruppen arbeitsteilig organisiert wird.

Falls keine geeignete Falldokumentation verfügbar ist, kann die notwendige Informationsbeschaffung durch die Teilnehmer selber vorgenommen werden (Expertenbefragung, Konsultieren von Nachschlagewerken usw.). Unter Umständen kann sich die Lehrperson als Auskunftsperson für eine «Expertenbefragung» zur Verfügung stellen. (Hilfreiche Spielregel: Die Fragen müssen so gestellt werden, dass sie mit «Ja» oder «Nein» beantwortet werden können. Dadurch wird die selbständige Hypothesenbildung angeregt!)

4. Fallbearbeitung

Auf dem Hintergrund der angeeigneten Informationen wird das in Schritt 2 erarbeitete Problemverständnis überprüft; die aufgeworfenen bzw. vorgegebenen Fragen werden schriftlich beantwortet. Darauf aufbauend werden verschiedene Lösungsvarianten entwikkelt und miteinander verglichen. Schliesslich wird eine definitive Fall-Lösung (bzw. ein Statement zur bereits vorliegenden Lösung) erarbeitet und möglichst differenziert begründet.

5. Diskussion im Plenum

Die erarbeiteten Lösungen werden im Plenum ausgetauscht. Je nach Anzahl und verfügbarer Zeit können sie mündlich vorgetragen oder zur individuellen Lektüre aufgelegt bzw. aufgehängt werden. Im Anschluss an diese Austauschphase folgt eine Diskussion, in der die Lösungen und die Begründungen kritisch reflektiert und – sofern vorhanden – mit der tatsächlich vorliegenden Lösung verglichen werden. Schliesslich sollte der Transfer des Erarbeiteten und Gelernten thematisiert werden. (Wo könnten ähnliche Fälle auftreten? Welches sind übertragbare Prinzipien und Einsichten, die im Verlaufe der Fallbearbeitung gewonnen werden konnten?)

Hinweise zum Entwerfen von Fallmaterial:

Für das Konstruieren von Fallstudien ist es hilfreich, die folgenden Vorgehensschritte zu beachten:

- Überlege, in welchem *Wirklichkeitsbereich* du die Fallstudie ansiedeln möchtest. (Ausschlaggebend für die Wahl des Wirklichkeitsbereiches dürften die Fächer sein, die in die Fallstudien einbezogen werden sollen.)

- Suche ein konkretes (fiktives oder tatsächlich gegebenes) *Ereignis,* das in irgendeiner Weise mit einem Problem, einem Konflikt, einer Schwierigkeit verbunden ist. Umschreibe das Ereignis mit Stichworten. Überlege, ob du die Lösung vorgeben möchtest oder ob sie offenbleiben soll.
- Formuliere die *Problemstellung,* die in diesem Fall zum Ausdruck kommt und die bei der Fallbearbeitung im Zentrum stehen soll.
- Überlege, welche *Lernziele* bei der Fallbearbeitung erreicht werden können bzw. erreicht werden sollen.
  Schreibe mögliche *Fragestellungen* auf, die den Lernenden für die Bearbeitung des Falles hilfreich sein können.
- Überlege, welche *Informationen* für eine fundierte Fallbearbeitung notwendig sind und welche Dokumente, Unterlagen usw. als Informationsquellen geeignet sind.

14. Zukunftswerkstatt

Die Idee der Zukunftswerkstatt wurde vom Zukunftsforscher Robert Jungk ursprünglich in politischer Absicht entwickelt: als ein demokratisches Forum, «in dem sich Bürger gemeinsam bemühen, wünschbare, mögliche, aber auch vorläufig unmögliche Zukünfte zu entwerfen und deren Durchsetzungsmöglichkeiten zu überprüfen» (Jungk 1981, S. 21). Durch die Zukunftswerkstatt soll eine konkrete Möglichkeit geschaffen werden, um «jeden interessierten Bürger in die Entscheidungsfindung miteinzubeziehen, die sonst nur Politikern, Experten und Planern vorbehalten ist» (a.a.O. S. 20). Im Vordergrund steht dabei die Absicht, die verborgenen Wunschkräfte für eine bessere Zukunft, die in jedem Menschen schlummern, zu wecken und für den Entwurf von Visionen und konkreten Utopien zu nutzen.

Unter didaktischem Gesichtspunkt ist die Methode der Zukunftswerkstatt interessant als eine konsequente Verbindung des Problemlösemodells und des Kreativitätsmodells, wobei sowohl rational-analytische als auch intuitiv-emotionale Faktoren zum Tragen kommen. Zukunftswerkstätten lassen sich in Unterrichtsveranstaltungen einsetzen für die Bearbeitung von beliebigen gesellschaftlichen Problemen, sofern die entsprechenden institutionellen bzw. soziokulturellen Problemsituationen den Unterrichtsteilnehmern aus dem eigenen Erleben vertraut sind und von ihnen als unbefriedigend und veränderungsbedürftig wahrgenommen werden.

Das Vorgehen in einer Zukunftswerkstatt lässt sich in die folgenden drei Phasen unterteilen:
a) Kritikphase: Hier geht es darum, Unmut, Kritik, negative Erfahrungen zum Werkstatt-Thema zu äussern. Das laute Aussprechen aller Einwände und Vorwürfe gegen den aktuellen Ist-Zustand soll eine «kathartische Wirkung» mit sich bringen und als Basis für eine konstruktive Bearbeitung der aktuellen Probleme dienen.
b) Phantasiephase: In dieser zweiten Phase soll auf die vorgebrachte Kritik mit eigenen Wünschen, Träumen, Visionen geantwortet werden – möglichst losgelöst von den vorherrschenden bzw. vermeintlichen «Sachzwängen». Aus dem Ideenpool sollen dann die interessantesten Einfälle ausgewählt und in kleinen Arbeitsgruppen zu Lösungsvorschlägen (utopischen Entwürfen) ausgearbeitet werden.
c) Realisierungsphase: In der letzten Phase geht es um die Evaluierung der utopischen Entwürfe: Die «konkreten Utopien» sollen im Hinblick auf ihre Durchsetzungschancen überprüft werden, indem die gegenwärtigen Verhältnisse mit ihren Machtstrukturen, Gesetzen, politischen Interessenlagen usw. analysiert und auf die zu erwartenden Hindernisse befragt werden. Für die Überwindung dieser Hindernisse können wiederum konkrete Massnahmen entworfen werden. Nach Möglichkeit schliesst an diese «theoretische» Ideen-Evaluation eine Aktionsphase an, in der konkrete Handlungspläne entworfen und im Sinne eines «Handlungsprojektes» umgesetzt werden.

Die Zukunftswerkstatt ist eine Unterrichtsform, bei der das *subjektive Wissen* der Unterrichtsteilnehmer klar im Vordergrund steht. Jungk selber betont, dass jeder Bürger «Experte» ist für die Gestaltung des eigenen künftigen Lebens sowie für die Gestaltung des gesellschaftlichen Umfeldes, in dem sich dieses Leben abspielt! Nach ihm kann das objektive Wissen von «Sachexperten» bei der Entwicklung von Zukunftsvisionen hinderlich sein, da der Glaube an die sogenannten Sachzwänge und an die herrschenden Vorschriften lähmend auf die Phantasie wirkt. *Objektives Wissen* sollte daher erst in der abschliessenden Realisierungsphase zur Anwendung gelangen, indem die entstandenen Entwürfe vor dem Hintergrund des verfügbaren Faktenwissens evaluiert und auf die drohenden Hindernisse hin überprüft werden. (Hier kann das Studium von Akten, die Befragung von Politikern aus den verschiedenen Parteien, der Beizug von Experten usw. wichtig sein!)

Schritte des Handlungsmodells

1. Erstellen eines «Beschwerdenkataloges»

↓

2. Erarbeitung von Kritik-Themenkreisen

↓

3. Formulierung von Kritikaussagen

↓

4. Entwicklung eines utopischen Entwurfes (in Arbeitsgruppen)

↓

5. Überprüfung der Realisierbarkeit

↓

6. Entwicklung eines konkreten Handlungsplanes

1. Erstellen eines «Beschwerdenkataloges»

Nach einer kurzen Einführung in die Idee und die Methode der Zukunftswerkstatt werden die Teilnehmer dazu aufgefordert, das anstehende Problem möglichst vielfältig und erlebnisnah zu beschreiben etwa im Sinne von folgender Leitfrage: *«Was missfällt dir am heutigen Zustand von ... (z.B. unserer Schule)?»* Diese Leitfrage kann bei Bedarf durch zusätzliche Frageimpulse konkretisiert werden, wie z. B.: «Was stört dich am heutigen Zustand? Was sollte am besten sofort verschwinden? Was macht dich wütend, unzufrieden, hilflos?»

Die Kritik-Stichworte werden auf Karten schriftlich festgehalten, wobei zwei Vorgehensweisen denkbar sind:

Variante 1: Die Teilnehmer erhalten – in Einzel-, Partner- oder Gruppenarbeit – während ca. 10 Minuten Gelegenheit, ihre Kritikpunkte in Stichworten auf Karten festzuhalten. (Jeder Kritikpunkt auf eine separate Karte; mit dickem Filzstift gross und gut lesbar schreiben!) Die Karten werden anschliessend eingesammelt.

Variante 2: Die Kritikpunkte werden im Plenum zusammengetragen (Gesprächsregeln: Keine Monologe, sondern kurze, klare Sätze, Halbsätze oder Stichworte; Kritik an den vorgetragenen Aussagen ist nicht erlaubt; keine Killerphrasen!). Der Moderator/Kursleiter schreibt die Stichworte auf Karten und befestigt sie an der Tafel oder Pinwand.

2. Erarbeitung von Kritik-Themenkreisen

Die Karten mit den Kritik-Stichworten werden an der Tafel/Pinwand geordnet und mit Überbegriffen versehen.

Mögliches Vorgehen: Die auf den Karten festgehaltenen Stichworte werden kurz durchgegangen und *erläutert,* damit jeder ungefähr weiß, was sich hinter den Stichworten verbirgt. (Bei inhaltlich identischen Stichworten sollte Einigung gesucht werden über das treffendste Stichwort, das weiterverwendet werden soll.) Danach werden die Teilnehmer aufgefordert, durch *Punktevergabe* diejenigen Stichworte hervorzuheben, die ihnen persönlich am Herzen liegen. (Jeder Teilnehmer erhält 3 bis 7 Klebepunkte.)

Die mit Punkten versehenen Kritik-Stichworte werden nun nacheinander von den höchst- zu den niedrigstbewerteten durchgegangen und in *verschiedene Rubriken* eingeteilt. (Unter Umständen können dieselben Stichworte in mehreren Rubriken zugleich auftauchen.) Zu den einzelnen Rubriken werden anschliessend treffende Überschriften gesucht. Die Überbegriffe mit den zugehörigen Stichworten bilden die «Kritik-Themenkreise», die für die weitere Bearbeitung verwendet werden.

3. Formulierung von Kritikaussagen

Die Teilnehmer erhalten nun den Auftrag, im Rahmen einer kurzen Gruppenarbeit zu jedem Themenkreis eine «Kritikaussage» im Umfang von 1 bis 2 Sätzen zu formulieren. (Die Kritikaussagen sollen sich auf die zum jeweiligen Themenkreis zugehörigen Kritik-Stichworte abstützen; allerdings müssen in den Aussagen nicht *alle* Stichworte untergebracht werden; es geht um eine Beschränkung auf das, was die jeweilige Gruppe als wesentlich ansieht!) Kritikaussagen haben in diesem Sinne die Aufgabe, die wichtigsten Gedanken eines Themenkreises zu einer möglichst prägnanten These zu verdichten.

Die Kritikaussagen werden im Plenum erläutert und diskutiert und dann zur Abstimmung gestellt. Die von der Mehrheit favorisierte These zu jedem Themenkreis bildet die Grundlage für die nachfolgende «Phantasiephase».

4. Entwicklung eines utopischen Entwurfes (in Arbeitsgruppen)

Zu den einzelnen Kritikaussagen werden nun Interessengruppen gebildet. Ziel dieser Arbeitsphase ist es, einen «utopischen Entwurf» für eine bessere Zukunft zu erarbeiten und in einem «Markt der Utopien» dem Plenum zu präsentieren.

Mögliches Vorgehen:
Zunächst wird die von der Gruppe gewählte Kritik-Aussage zu einer *positiven Zukunftsaussage* umformuliert. (z. B. «Die Schule von heute neigt dazu, das Denkvermögen und die Kreativität der Schüler verkümmern zu lassen» kann wie folgt positiv gewendet werden: «Die Schule von morgen vermag das Denkvermögen und die Kreativität der Schüler optimal zu fördern.»)

Die positive Zukunfts-Aussage bildet nun den Ausgangspunkt für die Entwicklung einer *«konkreten Utopie»,* wobei drei Schritte vorgesehen sind:

- Im Sinne eines Brainstormings werden *Stichworte* zusammengetragen, die den Idealzustand, wie er in der positiven Zukunftsaussage umschrieben ist, konkretisieren. (Hilfreich zur Unterstützung dieser Phantasiereise kann die folgende Frage sein: «Stell dir vor, du machst einen Besuch in dieser idealen Welt der Zukunft? Was siehst du? Was ist anders als in der gewohnten Gegenwartswelt? Was gefällt dir besonders gut?»)
- Es werden die *positiven Auswirkungen* beschrieben, welche die charakteristischen Eigenheiten der idealen Zukunftswelt für die darin lebenden Personen mit sich bringen.
- Es werden mögliche *Schwierigkeiten* festgehalten, die in dieser idealen Zukunftswelt anfänglich auftreten können. Diese Schwierigkeiten werden zum Anlass genommen, um utopische Wege zur Problembeseitigung zu entwerfen.

Auf der Basis dieser utopischen Visionen wird in jeder Gruppe eine ca. 5minütige *Präsentation* für den anschliessenden «Markt der Utopien» vorbereitet. Die Form dieser Präsentation bleibt der Gruppe überlassen. (In Frage kommen beispielsweise Rollenspiele, Kurzreferate, Informationsstände, Bilder, Modelle usw.)

5. Überprüfung der Realisierbarkeit

Im Anschluss an die Utopie-Präsentation werden die Visionen auf ihre Realisierbarkeit hin überprüft. Dabei geht es nicht etwa darum, die Utopien an der Realität zu messen und sie im Hinblick auf die herrschenden Sachzwänge zurechtzustutzen; vielmehr soll die Realität auf ihre Veränderungsmöglichkeiten hin untersucht werden. Zu diesem Zwecke müssen zunächst die *«Kernideen»* der utopischen Entwürfe herauskristallisiert werden – im Sinne der folgenden Frage: *«Welches sind die wichtigsten Ideen in den vorliegenden Zukunftsentwürfen, die realisiert werden sollen?»* Eine solche Kernideensammlung kann im Plenum vorgenommen werden, indem entsprechende Teilnehmervorschläge zusammengetragen und anschliessend mit Hilfe von Punkten bewertet werden.

In einer weiteren Gruppenarbeit wird zu jeder Kernidee ein möglichst umfassender *Forderungskatalog* erstellt, in welchem festgehalten wird, was zur Verwirklichung der betreffenden Idee konkret verändert werden müsste.

Die einzelnen Forderungen dieses Kataloges werden nun daraufhin befragt, wieweit sie in der jetzigen Wirklichkeit auf *Unterstützung und Widerstand* stossen dürften. (Leitfragen: Welche Personengruppen und politischen Parteien sind mutmassliche Gegner dieser Forderungen? Welche Argumente und Sachzwänge dürften von diesen Personen dagegen ins Feld geführt werden? Wieweit sind diese Argumente und Sachzwänge stichhaltig, wieweit können sie widerlegt bzw. umgangen werden? Von welchen Personengruppen wäre allenfalls mit Unterstützung bei der Umsetzung zu rechnen? Wo gibt es bereits Ansätze zur Verwirklichung?) Im Zusammenhang mit dieser kritischen Analyse dürfte es wertvoll sein, wenn die Teilnehmer einschlägige Dokumente (z. B. über bereits lancierte Vorstösse) benutzen sowie Fachleute und Interessenvertreter nach den Unterstützungsmöglichkeiten und den zu erwartenden Widerständen befragen können.

Die Forderungskataloge und die entsprechenden Realitätsanalysen werden anschliessend im Plenum vorgestellt und diskutiert.

6. Entwicklung eines konkreten Handlungsplanes

In der ursprünglichen Idee der Zukunftswerkstatt bildet die Erstellung eines Verwirklichungsplanes und die Sichtung von konkreten

Massnahmen einen wichtigen Bestandteil des Konzeptes – etwa im Sinne der folgenden Leitfragen: Wie und wo fangen wir an? Welche ersten Verwirklichungsschritte sind zu unternehmen? Welche Mittel (Finanzen, Beziehungen) brauchen wir? Wie kommen wir dazu?

Wieweit dieser Schritt auch im Zusammenhang mit Unterrichtsveranstaltungen sinnvoll ist, ist in der jeweiligen Situation zu prüfen und hängt nicht zuletzt davon ab, ob die Möglichkeit zur Realisierung eines «Handlungsprojektes» zum entsprechenden Thema gegeben ist.

Anhang: Texte zur theoretischen Vertiefung

Text 1: Ein kurzer Exkurs zum erkenntnistheoretischen Hintergrund

Als erkenntnistheoretischer Hintergrund für dieses Buch dient die konstruktivistische Erkenntnistheorie. In einem kurzen erkenntnistheoretischen Exkurs möchte ich zusammenfassend skizzieren, was damit gemeint ist, um so die Prämissen der folgenden Ausführungen transparent zu machen.

Das Bild, das wir uns von der Wirklichkeit machen, ist aus konstruktivistischer Sicht nicht etwa ein originalgetreues Abbild dessen, was wir in der Welt (d. h. in der objektiv gesehenen Realität) vorfinden, sondern eine «Konstruktion» des menschlichen Geistes. Die im Alltag übliche Annahme, dass unsere Wahrnehmungen die «wirkliche Wirklichkeit» abzubilden vermögen und dass das, was wir als «Wissen» bezeichnen, letztlich als Kopie der Wirklichkeit zu verstehen sei, erweist sich bei genauer Betrachtung als ein Irrtum: Für die Konstruktivisten handelt es sich bei unseren Wissensinhalten nämlich um unsere eigenen «Erfindungen», die durch die Sinneswahrnehmungen zwar angeregt werden, aber erst durch die subjektiven Deutungen für den Menschen bedeutsam werden. Mit den Worten Watzlawicks: «Das vermeintlich *Ge*fundene ist ein *Er*fundenes, dessen Erfinder sich des Aktes seiner Erfindung nicht bewusst ist, sondern sie als etwas von ihm Unabhängiges zu entdecken vermeint und zur Grundlage seines ‹Wissens› und daher auch seines Handelns macht» (Watzlawick 1986, 9f.). Wahrnehmen und Erkennen sind demnach nicht abbildende, sondern schöpferisch-konstruktive Tätigkeiten. Je nach der Art und Weise, wie der Mensch sein Wahrnehmungsfeld strukturiert und akzentuiert, wie er den Fluss der Ereignisse interpunktiert, wie er die Sinnesdaten ordnet, die einzelnen Wahrnehmungen zusammenfügt und in eine sinnvolle Ganzheit integriert, entstehen verschiedene Wirklichkeiten.

Als Konsequenz dieser Überlegungen ergibt sich die These, dass die Übereinstimmung von «Abbild» und «Wirklichkeit» (die «Isomorphie») kein sinnvolles Kriterium für die Gültigkeit der Erkenntnis mehr sein kann. Glasersfeld schlägt daher vor, das Kriterium der Übereinstimmung von Gedanke und Wirklichkeit durch das Kriterium der «Viabilität» (d. h. der Brauchbarkeit im Sinne des Funktionierens) zu ersetzen. Nach dieser Auffassung – die nach Glasersfeld als Standpunkt des «radikalen Konstruktivismus» zu verstehen ist – stehen nämlich die Sinnesdaten in einem negativen Verhältnis zu unseren Wahrnehmungen und Erkenntnissen: «Unsere Sinnesorgane ‹melden› uns stets nur mehr oder weniger hartes Anstossen an ein Hindernis, vermitteln uns aber niemals Merkmale oder Eigenschaften dessen, woran sie stossen. Diese Eigenschaften stammen ganz und gar aus der Art und Weise, wie wir die Sinnessignale interpretieren» (Glasersfeld 1985, S. 11).

Glasersfeld braucht in diesem Zusammenhang das Bild eines blinden Wanderers, der seine Vorstellung von der Umwelt nur aus den Hindernissen aufbauen kann, die seine Bewegungsfreiheit beschränken. Genauso «bauen wir unser «Weltbild» aus Signalen auf, deren Ursprung wir uns ebenfalls nur in Berührung mit Hindernissen der Umwelt vorstellen können» (a.a.O.). Welche Signale wir dabei aufnehmen, hängt nicht zuletzt vom Handlungszusammenhang ab, in dem wir uns gerade befinden, «und dieser jeweilige Zusammenhang erfordert nie, dass wir die ‹Umwelt› so sehen, wie sie ‹in Wirklichkeit› ist (was wir ja ohnedies nicht könnten), sondern er verlangt nur, dass das, was wir wahrnehmen, uns zu erfolgreicherem Handeln befähigt. Das ist der Grund, weswegen auch schon auf dem Gebiet der Wahrnehmung der Begriff des Passens weitaus zutreffender erscheint als jener der ikonischen Übereinstimmung. Vom Gesichtspunkt des Handelnden ist es irrelevant, ob seine Vorstellungen von der Umwelt ein ‹wahres› Abbild der ontischen (seienden) Wirklichkeit darstellen – was es braucht, ist eine Vorstellung, die es ihm erlaubt, Zusammenstösse mit den Schranken der Wirklichkeit zu vermeiden und an sein Ziel zu kommen» (Glasersfeld 1985, S. 11f.).

Diese Überlegungen führen schliesslich zu einer evolutionären Erkenntnistheorie mit folgender Grundannahme:

Genauso, wie die «natürliche Auslese» dazu führt, dass im Hinblick auf die jeweilige Umwelt ungenügend ausgestattete (d.h. fehlangepasste) Lebewesen aussterben, sorgt die Evolution der Erkenntnis dafür, dass unpassendes (nicht funktionsfähiges, nicht zweckdienliches) Wissen ausgesondert wird bzw. nach und nach zu passenderen Formen weiterentwickelt wird.

Was bedeuten nun die Prämissen der konstruktivistischen Erkenntnistheorie für die vorliegende Arbeit?

Zunächst einmal spiegelt sich die konstruktivistische Auffassung, wie sie hier kurz skizziert wurde, im *Wissensbegriff,* der in dieser Arbeit verwendet wird. Gemäss der konstruktivistischen Annahme, dass unser Wissen nicht als ein passiv empfangenes und wirklichkeitgetreues «Abbild» der objektiven Welt zu verstehen ist, sondern als eine mehr oder weniger brauchbare Konstruktion, rückt die Frage nach der *«Wissensgenese»,* d.h. nach dem historisch-gesellschaftlichen und invididuellen Entstehungsprozess des Wissens, in den Vordergrund; die Klärung dieser Frage wird hier als eine wichtige Voraussetzung für ein angemessenes Verständnis unseres Wissens betrachtet – und infolgedessen auch als Grundlage für eine angemessene Vermittlung bzw. Aneignung dieses Wissens. Entsprechend wird hier auf theoretische Modelle Bezug genommen, die den Prozess der (ontologischen und psychologischen) Wissensgenese plausibel zu erklären vermögen. Neben Piaget und Popper sind dies u.a. auch Dewey und Wagenschein. (Die letzteren beiden werden zwar üblicherweise nicht als «Konstruktivisten» betrachtet, ihre didaktischen Modelle sind indessen ohne weiteres mit den konstruktivistischen Prämissen zu vereinbaren.)

Ebenfalls von zentraler Bedeutung für meine Ausführungen ist die konstruktivistische Prämisse, dass die Art und Weise, wie wir unsere Wirklichkeit konstruieren, die Wahrnehmung und Gestaltung unserer Handlungsfelder entscheidend prägt. Oder anders formuliert: *Unsere «Wirklichkeitskonstruktionen» – andernorts werden sie auch als «Konstrukte», als «Alltagstheorien» oder als «subjektive Theorien» bezeichnet – sind ausserordentlich wichtige Steuerungselemente im Handlungsprozess.* Dies bedeutet, dass eine wirksame «Verhaltensänderung» immer auch eine Veränderung unserer «Wirklichkeitskonstruktionen» miteinschliesst. Damit unterscheidet sich die hier vertretene Didaktik deutlich von einer verhaltenspsychologisch orientierten Didaktik, die eine empirische Beschreibung des Lehrerverhaltens und ein entsprechendes Verhaltenstraining in den Mittelpunkt stellt. (Damit ist natürlich nicht gesagt, dass eine Veränderung des unterrichtlichen Handelns nicht auch über eine Verhaltensänderung *initiiert* werden kann; betont wird hier einzig, dass der Umbau der handlungsleitenden Kognitionen im Lernprozess mindestens genauso stark gewichtet werden muss wie das direkte Verhaltenstraining.)

Gleichzeitig machen die hier angenommenen konstruktivistischen Prämissen deutlich, dass die Aneignung theoretischen Wissens nur dann verhaltenswirksam werden kann, wenn sie die im Alltag handlungsrelevanten Wirklichkeitskonstruktionen zu verändern vermag:

Eine Wissensaneignung, die nicht in die bereits vorhandenen Alltagstheorien integriert wird, bleibt praktisch wirkungslos. Nur wenn es gelingt, durch wissenschaftliche Theorien eine kritische Reflexion und gegebenenfalls eine «Akkommodation» dieser handlungsleitenden Alltagskonzepte zu initiieren – so wird hier angenommen –, dürfte es zu einer angemessenen Veränderung des unterrichtlichen Handelns kommen (vgl. Wahl 1991).

In den vorliegenden Ausführungen schlägt sich diese Annahme insofern nieder, als die im gegenwärtigen Unterricht vermutlich vorherrschende Auffassung über Wissensaneignung und Wissensvermittlung als Ausgangspunkt und als zentraler Bezugspunkt für den Entwurf einer neuen Didaktik der Wissensvermittlung betrachtet wird. Konkret führt dies zur folgenden – für den Aufbau der Arbeit fundamentalen – These: Wenn es stimmt, dass in der schulischen Praxis ein unangemessenes Modell der Wissensvermittlung vorherrscht, so lässt sich die Unterrichtspraxis nur verändern, wenn die Korrekturbedürftigkeit des vorherrschenden Modells aufgezeigt wird und wenn sich das neuere Modell bezüglich der aufgezeigten Schwachstellen in Theorie und Praxis als das überlegenere erweist.

Wichtig für das Verständnis meiner Ausführungen sind die konstruktivistischen Prämissen schliesslich noch auf einer dritten (wissenschaftstheoretischen) Ebene: Wenn Theorien die Wirklichkeit gar nicht abbilden können (und demnach auch nicht abbilden müssen), sondern in erster Linie «viabel» sein müssen (d. h. ergiebig für die theoretische Erklärung und die praktische Gestaltung der Wirklichkeit), entstehen neue Spielräume für eine *praxisnahe Theoriebildung*. Dies führt unter anderem zu einem veränderten Theorie-Praxis-Verständnis. (Beispielsweise muss im konstruktivistischen Theorieverständnis die Praxiswirksamkeit als ein mögliches Kriterium der Theoriebildung in Betracht gezogen werden; die Frage nach der praktischen Bedeutung einer Theorie ist damit nicht mehr einfach ein Umsetzungsproblem, das den «Theoretiker» nicht zu kümmern braucht.) Zudem führt diese Betrachtungsweise dazu, dass die empirische Forschung endlich denjenigen Stellenwert erhält, der ihr von Popper eigentlich schon immer zugedacht wurde: Die empirische Forschung kann nicht ein Ersatz für die Konstruktion von theoretisch und praktisch ergiebigen Modellen sein, sondern sie wird zu einem Evaluationsinstrument, das zur Überprüfung der «Viabilität» der hypothetischen Konstruktionen eingesetzt werden kann. Gerade im pädagogisch-didaktischen Bereich wäre ein solches Umdenken dringend notwendig, da hier eine riesige Diskrepanz zwischen der Flut an theoretischen bzw. wissenschaftlichen Publikationen einerseits und dem Bedarf an handlungswirksamen Hilfestellungen andererseits besteht: eine Diskrepanz, die bei vielen «Praktikern» zu einer bedauerlichen (aber durchaus verständlichen) Theorieabstinenz geführt hat.

Text 2: Kritische Gedanken zum «Lehrbuchwissen»

Horst Rumpf hat verschiedene Lehrmittel – die kodifizierten Träger von «tradierungswürdigem» Wissen – kritisch analysiert. Dabei kommt er zu einem Ergebnis, das die These von der Dominanz einer produktorientierten Wissensvermittlung in der Unterrichtspraxis klar bestätigt. Da seine Analyseergebnisse die Erscheinung und die Auswirkungen einer produktorientierten Wissensvermittlung anschaulich zu illustrieren vermögen, möchte ich sie hier zusammenfassend darlegen.

Rumpf zeigt in seiner Analyse auf, dass das Lehrbuchwissen jeweils so dargelegt wird, als ob es sich dabei um abgeschlossene, endgültige und unantastbare Erkenntnisse handeln würde. Lehrbuchwissen erscheint fast ausschliesslich als «definites Wissen», d. h. als solides, zuverlässiges Tatsachenwissen, das von den Lernenden «zur Kenntnis genommen» und reproduziert werden soll. Dem Leser sollen offensichtlich die Wirrnisse und Zweifel erspart werden, die er durchzumachen hätte, wollte er sich – seiner eigenen Vernunft und Erfahrung trauend – selber auf den Weg zur Wahrheit machen. Spannungen, Offenheiten, Lücken, Mehrdeutigkeiten, Widersprüchlichkeiten – all das, was einen wichtigen Bestandteil eines Erkenntnisprozesses bildet, wird dem Lernenden nicht zugemutet oder nicht zugetraut. *Die Lernaktivitäten, die verlangt werden, bestehen darin, den Lehrstoff zur Kenntnis zu nehmen und sich einzuprägen, und zwar gläubig und nicht kritisch.* Konkret wird dies durch die folgende Darstellungsweise erreicht:

- Der Inhalt beschränkt sich auf das Eindeutige, auf Darstellungen, die keine kritischen Gedanken zu provozieren vermögen. Der Leser ist ausserstande, vom Text aus etwas anderes zu tun als die dargelegten Tatsachen hinzunehmen. Er soll sie sich einprägen; zum kritischen Nachdenken bieten sie keine Handhabe und keinen Ansatzpunkt.

- Das dargestellte Wissen wird befreit von «Widerhaken», an denen kritisches Nachdenken ansetzen könnte. Problematische Tatbestände und Deutungen werden entfernt bzw. «entproblematisiert». Es wird alles verhüllt, wodurch die Fragwürdigkeit von Tatsachenbewertungen und Interpretationen ans Licht kommen könnte. Angeboten werden definitive Tatbestände, die als reproduktionswürdig erscheinen.

- Nichts in den Texten weckt Zweifel über die darin mitgeteilten Tatbestände und Beurteilungen, nichts weist darauf hin, dass u. U. recht kühne Hypothesen und Urteile darin enthalten sind. Die Texte sind offensichtlich nicht von der Position des Nachdenkenden, sondern von der des Wissenden geschrieben, der jetzt sein Wissen knapp, klar, unzweideutig dem Lernenden darbietet. Mögliche Herde des Misstrauens gegenüber dem Lernstoff werden souverän überspielt.

- Das Lehrbuch formuliert nicht die naheliegenden Einsprüche gegen die aufgestellten Thesen, es drängt in eine und nur in eine Richtung. Nur das, was als Hinweis zugunsten der geäusserten Beurteilung, Interpretation und Meinungsäusserung dient, findet Erwähnung. Mangelnde Schlüssigkeit von Ableitungen wird kaschiert.

- Die dargestellte Sache erscheint statisch und unbeweglich. Weder der Weg zu ihr hin noch der mögliche Weg über sie hinaus kommt im Ernst zur Sprache. Weil weder auf seine Grenzen noch auf seine Vorläufigkeit verwiesen wird, hat sie einen Charakter von Endgültigkeit.

- Der Autor erscheint nicht als menschliches Subjekt, dessen Wissen ihm immer wieder als unfertig, ergänzungsbedürftig, fragwürdig vorkommt. Er erscheint viel eher als die Stimme der Wahrheit selbst. Er schreibt aus der Warte dessen, der im betreffenden Gebiet heimisch ist und von dort aus seine unbezweifelbaren Informationen hinabreicht zu den Lernenden, denen nichts anderes bleibt als die lernende und gläubige Übernahme der Lehrsätze.

Fazit: So, wie das Wissen im Lehrbuch steht, fordert es nichts als Kenntnisnahme und Einprägung. Ein Unterricht aber, der in diesem Sinne definites Wissen vermittelt, läuft Gefahr, die Lernenden mit der Blindheit des Bescheidwissers zu schlagen. Die Lehrpersonen glauben, die «soliden Wissensgrundlagen» weiterzugeben; tatsächlich aber lähmen sie in den Lernenden die Kräfte, ohne die jedes Wissen totes Kapital und Selbsttäuschung zu werden drohen: nämlich die Denkkräfte des Zweifels, der Skepsis, des Misstrauens ebenso wie die der Kühnheit und der Unverzagtheit (Rumpf 1971).

Text 3: Das gedächtnispsychologische Lernverständnis und seine Auswirkungen auf den Unterricht

Lernen bedeutet im gedächtnispsychologischen Lernkonzept *Aufnahme und Speicherung von Informationen.* Der Lernprozess gilt dann als gelungen, wenn die inhaltlichen Vorgaben («Memoriervorlagen») so gespeichert sind, dass sie möglichst lange gespeichert bleiben und bei Bedarf unverzerrt (d. h. möglichst originalgetreu im Sinne von bild- oder wortgetreu) reproduziert werden können.

Der Lernprozess wird in dieser Auffassung primär als Prozess der *«Prägung»* verstanden. Prägen meint hier (analog zum entsprechenden Vorgang in der Drucktechnik): Das Eindrücken einer bestimmten Form in einem verformbaren Stoff, der die so erzeugte Form beibehält. Dieses Lernverständnis hat eine lange Tradition. So wird beispielsweise bereits bei Platon der Geist mit einer Wachsmasse verglichen. Die Sinneswahrnehmungen erzeugen darin Abdrücke («Sinneseindrücke»), die – sofern sie genügend deutlich sind – wieder in Erinnerung gerufen werden können. Die neuere, naturwissenschaftlich beeinflusste Auffassung interpretiert den «Prägungsvorgang» etwas anders: Hier wird angenommen, dass durch die Sinneswahrnehmungen einerseits Nervenbahnen gebildet und andererseits Eiweissmoleküle geprägt werden, die dann in den Hirnzellen «eingelagert» werden. Voraussetzung für das Gelingen dieses Vorganges ist, dass die betreffenden Wahrnehmungen genügend lange und möglichst störungsfrei im «Kurzzeitgedächtnis» wirksam sein können, so dass der Prägevorgang angemessen ablaufen kann (vgl. Vester 1975).

Die vermutlich wichtigste persönliche (psychologische) Voraussetzung für das Gelingen des Lernprozesses ist – der gedächtnispsychologischen Auffassung gemäss – die *Aufnahmebereitschaft des Lernenden.* Diese Aufnahmebereitschaft ist dann optimal gegeben, wenn es dem Lernenden gelingt, alle inneren und äusseren Reize, die von der jeweiligen Memoriervorlage ablenken, auszuschalten. Diese Reizabwehr – sie wird üblicherweise als «Konzentration» bezeichnet – gilt als eine unerlässliche Bedingung dafür, dass eine «ungestörte» Aufnahme im Sinne einer deutlichen, wieder abrufbaren Einprägung stattfinden kann.

Der dauerhaften Speicherung der aufgenommenen Informationen stellt sich die individuell unterschiedlich ausgeprägte *Beschränkung des Erinnerungsvermögens* entgegen. Lernen bedeutet daher in der vorliegenden Auffassung zu einem wesentlichen Teil *Überwinden des Vergessens.* Als wichtigstes Instrument im permanenten Kampf gegen das Vergessen gilt die Wiederholung des Aufnahme- und Wiedergabevorganges, d.h. die Repetitionsleistung. Von dieser Repetitionsleistung – die letztlich eine Angelegenheit des «Fleisses» ist – hängt mitunter die Qualitätsstufe ab, die durch den Lernprozess erreicht wird: passive Reproduktion (im Sinne des Wiedererkennens), aktiv-konstruierte Reproduktion (im Sinne eines bewusst gesteuerten Abruf-Prozesses); automatisierte Reproduktion (im Sinne einer denk-freien Reproduktion). Letztere gilt im gedächtnispsychologischen Lernkonzept als höchste Lernstufe.

In der gedächtnispsychologischen Auffassung kann der Lernprozess vor allem durch die richtige Auswahl und die «eindrückliche» (d.h. leicht einzuprägende) *Darbietung der Memoriervorlagen* gesteuert und unterstützt werden. Dabei gilt die *«Anschaulichkeit»* der präsentierten Inhalte (im Sinne einer möglichst originalgetreuen Abbildung) als zentrales Qualitätsmerkmal. Wichtig für die Gestaltung von guten Lernbedingungen ist zudem die Annahme, dass die beiden persönlichen Voraussetzungen des Lernerfolges, die «Konzentration» und der «Fleiss», willentlich steuerbar sind. Wenn der Lernende willens ist – sei es aufgrund von Sachinteressen oder aufgrund von sachfremden Anreizen wie Belohnung und Bestrafung –, kann er die notwendige Konzentration und den notwendigen Fleiss aufbringen und den Lernprozess in den entscheidenden Punkten selber zum Erfolg steuern. Damit wird die «Disziplinierung des Lernwillens» – auch im Sinne der «Selbst-Disziplinierung» – zu einer entscheidenden Bedingung für ein erfolgreiches Lernen.

Das *Menschenbild,* das im gedächtnispsychologischen Lernkonzept steckt, zeichnet sich dadurch aus, dass der *Lernende im Dienste des Lerngegenstandes* steht: Das Subjekt gilt als «Gefäss», das einen vorgegebenen Inhalt möglichst unverfälscht aufzunehmen hat. Die aktive Rolle, die dem Lernenden im Lerngeschehen zukommt, ist in erster Linie negativ bestimmt: Der Lernende muss dafür sorgen, dass der Aufnahmeprozess nicht gestört bzw. nicht verzerrt wird. Der Lernende ist in erster Linie wichtig als «Speicher». Er darf zwar zu Speicherzwecken bestimmte Veränderungen am Inhalt vornehmen (z. B. «Eselsbrücken» suchen, kreativ visualisieren usw.). Wichtig ist indessen die unverfälschte, vom Subjektiven gereinigte Reproduktion.

Auswirkungen

Es wäre natürlich interessant, wenn im Rahmen einer empirischen Untersuchung genauer abgeklärt werden könnte, wieweit das hier skizzierte lernpsychologische Modell tatsächlich der in der Unterrichtspraxis vorherrschenden Alltagstheorie entspricht. Es gibt indessen verschiedene Indizien, die die These vom Vorherrschen der gedächtnispsychologischen Alltagstheorie des Lernens zumindest plausibel machen. Solche Indizien ergeben sich aus den – im folgenden aufgeführten – praktischen Konsequenzen, die dem gedächtnispsychologischen Lernkonzept inhärent sind.

Das gedächtnispsychologische Lernkonzept hat die Tendenz,

- die *Lehreraktivität zu sehr ins Zentrum des Unterrichtes zu stellen,* da aus der Sicht dieses Konzeptes die (adressatengerechte) Darbietung des Unterrichtsstoffes eine der zentralen Voraussetzungen für den Lernerfolg darstellt.
- *einerseits die blossen Gedächtnisleistungen übermässig zu gewichten und zu honorieren und andererseits kreative Denkleistungen zu vernachlässigen,* da aus Sicht dieses Konzeptes die «subjektiven Zutaten» der Lernenden als überflüssig oder gar als Hindernisse für das Gelingen des Lernprozesses gelten.
- die *Lernenden «extrinsisch» zu motivieren,* da aus Sicht dieses Konzeptes Willensleistungen für den Lernerfolg entscheidend sind und diese über Sanktionen sehr wirksam gesteuert werden können.
- *Lernschwierigkeiten primär den Lernenden zuzuschreiben und auf die mangelnde Konzentrationsfähigkeit und den fehlenden Fleiss zurückzuführen,* da diese als die wichtigsten Voraussetzungen für den Lernerfolg gelten.
- die *Interessen und Erfahrungen der Lernenden zu vernachlässigen,* da die gewünschten Reproduktionsleistungen grundsätzlich auch ohne deren Berücksichtigung möglich sind.
- die *«Fehler», die im Lernprozess auftreten, als unvollkommene Reproduktionsleistung zu interpretieren* und daher grundsätzlich als vermeidbar bzw. als überflüssig für den Lernprozess zu betrachten. (Fehlerhafte Reproduktionsleistungen sind kein hilfreicher Schritt für die gewünschten Reproduktionen!)
- das *Verstehen des Unterrichtsstoffes zuwenig zu gewichten,* da gute Reproduktionsleistungen auch möglich sind, wenn der betreffende Inhalt nicht richtig verstanden worden ist.
- die *Menge des reproduktionsfähigen Wissens* als zentrales Kriterium für die Beurteilung der Ausbildungsqualität und des erreichten Bildungsstandes zu betrachten. (Entsprechend herrscht ein «materiales Bildungsverständnis» vor!)
- den *Unterrichtsstoff in erster Linie produktorientiert zu betrachten,* da in der Regel die «Erkenntnisprodukte» ohne den betreffen-

den Entstehungszusammenhang als «reproduktionswürdig» gelten.

- die *Unterrichtsinhalte auf gesichertes Faktenwissen zu reduzieren,* da sich dieses für die Reproduktion besonders gut eignet. (Damit verbunden ist die Tendenz, die Unterrichtsinhalte von widersprüchlichen Informationen, provokativen Gehalten, subjektiven Meinungen zu reinigen, da diese in der Regel nicht als «reproduktionswürdig» betrachtet werden; vgl. Anhang – Text 2.)

Text 4: Grundbegriffe der erkenntnispsychologischen Lerntheorie

Die Basis des erkenntnispsychologischen Lernverständnisses, auf dem die erkenntnisorientierte Wissensvermittlung aufbaut, bilden die drei Begriffe «Assimilationsschema», «Akkommodationsprozess» und «kognitiver Konflikt». Im folgenden möchte ich diese drei Grundbegriffe kurz erläutern:

Assimilationsschema

Aus Sicht des erkenntnispsychologischen Lernmodells muss die menschliche Informationsverarbeitung als ein aktiver Prozess verstanden werden, bei dem sich das Individuum darum bemüht, die vielen Informationen, mit denen es aus seiner Umwelt fortwährend konfrontiert wird, zu entschlüsseln, d. h. zu ordnen und mit einer Bedeutung zu versehen (d. h. «deuten») und praktisch zu nutzen. Dieses Ordnen, Deuten und Nutzen geschieht mit Hilfe von sogenannten *«Schemen»*.

Schemen sind Wahrnehmungs-, Denk- und Handlungsmuster, die sich im Verlauf der individuellen Lerngeschichte ausgebildet haben. Sie lassen sich letztlich auf eine angeborene Grundlage (einfache Reflexe) zurückführen, die im Verlauf der Lebensgeschichte zunehmend ausdifferenziert und umgestaltet wurde. Die Schemen bilden die grundlegendsten Einheiten, auf denen die menschliche Wahrnehmung und das menschliche Verhalten aufbaut. Sie stehen in wechselseitiger Beziehung zueinander und bilden so die für das Individuum charakteristische *«kognitive Struktur»*.

Grundsätzlich können drei verschiedene *Arten von Schemen* unterschieden werden:

- Schemen, die dazu dienen, Phänomene der Wirklichkeit (Gegenstände, Personen und Ereignisse) zu identifizieren, zu klassifizieren und Zusammenhänge zwischen ihnen zu verstehen (z. B. Begriffe, Kausalgesetze, Theorien)
- Schemen, die uns helfen, unser Handeln effizient und zielgemäss zu steuern, etwa im Sinne der folgenden Formel: «Wenn du X erreichen willst, kannst du folgende Mittel bzw. Handlungsschritte realisieren ...» (z. B. Rezepte, Handlungsmodelle)
- Schemen, die unsere Werturteile steuern und die uns helfen, Entscheidungen zu fällen (Verbote und Gebote, normative Aussagen und Begründungen, Werte)

Die hier aufgeführte Unterscheidung will nicht etwa die Illusion erwecken, es sei möglich, die jeweiligen Schementypen im Denken und Handeln von Personen eindeutig zu identifizieren und zu klassifizieren. Es handelt sich eigentlich eher um verschiedenartige *Funktionen,* die die Schemen erfüllen und die sich im alltäglichen Vollzug kaum so klar voneinander trennen lassen. Die hier vorgeschlagene Unterscheidung versteht sich denn auch weniger als Klassifizierungsmodell, sondern will in erster Linie bewusst machen, dass die Begriffe der kognitiven Struktur und des kognitiven Schemas hier sehr weit gefasst werden und – entgegen dem üblicherweise engen Verständnis des Kognitionsbegriffs – auch den Bereich des Handelns sowie den Bereich der Einstellungen und Wertungen umfassen. Es wird also unterstellt, dass das menschliche Verhalten im umfassenden Sinne von kognitiven Schemen gesteuert wird. Entsprechend wird der Begriff des Wissens, der dieser Arbeit zugrunde liegt, ebenfalls umfassend verstanden: *Wissen ist die Basis nicht nur unseres Denkens, sondern auch unseres Handelns sowie unseres Wertens und Urteilens* (vgl. hierzu Messner 1978, S. 67f.).

Wichtig in unserem Zusammenhang ist die Feststellung, dass ein Schema nicht einfach die Abbildung einer Einzelerfahrung ist. Ein Schema beinhaltet vielmehr das, was mehreren (ähnlichen) Wahrnehmungen bzw. Erfahrungen gemeinsam ist. In dieser Hinsicht besitzt ein Schema immer auch eine *Entlastungsfunktion:* Es hilft uns, Erfahrungen auf neue Situationen zu übertragen, und entlastet uns davor, Situationen immer wieder von Grund auf neu bestimmen zu müssen. Diese Funktion wird ermöglicht durch sogenannte *«Übertragungsregeln»,* die einen wichtigen Bestandteil jeden Schemas bilden. Übertragungsregeln geben an, unter welchen Bedingungen eine konkrete Wahrnehmung (Information/Erfahrung) einem bestimmten Schema zugeordnet werden darf, d. h., wann eine Gegebenheit als «ein Fall des Schemas X» gedeutet werden darf. Die Einfügung einer Wahrnehmung (einer Information/einer Erfahrung) in ein bereits vorhandenes Schema wird nach Piaget mit dem Begriff der *Assimilation* bezeichnet – vorausgesetzt, dass das betreffende Schema dabei unverändert bleibt.

Akkommodation

Wenn die Assimilation vorhin als die zentrale Funktion eines Schemas bezeichnet wurde und gleichsam als das Ziel der Schemenbildung betrachtet werden kann, so bedeutet dies nicht, dass Assimilationen im Wahrnehmungs- und Erkenntnisprozess immer problemlos vollzogen werden können. Sehr häufig wird das Individuum mit Informationen konfrontiert, die nicht ohne weiteres in die vorhandenen Schemen eingefügt werden können, weil sie einen Neuigkeitsgehalt besitzen, der nicht zu den bereits ausgebildeten Schemen passen will. Wenn nun eine Person mit einer solchen neuartigen Information konfrontiert wird, führt dies zu einer *«Assimilationsschwierigkeit»*. Dies bedeutet, dass zunächst eines oder mehrere der vorhandenen Assimilationsschemen verändert werden müssen, damit die neue Information in ein vorhandenes Schema integriert werden kann. In diesem Falle spricht Piaget von einer *«Akkommodation»*. Akkommodation bedeutet also: *Anpassung der vorhandenen Assimilationsschemen* an eine neue Wahrnehmung.

Die menschliche Informationsaufnahme und -verarbeitung setzt sich demnach aus den beiden sich ergänzenden Teilprozessen «Assimilation» und «Akkommodation» zusammen, was sich in der folgenden Skizze veranschaulichen lässt.

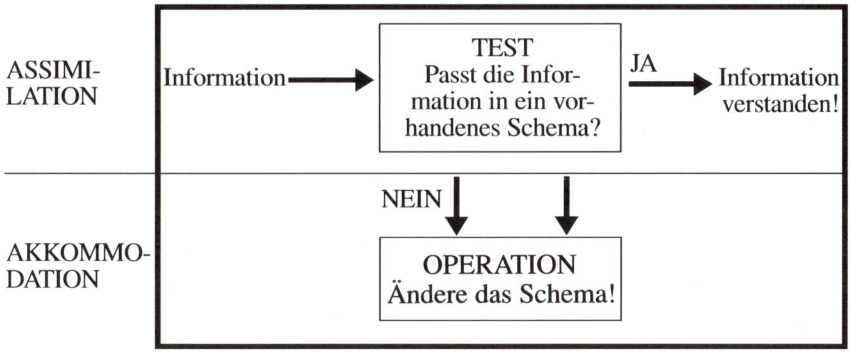

Die Art bzw. der Umfang der Akkommodation kann unterschiedlich sein – je nach Art der Assimilationsschwierigkeit, die bewältigt werden muss. In diesem Sinne können etwa die folgenden Akkommodationsformen unterschieden werden:

- *Akkommodation als Korrektur eines vorhandenen Schemas*
  Im Hinblick auf eine festgestellte Assimilationsschwierigkeit zeigt es sich, dass ein bestehendes (zu einem früheren Zeitpunkt aufgebautes) Assimilationsschema inadäquat ist und dass es daher in seiner Grundstruktur verändert werden muss, um der neuen Information gerecht zu werden.

- *Akkommodation als Aufbau eines neuen Schemas*
  Für die Beseitigung einer festgestellten Assimilationsschwierigkeit erweisen sich die bereits vorhandenen Schemen als ungeeignet: nicht etwa, weil ein bestimmtes Schema falsch ausgebildet wurde, sondern weil kein relevantes Schema vorhanden ist. Es muss daher ein neues Schema ausgebildet werden, indem bereits vorhandene Schemen bzw. Schemenbestandteile in neuartiger Weise zueinander in Beziehung gesetzt und zu einer neuen Einheit mit einer neuartigen Grundstruktur zusammengebaut werden.
- *Akkommodation als Ausdifferenzierung/Anreicherung/Festigung eines bestehenden Schemas*
  Die Beseitigung einer Assimilationsschwierigkeit ist möglich ohne eine grundlegende Transformation wie in den Fällen 1 und 2: Es genügt, ein bereits vorhandenes Schema – unter Beibehaltung seiner Grundstruktur – auszuweiten oder zu präzisieren, so dass die neue Information darin Platz hat. (Im wesentlichen handelt es sich hier um eine Präzisierung bzw. eine Ausweitung der «Übertragungsregel».)

Zu beachten ist an dieser Stelle noch der Hinweis, dass in der alltäglichen Erkenntnis die Assimilation gegenüber der Akkommodation in zweifacher Hinsicht einen gewissen Vorrang besitzt:
1. Die Assimilation ist in der alltäglichen Auseinandersetzung mit der Wirklichkeit sowohl die *vorherrschende als auch die bevorzugte Verarbeitungsform.*
2. Die Assimilation ist das *Ziel der Akkommodation:* Eine Akkommodation findet immer statt, um eine Assimilationsschwierigkeit aus dem Wege zu räumen und um eine angemessenere (störungsfreiere) Assimilation zu ermöglichen.

Kognitiver Konflikt

Von einem «kognitiven Konflikt» kann im erkenntnispsychologischen Lernkonzept dann gesprochen werden, wenn eine Assimilationsschwierigkeit auftaucht, d.h., wenn eine aktuelle Information nicht ohne weiteres in ein vorhandenes Schema eingeordnet werden kann. Die folgende Skizze mag dies verdeutlichen:

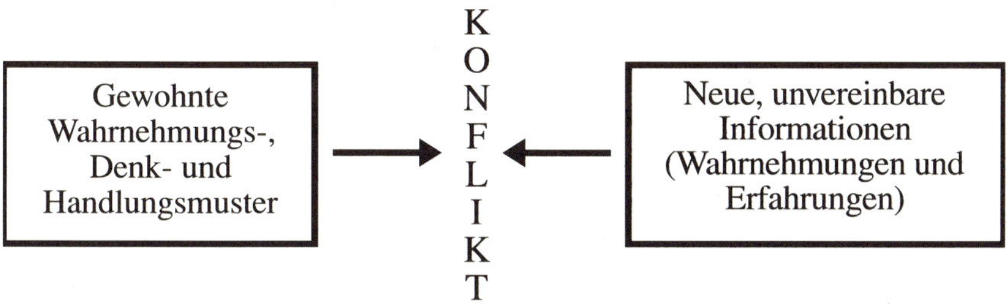

Ein kognitiver Konflikt kann beispielsweise durch die folgenden Ereignisse ausgelöst werden:

- Eine Person wird mit Situationen bzw. Problemen konfrontiert, die sich mit den gewohnten Denk- und Handlungsstrategien nicht den gesetzten Zielen gemäss bewältigen lassen.
- Eine Person vertritt eine Auffassung, die von einem wichtigen (als kompetent eingeschätzten) Gesprächspartner in Frage gestellt wird.
- Einer Person wird bewusst, dass mit einer (bis anhin akzeptierten bzw. für wahr gehaltenen) Auffassung bestimmte logische oder empirische Konsequenzen verbunden sind, die unhaltbar sind.
- Eine Person wird mit unbestreitbaren Informationen und Wahrnehmungen konfrontiert, deren Widerspruch zu einem vorhandenen Schema unübersehbar ist.

Kognitive Konflikte führen beim betreffenden Individuum zu teilweise heftigen emotionalen Reaktionen. Die damit verbundenen Erlebnisqualitäten sind beispielsweise:

- *Verunsicherung* («Stimmt das wirklich?»)
- *Verblüffung* («Das hätte ich nie gedacht!»)
- *Überraschung* («Das habe ich mir noch gar nie überlegt!»)
- *Herausforderung zum Widerspruch* («Da würde ich gerne widersprechen!»)

Beizufügen bleibt, dass der Mensch über verschiedene *Abwehrstrategien* verfügt, um kognitive Konflikte und die dadurch ausgelösten

Schemenveränderungen zu vermeiden. Solche Abwehrstrategien bestehen beispielsweise in der gezielten *Vermeidung* von neuen Informationen und Erfahrungssituationen, in der *Wahrnehmungsselektion* (neue bzw. konflikthafte Informationen werden einfach «übersehen») oder in der *Umdeutung* von neuen Informationen und Erfahrungen zu schemenkonformen Inhalten (was weitgehend dem tiefenpsychologischen Begriff der Rationalisierung entspricht).

Text 5: Das erkenntnispsychologische Lernkonzept und seine Auswirkungen auf den Unterricht

Aus erkenntnispsychologischer Sicht vollzieht sich der Lernprozess letztlich als *Umstrukturierung von Schemen, die im Schüler bereits vorhanden sind.* Die Art und der Umfang der Schemenveränderung kann natürlich sehr unterschiedlich sein – je nach Verhältnis der jeweiligen Information zur bereits vorhandenen Wissensbasis. In diesem Sinne können die folgenden Formen des Lernens unterschieden werden:

a) Lernen als Korrektur eines vorhandenen Schemas
Eine neue Information macht deutlich, dass ein bestehendes (d. h. zu einem früheren Zeitpunkt aufgebautes) Schema unpassend ist, d. h. in irgendeiner Weise mit der neuen Information im Widerspruch steht und daher korrigiert werden muss. Solche «korrekturbedürftige» Schemen können beispielsweise sein:
- falsche Begriffsverständnisse oder falsche Begriffsverwendungen
- falsche Erklärungsmuster für einen bestimmten Sachverhalt
- sachlich unangemessene oder unzweckmässige Handlungsgewohnheiten
- unhaltbare Werturteile, die auf der Ausblendung wichtiger Fakten beruhen

b) Lernen als Aufbau eines neuen Schemas

Für die Verarbeitung einer neuen Information steht gar kein relevantes Schema zur Verfügung. Es muss daher ein neues Schema ausgebildet werden, indem bereits vorhandene Schemen oder Schemenbestandteile in neuartiger Weise zueinander in Beziehung gesetzt und zu einer neuen Einheit mit einer neuartigen «Grundstruktur» zusammengebaut werden. Mögliche Beispiele sind:

- Aufbau eines neuen Begriffes
- Aufbau eines neuen Handlungsmusters
- Aufbau eines neuen Erklärungsmodells (einer neuen Theorie)

c) Lernen als Ausdifferenzierung/Anreicherung/Verfestigung eines bestehenden Schemas

Die Aufnahme einer neuen Information ist möglich ohne eine grundlegende «Transformation» der vorhandenen kognitiven Strukturen, da das Individuum über ein taugliches Ausgangsschema zur Verarbeitung der neuen Information verfügt. Es genügt daher, ein bereits vorhandenes Schema – unter Beibehaltung seiner Grundstruktur – auszuweiten oder zu präzisieren, so dass die neue Information darin Platz hat.

d) Lernen als Problematisierung und Bewusstmachung eines bestehenden Schemas

Vom «Lernen» wird im folgenden auch dann die Rede sein, wenn eine unreflektierte Einstellung oder eine unkritisch übernommene Denk- und Handlungsgewohnheit bewusst gemacht und problematisiert wird. Solche unreflektierte Schemen besitzen oft einen hohen Verinnerlichungsgrad (Habitualisierungsgrad) und fliessen meist unbewusst ins alltägliche Denken und Handeln ein. Das Bewusstmachen und kritische Hinterfragen solcher unreflektierten und unbewusst wirksamen Schemen kann dann entweder zu einer Schemenbestätigung führen und deren Integrationsgrad erhöhen (im Sinne einer besseren Integration in die kognitive Struktur) oder aber den Prozess einer Schemenkorrektur auslösen.

Dieser Umstrukturierungsprozess kann zwar von aussen angeregt werden; ausgeführt werden muss er aber vom lernenden Subjekt selber. Wichtig ist die Bereitschaft der Lernenden, das bereits vorhandene Wissen den neuen Informationen anzupassen (was eine entsprechende Einsicht in die Veränderungs- bzw. Ergänzungsbedürftigkeit des vorhandenen Wissens voraussetzt!) und die auftretenden kognitiven Konflikte durch einen aktiven Auseinandersetzungsprozess zu lösen. (Das abspaltende «Einlagern» von Informationen ins Gedächtnis, welches typisch ist für die herkömmliche Lern- und Unterrichtspraxis, kann als Form kognitiver Konfliktabwehr interpretiert werden!) Damit findet eine Verschiebung der Unterrichtsaktivitäten statt:

Die Lehreraktivität ist eigentlich nur insofern gerechtfertigt, als sie lernförderliche Teilnehmeraktivitäten auszulösen vermag. Pointiert formuliert: Gemäss dem erkenntnispsychologischen Lernkonzept kann im Unterricht eher auf die Aktivität des Lehrers als auf diejenige der Teilnehmer verzichtet werden!

Auswirkungen

Während im gedächtnispsychologischen Alltagskonzept die *Aufnahme* von etwas Neuem, *ausserhalb des Subjekts Befindlichen* im Zentrum steht, geht es im erkenntnispsychologischen Konzept primär um die *Weiterentwicklung von etwas bereits im Subjekt Befindlichem.* Das erkenntnispsychologische Modell könnte in diesem Sinne als *«subjektorientiertes Modell»* bezeichnet werden: Der Lernende ist in diesem Lernverständnis nicht mehr ein «Gefäss», das die Informationen passiv aufzunehmen hat – möglichst ohne subjektive Zutaten bzw. Verfälschungen –, sondern Ausgangspunkt und Ziel eines subjektiven Veränderungs- bzw. Entwicklungsprozesses. Das lernende Subjekt wird hier zum aktiven Träger eines Prozesses, bei dem es darum geht, die vorgefundenen Informationen subjektiv zu durchdringen, d.h. mit dem bereits vorhandenen Wissen in Verbindung zu bringen und so «zu eigen zu machen». Die ausserhalb des Subjektes liegenden *Informationen dienen in erster Linie als Mittel, um die kognitive Struktur des Subjektes zu verändern,* und zwar mit dem Ziel, die (subjektiven) Schemen den äusseren (objektiven) Gegebenheiten besser anzupassen. Damit wird auch deutlich, dass die möglichst hohe Behaltensquote nicht mehr als adäquates Zeichen eines gelungenen Lernprozesses betrachtet werden kann. Vielmehr ist hier die Integration eines Wissensinhaltes in die kognitive Struktur des Lernenden ein unerlässliches Indiz dafür, dass Lernen im Sinne eines Erkenntnisprozesses stattgefunden hat. (Das hat natürlich Konsequenzen für die Gestaltung von Prüfungen!) In diesem Zusammenhang stellt sich die Frage, ob die Bloomsche Auffassung wirklich stimmt, wonach die Reproduktion die erste und einfachste Stufe des Lernprozesses ist, auf der alle anderen, komplexeren Stufen aufbauen. Gemäss den hier angestellten Überlegungen drängt sich eher die Vermutung auf, dass das reproduktive Lernen eine grundsätzlich andere Art des Lernens ist!

Während im gedächtnispsychologischen Lernkonzept der «Lernwert» von Informationen bzw. von Unterrichtsinhalten vor allem nach ihrem «Reproduktionswert» bestimmt wird, rückt im erkenntnispsychologischen Lernverständnis der *«provokative und akkommodative Gehalt»* in den Vordergrund: Informationen bzw. Unterrichtsstoffe sind vor allem dann für den Lernprozess fruchtbar, *wenn sie beim Lernenden kognitive Konflikte und Prozesse der Schemenanpassung auszulösen vermögen.* Infolgedessen besteht die wirksame Unterstützung eines Lernprozesses weniger in der schülergerechten Darbietung von *Reproduktionsvorlagen* als vielmehr im Angebot von Materialien (Texten, Bildern, Aufgabestellungen, Situationen), die kognitive Konflikte auszulösen vermögen und die bei der «Konfliktbewältigung» hilfreich sein können.

Eine weitere wichtige Konsequenz des erkenntnispsychologischen Lernverständnisses liegt im Bereich der *Motivation.* Im gedächtnispsychologischen Modell wird Motivation bekanntlich primär als «Steuerung des Lernwillens» verstanden, da ja Konzentration und Fleiss – die beiden wichtigsten subjektiven Variablen des Lernens – als willentlich steuerbare Grössen betrachtet werden. Dies hat u.a. zur Folge, dass extrinsische Motivationsmittel wie Belohnung und Bestrafung durchaus als angemessene Instrumente zur

Motivierung der Lernenden erscheinen. Demgegenüber wird im erkenntnispsychologischen Lernkonzept der *«kognitive Konflikt» zur Basis der Lernmotivation:*

> Nur
> gänzungsbedürftigkeit des bereits vorhandenen Wissens aufzudecken, wird es möglich sein, beim Lernenden die Bereitschaft für die gewünschten Lernprozesse zu erzeugen und die Integration neuer Inhalte in die bestehende kognitive Struktur anzuregen. Extrinsische Motivationsmittel dagegen sind in diesem Modell nicht nur relativ wirkungslos, sondern unter Umständen sogar lernhemmend, weil äusserer Druck für die notwendige Schemen-Aktivierung und für den kreativen Auseinandersetzungsprozess, der zur Umgestaltung der kognitiven Strukturen führen soll, eher hinderlich als förderlich ist.

Die erkenntnispsychologische Betrachtungsweise des Lernprozesses führt ausserdem auch zu einem *neuen «Lerntypenkonzept»* und damit zu einer veränderten Auffassung bezüglich der Individualisierung des Lernprozesses. Während das gedächtnispsychologische Lernverständnis die verschiedenen Lerntypen konsequenterweise nach der individuellen Bevorzugung des Aufnahmekanals definiert (der «visuelle Lerntyp», der «auditive Lerntyp», der «haptische Lerntyp»; vgl. Vester 1975), erscheint diese einseitige Betonung des Aufnahmemerkmals aus Sicht des erkenntnispsychologischen Lernverständnisses als unangemessen. Stattdessen müssen hier die *individuell bevorzugten Auseinandersetzungsaktivitäten* ins Zentrum gerückt werden, beispielsweise unter Berücksichtigung der Dimensionen «konkret vs. abstrakt» und «aktiv vs. reflektiv», was dann zur Unterscheidung der folgenden vier Lernstile führt (vgl. Kolb 1971).

- Lernstil 1: Bevorzugung von konkreten Erfahrungen
- Lernstil 2: Bevorzugung von abstrakten Konzeptualisierungen
- Lernstil 3: Bevorzugung von aktivem Experimentieren
- Lernstil 4: Bevorzugung von reflektiver Beobachtung

Das erkenntnispsychologische Bildungsverständnis

Interessant ist die Frage nach dem Bildungsverständnis, das der erkenntnispsychologischen Lernauffassung zu eigen ist. Während sich die gedächtnispsychologische Auffassung an einem *«materialen Bildungsverständnis»* orientiert, das den Bildungswert des Unterrichtes nach der Menge und der Qualität des angeeigneten «Materials» (d. h. der vermittelten Wissensinhalte) beurteilt, entspricht das Bildungsverständnis der erkenntnispsychologischen Auffassung eher der *«kategorialen Bildung»* im Sinne von Klafki: Der Bildungswert des Unterrichtes liegt hier in der *Ausbildung von Wahrnehmungs-, Deutungs- und Handlungsmuster («Assimilationsschemen»), die für eine angemessene (zweckmässige und differenzierte) Auseinandersetzung mit der Wirklichkeit notwendig sind.* Das Bildungsniveau einer Person und damit verbunden der Bildungswert eines Wissensinhaltes kann dabei von zwei Kriterien her bestimmt werden:

a) Kriterium 1: Differenziertheit
Eine Person mit einem hohen Bildungsniveau hat ein relativ differenziertes System von Assimilationsschemen zur Verfügung, was ihr eine reichhaltige, differenzierte Wahrnehmung, Deutung und Auseinandersetzung mit der Wirklichkeit ermöglicht.

b) Kriterium 2: Integriertheit
Eine Person mit einem hohen Bildungsniveau besitzt ein gut integriertes (vielfältig verknüpftes und gut koordiniertes, mit der Erfahrungsbasis verbundenes) System von Assimilationsschemen, was ihr eine hohe Flexibilität und Offenheit bei der Informationsverarbeitung sowie eine situationsadäquate Weiterentwicklung der verfügbaren Schemen ermöglicht.

Die beiden genannten Kriterien definieren ein Spannungsfeld, in das eine erkenntnisorientierte Wissensvermittlung eingebettet ist, das aber gleichzeitig auch zu Verzerrungen zugunsten der einen oder der anderen Seite «einlädt»: Die Vermittlung von möglichst viel Wissen – im Sinne der materialen Bildung – kann beispielsweise als Überbetonung der Differenziertheit auf Kosten der Integriertheit gedeutet werden; andererseits läuft ein stark erfahrungsorientierter Unterricht die Gefahr, die Integriertheit allzusehr zu betonen und dabei das Kriterium der Differenziertheit zu vernachlässigen.

Im Hinblick auf diese Eigenheiten lässt sich feststellen, dass das erkenntnispsychologische Lernkonzept zu einer völlig andersartigen Gewichtung der Lehrfunktionen führt. Während im herkömmlichen (gedächtnispsychologischen) Lernverständnis die wichtigste Aufgabe der Lehrperson darin besteht, die Unterrichtsinhalte so darzubieten, dass die Aufnahme und Speicherung möglichst problemlos und vergessensresistent gelingt, besitzt das erkenntnispsychologische Lernkonzept einen anderen Schwerpunkt:

In erster Linie geht es darum, bei den Lernenden aktive Auseinandersetzungsprozesse anzuregen und zu unterstützen; Auseinandersetzungsprozesse, die eine Veränderung der vorhandenen Wahrnehmungs-, Denk- und Handlungsschemen bewirken und die letztlich zu einer kognitiven Struktur mit einem hohen Differenziertheits- und Integriertheitsgrad führen sollen.

Zusammenfassende Gegenüberstellung der beiden Lernkonzepte

Gedächtnispsychologisches Lernkonzept	*Erkenntnispsychologisches Lernkonzept*
Lernen wird verstanden als Aufnahme, Speicherung und Wiedergabe von (neuen) Informationen.	Lernen wird verstanden als Anpassung von kognitiven Strukturen (d. h. von bereits vorhandenen Wahrnehmungs-, Denk- und Handlungsmustern) an neue Informationen.
Die wichtigste Aufgabe der Lehrperson besteht in der Darbietung der Reproduktionsvorlagen und in der Steuerung des Lernwillens (Vorrang des lehrerzentrierten, darbietenden Unterrichtes).	Die wichtigste Aufgabe der Lehrperson besteht in der Auslösung von kognitiven Konflikten und in der Unterstützung von aktiven Auseinandersetzungsprozessen im Spannungsfeld der neuen Informationen und des bereits vorhandenen Wissens.
Der Lernende ist primär passiver Empfänger: Die Wissensaufnahme zum Zweck der möglichst originalgetreuen Reproduktion steht im Vordergrund. (Additives Lernverständnis)	Der Lernende ist primär aktiver Verarbeiter: Die aktive Integration der neuen Informationen und – damit verbunden – die qualitative Umgestaltung der vorhandenen kognitiven Strukturen steht im Vordergrund. (Adaptives Lernverständnis)
Der Lernwert von Unterrichtsinhalten wird über deren «Reproduktionswert» definiert.	Der Lernwert von Unterrichtsinhalten wird über deren «kategorialen Bildungswert» definiert. (Anpassung/Ausdifferenzierung wichtiger Wahrnehmungs-, Denk- und Handlungsmuster)
Die extrinsische Motivation ist wichtig (Steuerung des Lernwillens!).	Die intrinsische Motivation ist wichtig. (Auslösung von kognitiven Konflikten, die zur Anpassung der kognitiven Strukturen drängen)
Lerntypen werden aufgrund der individuell bevorzugten Aufnahmekanäle unterschieden.	Lerntypen werden aufgrund der individuell bevorzugten Auseinandersetzungsaktivitäten unterschieden.
Die Wissensreproduktion ist das entscheidende Kriterium für den Lernerfolg.	Die Integration von neuem Wissen in die kognitive Struktur sowie die differenzierte Auseinandersetzung mit der Wirklichkeit (aufgrund differenzierter Wahrnehmungs-, Denk- und Handlungsmuster) sind die entscheidenden Kriterien für den Lernerfolg.

Text 6: Von der Lernzielorientierung zur Problemorientierung

Wenn man sich einen Überblick verschafft über die praxisorientierte Literatur zur Unterrichtsvorbereitung und die vielen Unterrichtsentwürfe und Curricula, die in Büchern und Fachzeitschriften veröffentlicht werden, so fällt auf, dass sich im Bereich der Unterrichtsplanung der lernzielorientierte Ansatz klar durchgesetzt hat. Es gibt kaum ein Curriculum, kaum eine Unterrichtsskizze und kaum einen Leitfaden zur Unterrichtsvorbereitung, denen nicht explizit oder implizit die Annahme zugrunde liegt, dass eine sorgfältige Unterrichtsplanung von vorgegebenen oder von selber formulierten Lernzielen ausgehen muss. Diese Tatsache überrascht insofern, als das Prinzip der Lernzielorientierung weder in der didaktischen Theorie noch in der Praxis unbestritten ist – obwohl die grundsätzliche Reflexion über die Möglichkeiten und Grenzen des lernzielorientierten Ansatzes im Verhältnis zu den technologischen Anleitungen zur Lernzielformulierung, Lernzielklassifizierung, Lernzielsequenzierung und Lernzielkontrolle in der didaktischen Literatur einen äusserst bescheidenen Platz einnimmt. Es scheint, als ob sich das Postulat der Lernzielorientierung, das Mitte der sechziger Jahre mit Magers Schrift «Lernziele und Unterricht» seinen Siegeszug begann, in den Köpfen der meisten Unterrichtstheoretiker und -praktiker als ein nichthinterfragtes didaktisches Dogma festgesetzt hat. (Selbst wenn es in der Alltagspraxis – aus was für Gründen auch immer – nicht zur Anwendung kommt, so vermag es bei den betreffenden Personen doch zumindest ein schlechtes Gewissen auszulösen ...)

Zur praktischen Funktion von Lernzielen

Wenn ich recht sehe, werden den Lernzielen für die Unterrichtspraxis im allgemeinen die folgenden drei Funktionen zugeschrieben:

a) Lernziele sollen als *Orientierungshilfen* für die Unterrichtsplanung und für das unterrichtliche Handeln dienen – etwa im Sinne der vielzitierten Magerschen Formel: «Wenn man nicht genau weiss, wohin man will, landet man leicht da, wo man gar nicht hin wollte.»

b) Lernziele sollen als *Legitimationshilfen* für die Rechtfertigung der unterrichtlichen Entscheidungen dienen: Indem die unterrichtlichen Massnahmen von plausibel begründeten Lernzielen «abgeleitet» werden, wird es möglich, das komplexe Rechtfertigungsproblem in den Griff zu bekommen, etwa im folgenden Sinne: «Wenn Lernziele plausibel begründet sind und als sinnvoll betrachtet werden, so muss auch der daraus abgeleitete (lernzielorientierte) Unterricht als sinnvoll betrachtet werden.»

c) Lernziele sollen als *«Evaluations- und Kontrollhilfen»* für den Unterricht dienen: Die möglichst präzise Definition der beabsichtigen Lerneffekte, die durch den Unterricht bei den Teilnehmern bewirkt werden soll, gilt als Voraussetzung, um die Effektivität des Unterrichtes und der dadurch inszenierten Lernprozesse zu beurteilen.

Im Hinblick auf die hier genannten Funktionen ist zunächst anzumerken, dass die konsistente «Ableitung» eines bestimmten Unterrichtsarrangements aus einem bestimmten Lernziel weder theoretisch noch praktisch möglich ist – auch nicht im Sinne der üblicherweise empfohlenen «Deduktionskette» von den Richtzielen über die Grobziele zu den Feinzielen und von dort weiter zu den konkreten Inhalten und Methoden. «Diese lernzielorientierte Entscheidungsstrategie könnte nur dann funktionieren, wenn in der obersten, abstrakten Lernzielformulierung alle konkreten Ziel-, Inhalts- und Methodenentscheidungen schon wie in einer Nussschale enthalten wären. Das ist aber logisch betrachtet ein Unsinn! Jede konkrete Entscheidung erfordert (...) eine Fülle von Zusatzentscheidungen und neuen, konstruktiven Überlegungen, die nur noch mit der allgemeinen Zielformulierung stimmig gemacht, nicht aber aus ihr «abgeleitet» werden können» (Meyer 1980, S. 156).

Gegen die hier angedeutete Schwierigkeit könnte argumentiert werden, dass das vorliegende Deduktionsproblem die genannten Funktionen eigentich nur am Rande berühre und höchstens übertriebene wissenschaftliche Ansprüche an diese drei Funktionen in Frage stelle. (In der alltäglichen Unterrichtspraxis wird eine logisch einwandfreie Deduktion vermutlich gar nie erwartet!) Dieser Argumentation könnte ich durchaus zustimmen, wenn da nicht noch zwei weitere problematische Implikationen wären, welche die Funktionalität des lernzielorientierten Vorgehens grundsätzlich in Frage stellen.

Zwei grundlegende Einwände

Ein erster Einwand bezieht sich darauf, dass Lernziele – im Unterschied zu Handlungszielen – nicht auf der äussersten Handlungsebene angesiedelt sind, sondern auf einer verdeckten psychologischen Ebene: Sie beziehen sich auf innerpsychische Vorgänge, die weder direkt beobachtbar noch durch äussere Zugriffe direkt steuerbar sind. Dies bedeutet, dass die Verbindung zwischen dem unterrichtlichen Handeln und der beabsichtigten Zielsetzung auf einer «theoretischen Konstruktion» basiert, die auf einem lernpsychologischen Wissen aufbaut. Daraus ergeben sich drei Gefahren, die für den lernzielorientierten Unterricht typisch sind:

- Es besteht die Gefahr, dass im lernzielorientierten Unterricht einfache Ziele (Vermittlung von Kenntnissen) bevorzugt werden, da bei den Unterrichtspraktikern oft das notwendige (lern)psychologische Wissen fehlt oder zumindest nicht handlungswirksam integriert ist, um komplexe Ziele in einen angemessenen Unterrichtsplan umzusetzen.
- Es besteht die Gefahr, dass die Unterrichtsteilnehmer – die ja in der Regel nicht über ein differenziertes lernpsychologisches Wissen verfügen – den Zusammenhang zwischen einem (komplexen) Lernziel und dem geplanten Unterrichtsarrangement nicht nachvollziehen können. Dies führt dann dazu, dass die Lernenden gerade bei komplexen Lernzielen den Sinn der Unterrichtskonstruktion und der einzelnen unterrichtlichen Handlungen, die im Unterrichtsarrangement vorgesehen sind, oft nicht einsehen können. (Daran ändert sich auch dann nichts, wenn zu Beginn des Unterrichts die Lernziele bekanntgegeben werden!)
- Es besteht die Gefahr, dass die Unterrichtsteilnehmer während des Unterrichts die Lernziele aus den Augen verlieren und sich an

Zielen orientieren, die auf der (leichter fassbaren) Handlungsebene liegen. Dies kann dann zu einem Auseinanderklaffen der Lehrziele des Lehrers und der Handlungsziele der Lernenden führen. (Klaus Heipcke hat das Auseinanderklaffen von Lehrzielen und Handlungszielen ausführlich beschrieben und illustriert! Vgl. Heipcke 1974, S. 36ff.)

Ein zweiter Einwand betrifft die im lernzielorientierten Ansatz enthaltene finale bzw. zweckrationale Betrachtung des Unterrichtsgeschehens. Diese Betrachtungsweise wird als so selbstverständlich betrachtet, dass sie in der Regel gar nicht explizit thematisiert und begründet wird. Bei genauerer Betrachtung zeigt sich indessen, dass das Postulat der Zielorientierung eine Vorgabe enthält, die nicht einfach ausser acht gelassen werden kann: Ziele nehmen das Ergebnis eines Prozesses vorweg. Konkret für den Unterricht formuliert: Lernziele definieren das Lernergebnis einer Unterrichtssequenz. Sie legen nicht etwa den Ausgangspunkt, sondern den «Schlusspunkt» des Unterrichtes fest und definieren von diesem Endpunkt her den Unterrichtsverlauf und auch den Unterrichtsbeginn. Vom Lernziel geht somit der stille Zwang aus, die vielen unvorhersehbaren Ereignisse des Unterrichtes so zu kanalisieren, dass sie zum festgelegten Endpunkt passen. Rumpf spricht in diesem Zusammenhang vom lernzielorientierten Unterricht als einem «zweckrational einzusetzenden Instrument der effizienten und ökonomischen Produktion eines präzis zu beschreibenden Endverhaltens» (1976, S. 40). Er zeigt auf, dass eine solche Unterrichtsauffassung dazu neigt, bestimmte Verhaltensweisen der Lernenden als Störfaktor zu interpretieren, auch wenn sie aus Sicht einer erkenntnisorientierten Unterrichtskonzeption durchaus wünschenswert wären. Er erwähnt dabei die folgenden drei Varianten scheinbaren «Fehlverhaltens»:

- *Ausgriff in andere Richtungen:* Kursteilnehmer schlagen eine andere als die im Lernziel vorgegebene Richtung ein – sie entdecken Probleme, sie suchen Methoden, sie mobilisieren Informationen, deren Aufarbeitung andere als die gewünschten Lernziele begünstigt.

- *Sistieren:* Kursteilnehmer verweigern den zügigen Kursdurchlauf. Sie verharren bei einer Sache, einem Problem, einer Schwierigkeit, einer sie faszinierenden, schockierenden Einzelheit.
- *Rückgriff:* Kursteilnehmer zweifeln Voraussetzungen an; sie gehen infolgedessen nicht, wie der Kurs es vorzeichnet, zügig voran, das Lernziel als motivierende Grösse vor Augen – sondern sie fragen zurück: Wie konnte man auf die Idee kommen? Wie verträgt sich das mit früher Gelerntem, Erfahrenem, Gedachtem?

Lernzielorientierte Unterrichtsentwürfe neigen also dazu, die Unterrichtsteilnehmer zu «verplanen», d.h. sie auf die vorgesehene Richtung festzulegen – was nicht nur zur Vernachlässigung der nicht vorhersehbaren Lernchancen, sondern auch zu Widerstand und Verweigerung der Unterrichtsteilnehmer gegenüber den zielorientierten Lernangeboten führen kann. Die lernzielorientierte Unterrichtsvorbereitung steht im diesem Sinne tendenziell in einem Widerspruch zu einem teilnehmerorientierten Unterricht, wie er beispielsweise in der Erwachsenenbildung postuliert wird. (Diese grundsätzliche Problematik besteht auch dann noch, wenn die Unterrichtsteilnehmer an der Lernzielbestimmung beteiligt werden!)

Problemorientierung als Alternative

Die kritischen Überlegungen zum lernzielorientierten Ansatz habe ich hier vorangestellt, um das in diesem Buch beschriebene Unterrichtsvorbereitungsmodell besser verständlich zu machen: Es handelt sich nämlich nicht um ein *lernzielorientiertes,* sondern um ein *problemorientiertes Planungsmodell.* Dies bedeutet, dass in diesem Modell die Problemstellungen einen ähnlichen zentralen Stellenwert einnehmen wie die Lernziele im lernzielorientierten Planungsmodell, und zwar im folgenden Sinne:

(1) Im problemorientierten Unterricht geht es im wesentlichen darum, ein (von der Lehrperson oder von den Unterrichtsteilnehmern aufgeworfenes) Problem zu klären und/oder zu lösen. Damit sind Problemstellungen sowohl für die Lehrperson als auch für die

Unterrichtsteilnehmer die zentrale sinnstiftende Grösse: Sie sind das unmittelbare *Handlungsmotiv,* das die verschiedenen Unterrichtsaktivitäten zu einem sinnvollen Ganzen verbindet. Problemstellungen sind somit die zentralen *Orientierungspunkte für das unterrichtliche Handeln* – ähnlich wie im lernzielorientierten Unterricht die Lernziele. Im Vergleich zu den Lernzielen besitzt die Problemstellung jedoch den gewichtigen Vorteil, dass sie selber auf der Ebene des unterrichtlichen Handelns angesiedelt ist: Das Spannungsverhältnis zwischen dem aktuellen unterrichtlichen Handeln (Ebene der Handlungsziele) und den von der Lehrperson intendierten Zielen (Ebene der Lernziele) wird dadurch aufgehoben.
Hinzu kommt noch ein weiterer Vorteil: Problemstellungen definieren den *Ausgangspunkt* des Unterrichtes (nicht den Endpunkt). Natürlich kann der beabsichtigte Endpunkt (d. h. das beabsichtigte Ergebnis des Problemklärungs- und Problemlösungsprozesses) ebenfalls in die Reflexion einbezogen werden; das Gewicht aber verlagert sich eindeutig zugunsten des Ausgangspunktes: Der Sinn des Unterrichtes liegt in der Bearbeitung des aufgeworfenen Problems – und dieser Sinn ist auch dann noch gegeben, wenn das Ergebnis anders ausfällt als ursprünglich geplant.

(2) Im problemorientierten Unterricht liegt der unmittelbare Sinn des Unterrichtes in der Bearbeitung einer subjektiv und objektiv bedeutsamen Problemstellung. Damit wird deutlich, dass der Sinn und Zweck des problemorientierten Unterrichts gekoppelt ist mit der Frage nach der Bedeutsamkeit der zu bearbeitenden Problemstellung. Oder anders formuliert: *Der problemorientierte Unterricht gilt dann als sinnvoll, wenn er die Bearbeitung einer bedeutsamen Problemstellung vorsieht.* (In den sog. «Qualitätszirkeln» und «Lernstätten», wie sie in den betrieblichen Fortbildungen neuerdings anzutreffen sind, ist diese Akzentverschiebung von lernzielorientierten Bildungsveranstaltungen zu Problemlöse-Veranstaltungen konsequent realisiert.)

Natürlich ist auch im problemorientierten Unterricht die Überlegung nicht uninteressant, zu welchen Lernergebnissen die beabsichtigte Problembearbeitung führt. Die Frage nach den beabsichtigten

Lernergebnissen wird hier jedoch zu einem *zusätzlichen Reflexionsinstrument* in der Unterrichtsvorbereitung; sie ist hilfreich, um die Auswahl der erkenntnisleitenden Problemstellung zu reflektieren oder um im Verlauf des Problemlöseprozesses bestimmte Akzente zu setzen. Auf keinen Fall aber erhält das Lernziel den Status des *zentralen* oder gar des *einzigen* Bestimmungskriteriums für die Auswahl und Anordnung der Unterrichtsinhalte und für die Gestaltung des Unterrichtsverlaufs: Diese Funktionen übernimmt die erkenntnisleitende Problemstellung. Gleichzeitig werden die Lernziele auch in ihrer Legitimationsfunktion entlastet: *Eine Problembearbeitung kann für die Unterrichtsteilnehmer auch unabhängig von dem dabei erreichten Lernergebnis sinnvoll sein!*

(3) Im problemorientierten Unterrichtsmodell kann ein Unterricht als erfolgreich betrachtet werden, wenn die (von den Teilnehmern oder von der Lehrperson aufgeworfene) Problemstellung von den Unterrichtsteilnehmern angemessen verstanden und gelöst worden ist. In diesem Sinne ist mit der Problemstellung immer auch ein wichtiges Kriterium für den Unterrichtserfolg definiert. Natürlich kann auch im problemorientierten Unterricht die Dimension des Lernens als zusätzlicher Evaluations-Gesichtspunkt miteinbezogen werden. (Das vorliegende problemorientierte Planungsmodell geht davon aus, dass ein guter Unterricht zu einem *relevanten Erkenntnisgewinn* führen sollte.) In diesem Sinne ist auch im problemorientierten Unterricht eine Reflexion des beabsichtigten und des erreichten Lerneffektes vorgesehen. Allerdings gilt hier, was bereits im vorangegangenen Punkt festgestellt wurde: Die Dimension des Lernens kann (und sollte auch) als *zusätzlicher Reflexionsgesichtspunkt* ins Spiel kommen; sie kann aber durchaus im Hintergrund (bzw. im Kopf der betreffenden Lehrperson) bleiben, ohne dass dadurch die Qualität des betreffenden Unterrichts grundsätzlich in Frage gestellt würde. Konkret bedeutet dies, dass sich die Unterrichtsteilnehmer darüber im klaren sein müssen, welches die erkenntnisleitende Problemstellung ist, an der in der jeweiligen Unterrichtssequenz gearbeitet wird; die Bekanntgabe des Lernziels zu Beginn des Unterrichtes ist demgegenüber unbedeutend, ja oft sogar motivationshemmend!

Zusammenfassend lässt sich festhalten, dass sich das Modell der problemorientierten Unterrichtsvorbereitung als eine konkrete Alternative zum lernzielorientierten Vorbereitungsmodell versteht, und zwar in folgendem Sinne:

Im problemorientierten Planungsmodell übernimmt die leitende Problemstellung die *Funktion der zentralen Orientierungs-, Legitimations- und Evaluationsgrösse* und entlastet damit die Lernziele in dieser Funktion. Dies bedeutet nicht, dass die Reflexion der wünschenswerten bzw. beabsichtigten Lernergebnisse im problemorientierten Unterricht überflüssig wäre: Die Vergegenwärtigung der beabsichtigten Lernergebnisse wird hier zu einem Gesichtspunkt im didaktischen Reflexionsprozess. Die Lernziele verlieren damit ihre Funktion als zentrale Planungsgrössen und werden stattdessen zu *Reflexionshilfen* bei der Wahl der leitenden Problemstellung sowie bei der konkreten Ausgestaltung und Akzentuierung des Problemklärungs- und Problemlöse-Prozesses.

Im problemorientierten Unterrichtsvorbereitungsmodell erhalten die Lernziele somit denjenigen (reduzierten, aber nicht zu vernachlässigenden) Stellenwert, der ihnen von aufgeklärten Praktikern, die dem Lernziel-Dogma der Didaktik nicht einfach blind Gefolgschaft geleistet haben, schon lange zugebilligt wurde.

Literaturverzeichnis

Aebli, H.: Psychologische Didaktik. Stuttgart: Klett 1963

Antons, K.: Praxis der Gruppendynamik. Göttingen: Verlag für Psychologie 1973

Arnold, R.: Erwachsenenbildung. Baltmannsweiler: Burgbücherei 1988

Ausubel, D. P.: Psychologie des Unterrichtes, Bd. 1. Weinheim und Basel: Beltz 1974

Baaker, A., Huizing, R.: Lernstile. In: Aus der Praxis für die Praxis. Luzern (AEB) 1991

Berkson, W., Wettersten, J.: Lernen aus dem Irrtum. Hamburg: Hoffmann und Campe 1982

Beck, E.: Eigenständige Lerner. St. Gallen: PHS-Forschungsbericht 3, 1989

Binstadt, P.: Didaktische Strukturen und Begriffssysteme. Darmstadt: Leuchtturm 1990

Brühwiler, H.: Methoden in der Erwachsenenbildung. Zürich 1989

Copei, F.: Der fruchtbare Moment im Bildungsprozess. Heidelberg: Quelle & Meyer 1966

Dewey, J.: Demokratie und Erziehung. Breslau: Ferdinand Hirt 1935

Dewey, J.: Wie wir denken. Zürich: Morgarten 1951

Dewey, J., Kilpatrick, W. H.: Der Projekt-Plan. Weimar: Böhlhaus 1935

Duncker, L.: Erfahrung und Methode. Langenau-Ulm: Vaas 1987

Fatzer, G.: Ganzheitliches Lernen. Paderborn: Jungfermann 1987

Faulstich P. (Hrsg.): Lernkultur 2006. Erwachsenenbildung und Weiterbildung in der Zukunftsgesellschaft. München: Lexika 1991

Gardner, H.: Der ungeschulte Kopf. Stuttgart: Klett-Cotta 1993

Glasersfeld, Ernst: Konstruktion der Wirklichkeit und der Begriff der Objektivität. In: Einführung in den Konstruktivismus. Schriften der C. F. v. Siemens-Stiftung, Bd. 10. München: Oldenbourg 1985

Graumann, C. F.: Motivation. Bern: Huber 1969

Grom, B.: Methoden für Religionsunterricht, Jugendarbeit und Erwachsenenbildung. Düsseldorf: Patmos 1976

Heipcke, K.: Lehrziele und Handlungsziele im Unterricht. In: Garlichs, A. u. a.: Didaktik offener Curricula. Weinheim: Beltz 1974

Jörger, K.: Lernprozesse bei Schülern. Stuttgart: Klett 1975

Jungk, R., Müller, N.: Zukunftswerkstätten. München: Goldmann 1983

Klafki, W.: Studien zur Bildungstheorie und Didaktik. Weinheim und Basel: Beltz 1963

Klafki, W.: Neue Studien zur Bildungstheorie und Didaktik. Weinheim und Basel: Beltz 1985

Knoll, J.: Kurs- und Seminarmethoden. München: Hueber 1986

Kubli, F.: Erkenntnis und Didaktik. München: Reinhardt 1983

Mandl, H., Friedrich, H., Hron, A.: Theoretische Ansätze zum Wissenserwerb. In: Mandl u.a. (Hrsg.): Lern- und Denkstrategien. Göttingen: Hogrefe 1992

Meyer, H.: Leitfaden zur Unterrichtsvorbereitung. Frankfurt: Scriptor 1980

Messner, H.: Wissen und Anwendung. Stuttgart: Klett 1978

Meueler, E.: Hauptsache Selbstbestimmt – Über Sozialformen und Methoden einer subjektorientierten Erwachsenenbildung. In: Faulstich, P. (Hrsg.): Lernkultur 2006. München: Lexika 1990

Popper, K.: Objektive Erkenntnis. Zürich 1985

Potthoff, W.: Erfolgssicherung im Unterricht. Freiburg: Herder 1981

Rogers, C. R.: Lernen in Freiheit. München: Kösel 1974

Roth, H.: Pädagogische Psychologie des Lehrens und Lernens. Hannover: Schroedel 1970[12]

Rumelhart, D., Norman, D.: Faktensammeln, Schemaoptimierung und Umstrukturieren: 3 Arten des Lernens. In: Neber, H. (Hrsg.): Entdeckendes Lernen. Weinheim und Basel: Beltz 1973

Rumpf, H.: Schulwissen. In: Fend, H. u.a.: Didaktische Impulse. Wien 1971

Rumpf, H.: Die künstliche Schule und das wirkliche Leben. München: Ehrenwirth 1986

Schlutz, E.: Zur Tabuisierung des Lehrbegriffes und zu einigen Aufgaben der Erziehungswissenschaft. In: Mader, W. (Hrsg.): Theorien zur Erwachsenenbildung. Bremen: Universität 1981

Steindorf, G.: Lernen und Wissen. Bad Heilbrunn: Klinkhardt 1985

Vester, F.: Denken, Lernen, Vergessen. Stuttgart: DVA 1975

Wagenschein, M: Ursprüngliches Verstehen und exaktes Denken, Bd. 1. Stuttgart: Klett 1965

Wagenschein, M.: Verstehen lehren. Weinheim und Basel: Beltz 1982[7]

Wahl, D.: Grundkonzeption. In: Wahl, D. u. a. (Hrsg.): Erwachsenenbildung konkret. Weinheim: Deutscher Studien Verlag 1991

Wender, K. F.: Wissen und Können ist zweierlei. In: Scheidgen, H., Strittmatter, P., Tack, W.: Information ist noch kein Wissen. Weinheim und Basel: Beltz 1990

Pädagogik / Berufspädagogik bei Sauerländer

Herausgeber:
Dr. Emil Wettstein, Institut für Bildungsforschung und Berufspädagogik des Kantonalen Amtes für Berufsbildung, Zürich
Dr. Walter Weibel, Pädagogischen Arbeitsstelle des Erziehungsdepartementes des Kantons Aargau
Dr. Philipp Gonon, Institut für Pädagogik, Universität Bern

Emil Wettstein
Praxis der programmierten Prüfung
Der Einsatz von Multiple-Choice-Aufgaben an der Lehrabschlussprüfung.
1977. 140 Seiten. ISBN 3-7941-1697-6

Emil Wettstein / Erwin Broch
Berufsbildung für «Schwächere»
Hinweise und Modelle zur Gestaltung von Vorlehre, Anlehre und Stützkurs.
1981. VIII + 208 Seiten. ISBN 3-7941-1802-2

Kurt Aregger (Hrsg.)
Wissenschaft und Praxis in der Berufsschullehrerbildung
1982. XII + 140 Seiten. ISBN 3-7941-2324-7

Josua Oehler
Zwischen Lehre und Anlehre
1985. X + 148 Seiten. ISBN 3-7941-2787-0

Balmer, Katharina / Gonon, Philipp / Straumann, Martin
Innovation und Qualifikation
Eine berufsbiographische Untersuchung von FEAM und Mechanikern
1986. X + 214 Seiten. ISBN 3-7941-2874-5

Steiner, Gerhard / Villiger, Daniel
Aspekte der Berufsbildung
Ergebnisse aus dem Forschungsprogramm EVA des Schweizerischen Nationalfonds über die nicht-akademische Brufsbildung
1986. X + 110 Seiten. ISBN 3-7941-2891-5

Emil Wettstein
Die Entwicklung der Berufsbildung in der Schweiz
1987. VIII + 135 Seiten mit zahlreichen Abbildungen.
ISBN 3-7941-2892-3

Gonon, Philipp / Karrer, Dieter / Straumann, Martin
Der Ausbilder in der schweizerischen Maschinen- und Elektroindustrie
Eine qualitative Analyse von Berufsbiographien und Gruppendiskussionen
1988. VI + 157 Seiten. ISBN 3-7941-3007-3

Ulrich Mägli
Geschichte der gewerblichen und kaufmännischen Berufsbildung im Kanton Zürich
Von 1830 bis zur Gegenwart
1989. X + 238 Seiten. ISBN 3-7941-3136-3

Rolf Arnold
Berufspädagogik
Lehren und Lernen in der beruflichen Bildung
1990. 132 Seiten. ISBN 3-425-07919-0

Gonon, Philipp (Hrsg.)
Evaluation in der Berufsbildung
Beiträge von sechs Autorinnen und Autoren, die die Rolle der Evaluation und die Begleitung von Schulversuchen beleuchten
1992. 136 Seiten. ISBN 3-7941-3595-4

Landolt, Hermann
Erfolgreiches Lernen und Lehren
1994. 167 Seiten. ISBN 3-7941-3736-1